中国工程院重点咨询研究项目
（项目编号：2019-XZ-31）

“十三五”国家重点出版物出版规划项目

法学译丛·证据科学译丛／丛书主编　张保生　王进喜

科学证据的秘密与审查

The Secret and Examination of Scientific Evidence

[美] 爱德华·J. 伊姆温克尔里德 (Edward J. Imwinkelried) 著

王进喜 等 译

中国人民大学出版社

·北京·

译 序

科学证据在诉讼活动以及其他法律活动中扮演着越来越重要的角色。随着科技的不断发展，科学证据的这种角色只能是愈为重要。然而，科学证据的“科学”面纱，往往使得人们要么敬而远之，要么俯首接受。作为非科学家的法律工作者，需要接受对科学证据的祛魅教育。

美国加州大学戴维斯分校法学院爱德华·J. 伊姆温克尔里德（Edward J. Imwinkelried）教授是美国证据法学界的著名学者，他尤其在科学证据领域耕耘多年，成果卓著。我与他的经年交往，是浸润着学术与友谊的美好体验。在我提出将其相关成果结集出版，供中国法律学术界和实务界参考时，他欣然接受，并迅速完成了文稿的编选工作。我相信，这些精心挑选的内容，对于揭开科学证据的神秘面纱，对于在司法实践中理性地对待科学证据，将起到不可或缺的作用。

本文集是中国政法大学与加州大学戴维斯分校法学院共同成立的合作研究机构——中美证据法比较研究所的成果之一，感谢司法文明协同创新中心的支持，感谢加州大学戴维斯分校法学院副院长贝斯/丝·格林伍德（Beth Greenwood）教授的支持。

本文集各部分内容的翻译分工如下。

全部译稿最后由王进喜和刘孟尧同学共同审校定稿。

篇名	译者
导言；结论	王进喜
专家证言的“基础”	刘孟尧
DNA 案件中关于科学证据可采性铺垫的争论	王星译
证据法造访侏罗纪公园	王进喜
《联邦证据规则》703 中“事实或者数据”的含义	刘孟尧
根据广义的理性主义传统，而非狭义的科学传统	王星译、刘孟尧
说理与限制：学术论文在弹劾对方专家证言中的应用	武晓慧、刘孟尧
法证计量学对预防正义不彰的重要性	李小恺

本文集最后由我定名为《科学证据的秘密与审查》。

是为序。

王进喜

2019 年 12 月 10 日

目　录

导 言

美国刑事和民事诉讼当事人广泛使用专家证言。在兰德公司对加利福尼亚审判的一项研究中，研究人员发现在86%的审判中提出了专家证言。[①] 然而，在美国，对法证分析的错误水平的认识惊人。20世纪70年代执法机构进行的大规模能力验证研究表明，某些类型的法证分析人员中存在很大的误差幅度。[②] 在一些抽样中，不到一半的分析人员获得了正确、完整的结果。在其2009年受到高度关注的报告《美国法庭科学的加强之路》中，国家科学院国家研究委员会宣称："除了细胞核DNA分析，还没有法庭科学方法被严格地证明有能力一致性地、具有高度确定性地表明证据和特定人员或者来源之间的关系。"2016年，科学与技术咨询委员会主席提出了类似的批评。[③]

特别是自1975年制定《联邦证据规则》以来，美国法院就确定采纳专家证言的适当标准问题进行了努力。我自1972年以来一直在研究这个问题。在过去十年中，我有幸在中国政法大学多次讲授这个

① Samuel R. Gross, *Expert Evidence*, 1991 WISCONSIN LAW REVIEW 1113.

② CRIME LABORATORY PROFICIENCY TESTING RESEARCH PROGRAM (1978).

③ REPORT TO THE PRESIDENT-FORENSIC SCIENCE IN CRIMINAL COURTS: ENSURING SCIENTIFIC VALIDITY OF FEATURE-COMPARISON METHODS (2016).

话题。中国正在深入研究证据改革，包括改革其专家证言可采性标准。我真诚地希望，通过研究美国的专家证言经验，中国的法律制度可以避免美国犯下的一些错误。

我的同事和好朋友，中国政法大学王进喜教授，最近邀请我收集我的一些关于专家证言的文章，以便准备一个供中国政法大学师生使用的文集。本书就是这个文集。本文集包括我以前的七篇文章，这些文章分析了专家证言的多个方面。每篇文章前都有一篇简短的注释，说明该文如何与专家证言的整个主题和本文集中的其他文章相关。每篇文章的收录都得到了原载期刊的许可。

如果你就任何这些文章有疑问，可以直接与我联系。我的电子邮件地址是 ejimwinkelried@ucdavis. edu。我在戴维斯办公室的电话是(530) 752 - 0727。我对中国法律制度于法律改革的忠信印象深刻，我希望这个文集能够对该事业有些微的促进。

专家证言的"基础"*

专家证人作出的科学证言在种种纷繁复杂的诉讼中发挥着日益重要的作用。然而，关于这种证据可采性的问题引起了律师、法官以及法律学者的极大困惑。为了正确分析和运用规制专家证据可采性的《联邦证据规则》702 和 703，在本文中，Imwinkelried 教授提出了一种融贯的结构。

这种分析框架将专家的"大前提"——"科学，技术和其他专门知识"——与其"小前提"——用以得出意见或推论的具体案件信息——明确区别开来。Imwinkelried 教授解释称，规则 702 规制大前提，而规则 703 则针对小前提。本文还将阐述，未能识别这种区别何以导致对这些规则的曲解，妨碍构建关于专家证人的合理政策，并致使当事人忽略对方证人提出之专家证言的弱点。

当代诉讼当事人广泛运用专家证言。为了确定使用专家证言——特别是引入科学证据——的程度，20 世纪 80 年代初，国家州法院中

* 本文原载 North Carolina Law Review 1988。刘孟尧译。

心进行了一项全国范围的调查。[①] 该中心发现，几乎半数参与调查的律师在其参与的大致三分之一的审判中遭遇过专家证言。[②] 在涉及人身伤害的民事诉讼中，医学证言屡见不鲜。在这些案件中，法官通常允许专家就诸如因果关系和损害等问题作证。就刑事案件而言，科学证据已经成为“所有情况证据案件的支柱”[③]。从指纹到扫描电镜，公诉人常常将刑事技术专家传唤为证人，就这些科学技术作证。[④] 简言之，正如某位重要的论者所强调的那样，科学证言已经“使得美国诉讼发生了彻底变革”[⑤]。

归根结底，我们之所以称证言为“科学”，是因为其由独特的科学过程所生成。科学命题和技术是实验的产物。[⑥] 科学家首先提出假设[⑦]，继而设计出某种实验来证实或证否该假设[⑧]，随后进行实验并试图将实验结果与假设联系在一起。[⑨] 仅当实验结果能够证实假设的时候，科学家才会将其接受为科学真理。[⑩] 因此，科学过程的本质是归纳推理。[⑪]

尽管科学命题的产生是归纳性的，但在法庭上，科学证言通常呈现出一种演绎性的三段论格式。传唤科学证人的律师通常希望该证人

---

① *Study to Investigate Use of Scientific Evidence*, NAT' L CENTER FOR STATE COURTS REPORT, Sept., 1980, at 1.

② *Id*.

③ Clark, *Scientific Evidence*, in THE PROCECUTOR'S DESKBOOK 542 (1971).

④ *See generally* P. GIANNELLI & E. IMWINKELRIED, SCIENTIFIC EVIDENCE (1986)（对科学证据在刑事审判中运用进行了概述）；A. MOENSSENS, F. INBAU & J. STARRS, SCIENTIFIC EVIDENCE IN CRIMINAL CASES (3d ed. 1986) (same).

⑤ Carlson, *Policing the Bases of Modem Expert Testimony*, 39 VAND. L. REV. 577 (1986).

⑥ *See* E. SNYDER, HISTORY OF THE PHYSICAL SCIENCES 21 (1969).

⑦ Moenssens, *Admissibility of Scientific Evidence-An Alternative to the Frye Rule*, 25 WM. & MARY L. REV. 545, 556 (1984).

⑧ *Id*.

⑨ *Id*.

⑩ *Id*. 关于科学方法的另一种描述，see Note, *Social Science Statistics in the Classroom: The Debate Resurfaces in* McCleskey v. Kemp, 62 NOTRE DAME L. REV. 688, 690 - 91 (1987).

⑪ *See* E. SNYDER, *supra* note 6, at 21.

将科学原理适用于案件中的某项事实，从而阐明这一事实的重要性。[⑫] 科学证人是从一般原理的角度来对事实作出评价的。[⑬] 举例而言，假设人身伤害案件的原告就损害问题传唤一名医生作证。该医生将依赖——至少隐晦地依赖——一项大前提。其依赖的前提可能是，特定的症状（出现症状A，B，C）证明了脑损伤D的存在。用美国最为著名的科学证据案件——*Frye v. United States* 案[⑭]——的话来说，大前提是“（专家）据以进行推演的东西”[⑮]。它是由归纳性的科学技术产生的某种原理[⑯]、程序[⑰]或者解释性理论。[⑱] 医生将该大前提适用于案件中的事实，即原告的病史。特定原告所表现出的症状是专家证人的小前提。该病史可能表明原告具有症状A、B和C。将大前提适用于小前提的结果为结论，即专家证人关于案件是非曲直的意见。在我们假设的案件中，虑及证人的大前提，原告的病史支持了这样的意见，即后者患有脑损伤D。因此，“通向专家最终意见之径”[⑲]

⑫ 一位专家证人在一场审判中可以担当三种不同的角色。R. CARLSON，E. IMWINKELRIED & E. KIONKA，MATERIALS FOR THE STUDY OF EVIDENCE 429（2d ed. 1986）. 首先，专家可以单纯充当事实证人。*Id.* 例如，假设一名医生曾观察到被检查者胸前的抓痕。后者涉嫌一起强奸案，且被害人作证称自己在遇袭时抓伤了强奸者的胸部。伤口存在的事实对于案件而言具有逻辑相关性；存在伤口这一事实趋向于证实原告指认被告为强奸者的证言。如果假定医生—患者特免权并未阻碍该证言，则医生可以就抓痕存在作证。毫无疑问，医生的专家地位不应禁止其提出外行证人亦可提出的事实性证言。

⑬ *Id.*

⑭ 293 F. 1013（D. C. Cir. 1923）.

⑮ *Id.* at 1014.

⑯ *See*，*e. g.*，United States v. Kilgus，571 F. 2d 508，510（9th Cir. 1978）；United States v. Brown，557 F. 2d 541，556（6th Cir. 1977）；United States v. Alexander，526 F. 2d 161，163（8th Cir. 1975）；United States v. Baller，519 F. 2d 463，466（4th Cir.），*cert*，*denied*，423 U. S. 1019（1975）.

⑰ *See*，*e. g.*，United States v. Baller，519 F. 2d 463，466（4th Cir.），*cert*，*denied*，423 U. S. 1019（1975）.

⑱ *See*，*e. g.*，United States v. Christopher，833 F. 2d 1296，1299（9th Cir. 1987）；United States v. Luschen，614 F. 2d 1164，1169 n. 3（8th Cir. 1980）；United States v. Brady，595 F. 2d 359，362（6th Cir.），*cert*，*denied*，444 U. S. 862（1979）；United States v. Brown，557 F. 2d 541，556（6th Cir. 1977）；United States v. Green，548 F. 2d 1261，1268（6th Cir. 1977）；United States v. Amaral，488 F. 2d 1148，1153（9th Cir. 1973）.

⑲ United States v. R. J. Reynolds Tobacco Co.，416 F. Supp. 316，325（D. N. J. 1976）.

穿越了专家所依赖的大前提和小前提。就“基础”一词的广义而言，专家的最终意见“基于”大前提和小前提。对于生成最终意见的三段论推理过程而言，这些前提是有所不同但又同样必不可少的组成部分。

不幸的是，关于专家证言的文献却反复模糊这两种前提之间的差异。关于科学证言的文章对于证言的“基础”往往满足于泛泛而谈。学术性文章通常笼统地提及科学证言的“基础”，而不区分其中的大前提和小前提成分。[20] 主要面向从业者的文章也常常如此；他们一再使用“基础”这一表述，对于科学意见的两种截然不同的基础却不作区分。[21]

本文的论题在于，在科学证言的大前提和小前提成分之间划清界限势在必行。本文第一部分试图说明，法院和论者始终未能对两种类型的前提做出区分。本文第二部分主张，忽略区分这两种类型的前提危险重重。具体而言，本文主张，这种缺失将阻碍人们构建规制专家证言可采性的合理政策，导致《联邦证据规则》中关于专家证言的部分遭到曲解，并使得诉讼律师忽视提出用来反对其委托人之科学证言的真正弱点。

一、论者和法院始终未能区分科学证言的大前提和小前提

如上所述，当提及专家证言的“基础”时，关于科学证言的文献往往含糊其辞、不加区分。[22] 对于论者围绕证据性政策撰写的诸多学术文章、法官在解释《联邦证据规则》时发表的意见以及旨在为在法庭上攻击专家证言提供实务指导的文章而言，这种说法亦不为过。

---

⑳ E. g., McElhaney, *Expert Witnesses and the Federal Rules of Evidence*, 28 MERCER L. REV. 463, 477 (1977); Nesson, *Agent Orange Meets the Blue Bus: Fact-finding at the Frontier of Knowledge*, 66 B. U. L. REV. 521, 526, 531 (1986).

㉑ E. g., McGrath, *The Art of Advocacy Continues: Expert Witnesses*, 12 THE DOCKET 1, 10 (1988); Rossi, *Modern Evidence and the Expert Witness*, *Litigation*, Fall 1985, at 18, 65.

㉒ *See supra* notes 20 - 21.

(一) 关于证据性政策的解说

许多关于证据性政策的解说都泛泛地提到了专家证言的“基础”[23]，并运用该表述来涵盖科学证言中的大前提和小前提成分。举例而言，一名论者这样列举专家证言的基础：“书籍、演讲、医学报告、患者陈述（和）会诊”[24]。与之类似，在论及调整专家证言可采性的政策时，某法院声称，专家可以将其意见建立在这样的基础之上，即“患者的报告，……专业报告、论文和教科书……以及……其他医生进行的检查、化验和诊断。”[25] 诸如书籍、演讲、论文以及教科书等原始资料申明了原理和理论，这些是专家的大前提。相比之下，患者的陈述以及其他医生对患者进行的检查结果为专家证人提供了小前提；它们提供了专家据以运用大前提的本案数据。

在某种特定语境下，不加区分地使用“基础”一词无疑荒唐可笑。正如 McElhaney 教授曾指出的那样，法院常常断言，专家不能将其意见“基于”其他专家的意见。[26] 从某种狭义的角度看，这种断言似乎合乎情理；证人席上的专家不应仅因庭外其他证人曾发表过同样的意见，而被允许发表意见。[27]举例而言，假定原告传唤医生 A 就其诊断意见作证。仅因医生 B 曾告知医生 A 原告患有某种疾病，便允许后者发表关于原告患有该疾病的意见，这种做法可谓荒唐。然而，就“基础”一词普遍的广义含义而言，上述断言毫无意义。如上所述，论者和法院在使用该词时，常常将专家的大前提涵盖其中。上述断言是否意味着当代物理学家不能依赖基尔伯特·爱因斯坦的意见？其是否阻碍当代精神病专家考虑西格蒙德·弗洛伊德的意见？正

㉓ *See supra* note 20.

㉔ Blakey, *An Introduction to the Oklahoma Evidence Code: The Thirty-Fourth Hearsay Exception*, 16 TULSA L. J. 1, 17 (1980) (quoting P. ROTHSTEIN, UNDERSTANDING THE NEW FEDERAL RULES OF EVIDENCE 82 - 83 (1973)).

㉕ Associated Indem. Corp. v. Dixon, 632 S. W. 2d 833, 835 (Tex. Ct. App. 1982).

㉖ McElhaney, *supra* note 20, at 482 - 83; *see also* American Key Corp. v. Cole Nat' l Corp., 762 F. 2d 1569, 1580 (11th Cir. 1985)(在一起联邦反垄断案中，专家未被允许将他人的意见作为其关于相关经济市场之证言的基础)。

㉗ *See* State v. Towne, 142 Vt. 241, 453 A. 2d 1133 (1982).

如狄更斯笔下的 Bumble 先生所宣称的那样，“如果法律那么假定，……那么法律就是……白痴……”[28] 除非我们要求当代科学家全盘重来，否则我们便必须——当然也必将——允许他们将前人的理论和意见用作法庭证言的大前提。在这种语境下，“基础”一词的广义运用将导致明显荒谬的结果。

（二）对《联邦证据规则》702 与 703 之解释的分析

如上所述，关于证据性政策的注释常常混淆科学证言的大前提和小前提成分。在对规制科学证言可采性的《联邦证据规则》进行的解释活动中，存在着同样的混乱。涉及的两个条款为规则 702 和 703。规则 702 规定：

> 如果科学、技术或者其他专门知识将会帮助事实审判者理解证据或者确定争议事实，则因知识、技能、经验、训练或者其他教育而具有专家资格的证人，可以以意见或者其他的形式就此作证。[29]

规则 703 规定：

> 专家意见或推论所依据的特定案件中的事实或者数据，可以是该专家在听审时或听审前意识到或者知晓的事实或者数据。如果特定领域的专家就某事项形成意见时将合理地依赖的那类事实或者数据，则该事实或者数据不需要具有证据可采性。[30]

正如本文第二部分将要说明的那样，若得以恰当解释，则规则 702 规制的是科学家的大前提。规则 703 涉及一项与之迥然不同的论题，即专家在收集个案信息以用作其小前提时所诉诸的来源。遗憾的是，关于科学证据的著作并未在这两个条款之间划定界限，它们通常只会模糊二者之间的差异。

---

[28] C. DICKENS, OLIVER TWIST (London, 1838).

[29] FED. R. EVID. 702.

[30] *Id*. 703.

Zenith Radio Corporation v. Matsushita Electrical Industrial Co. 案[31]是近年来流传最广的科学证据案件之一，该案系针对日本电子产品制造商的大型反托拉斯诉讼。该诉讼中生成了几个意见。其中一份意见——由 Edward Becker 法官撰写——完全致力于解决数份由原告经济学专家提供之报告的可采性问题。[32] 这一问题显然由《联邦证据规则》第七章调整。然而，尽管 Becker 法官已遍览关于规则 702 和 703 的判例法，其依然承认，“这种探究是否应根据规则 702 或 703 进行”[33] 并不明确。法院未能界定上述两个条款之间关系，这已经导致了某种可以预见的结果；每当法院在由何种规则规制的问题上踯躅不决时，其都可能同时援引这些规则来作为裁决的依据。[34] 认为这些规则彼此可以互换的做法，将难以在它们之间划定边界。

规则 703 尤其遭到了滥用。正如本文第二部分将要说明的那样，《联邦证据规则》的起草者旨在以规则 703 来调整专家小前提的内容。然而，论者和法院常常在这种情况下援引这一规则，即证人大前提的适当性系案件之争点。著名的美国科学证据案件 *Frye* v. *United States* 案[35]声称，证据提出者在引入基于新颖科学技术的证言之前，必须证明该技术已经在相关科学领域内得到了普遍接受。[36] 时至今日，该学说在美国依然为主流观点。[37] 由于其规制证人所依赖的科学技术，故其与证人的大前提相关。但是，一些主流的论者依据规则 703 来分析 *Frye* 原理的可行性。[38] 更有甚者认为，规则 703 对于下列

---

[31] 505 F. Supp. 1313 (E. D. Pa. 1980), *aff'd in part*, *rev'd in part*, 723 F. 2d 238 (3d Cir. 1983), *cert granted in part*, 471 U. S. 1002 (1985), *rev'd*, 475 U. S. 574 (1986).

[32] *Id.* at 1318.

[33] *Id.* at 1333. (Becker 法官在这一背景下也提到了《联邦证据规则》403。)

[34] *E. g.*, Moore v. Polish Power Inc., 720 S. W. 2d 183, 192 (Tex. Ct. App. 1986).

[35] 293 F. 1031 (D. C. Cir. 1923); *see* Giannelli, *The Admissibility of Novel Scientific Evidence*: Frye v. United States, *a Half-Century Later*, 80 COLUM. L. REV. 1197 (1980).

[36] P. GIANNELLI & E. IMWINKELRIED, *supra* note 4, § 1-5.

[37] P. GIANNELLI & E. IMWINKELRIED, *supra* note 4, § 1-5.

[38] M. GRAHAM, HANDBOOK OF FEDERAL EVIDENCE § 703.2 (2d ed. 1986); *see also* McCormick, *Scientific Evidence*: *Defining a New Approach to Admissibility*, 67 IOWA L. REV. 879, 888 (1982) (“规则 703 也可能对 *Frye* 分析问题产生某些影响”).

问题的解决起着决定性的作用，即测谎仪证据是否具有足可使其被采纳的一般可靠性。[39] 规则 703 还曾作为允许作证的医生参引医学论文与期刊的典据被援引。[40] 在上述情况下，对规则 703 的依赖都是不当的。在这些实例中，专家都将把数据——假定测谎或者论文或期刊中讨论的某种技术具有一般可靠性——用作其大前提的一部分。同上文指出的那些注释类似，许多判例对规则 703 的援引是不当的。某法院曾援引规则 703 来支持其这样的结论，即声音紧张度分析技术不足为信，不具有可采性。[41] 在另一个判例中，专家根据海拔高度和方位角运用太阳图表确定了日期[42]，法院完全根据规则 703 否定了该做法。[43] 此外，在有的判例中，专家试图将其意见基于"生物力学领域的所有文献"[44]。法院允许采纳该证言，并允许其以规则 703 为据。[45] 大量公开发布的意见涉及的这样的问题，即专家是否可以依赖已经发表的科学研究和报告，而在许多这样的案例中，法院对该问题的分析是根据规则 703 展开的。[46] 在所有这些案例中，存在争议的证据性问题与专家的小前提——未决案件中的具体事实——毫无关联；相反，争议所围绕的是某种技术或信息的运用问题，该技术或信息能够充当专家证

㊴ S. SALTZBURG & K. REDDEN, FEDERAL RULES OF EVIDENCE MANUAL 633 (4th ed. 1986)；Rossi, *supra* note 21, at 21.

㊵ S. SALTZBURG & K. REDDEN, *supra* note 39, at 669.

㊶ Barrel of Fun, Inc. v. State Farm Fire & Casualty Co., 739 F. 2d 1028, 1033 (5th Cir. 1984)；*see also* Socha, *Excluding Plaintiff's Expert Testimony*, 29 FOR THE DEFENSE 24, 27 (Sept. 1987)（探讨了《联邦证据规则》703，其允许合理依赖某些类型的证据）.

㊷ United States v. Tranowski, 659 F. 2d 750, 754 (7th Cir. 1981).

㊸ *Id.* at 755 n. 10.

㊹ Mannino v. International Mfg. Co., 650 F. 2d 846, 853 n. 3 (6th Cir. 1981).

㊺ *Id.* at 852 - 53.

㊻ Osburn v. Anchor Laboratories, Inc., 825 F. 2d 908, 915 - 16 (5th Cir. 1987), *cert. denied*, 108 S. Ct. 1476 (1988)；Higgins v. Kinnebrew Motors, Inc., 547 F. 2d 1223, 1226 n. 2 (5th Cin 1977)；Nanda v. Ford Motor Co, 509 F. 2d 213, 222 (7th Cir. 1974). 与之相对的问题产生于 Washington v. Armstrong World Indus., 839 F. 2d 1121 (5th Cir. 1988) 案. 法院援引规则 703 来强调，如果专家的证言"没有得到医学文献的支持"，则其不可采。*Id.* at 1123 (citing Viterbo v. Dow Chem. Co., 826 F. 2d 420, 422 (5th Cir. 1982)).

人推理过程之大前提的一部分。

(三) 关于攻击科学证言之审判策略的讨论

未能区别科学家的两项前提，这一点在某些实务性文章中也体现得淋漓尽致，这些文章探讨的是审判时攻击科学证言的有效策略。其中大多数文章包含一些对对方专家进行交叉询问的绝佳指导，但这些指导并不完整。许多文章——即使不是大多数——专注于攻击专家的一个前提，从而忽视了另一个。[47]

一种极端做法是，有些文章阐明了针对专家小前提所进行的攻击，却忽略了质疑专家大前提的可能。[48] 这些文章通常建议称，交叉询问者应集中攻击存在某些薄弱之处，例如专家对某些案件具体事实缺乏了解，或者其关于事实的假定可以被证否。[49] 尽管这些文章有时援引规则 702[50]，但它们未能指出，交叉询问者也可以质疑专家所依赖的科学技术或理论。

另一种做法的典型代表是这样的文章，其涵盖了对攻击证人大前提的详细讨论，却轻视关于小前提的论题。[51] 这些文章偶尔会提及证人关于当前案件事实的假定[52]，但其主要关注点在于专家围绕这些事

---

[47] 然而，有些综合性文章却同时涉及两项论题。*Eg.*，Rothblatt，*Impeachment of Expert Testimony*，in 1 FORENSIC SCIENCES ch. 10 (C. Wecht ed. 1981)；Suplee & Woodruff，*Cross-Examination of Expert Witnesses*，PRAC. LAW.，Jan. 1988，at 41.

[48] *E. g.*，Baum，*Taking on the Opposing Expert*，TRIAL，Apr. 1984，at 74；Wolff，*Cross-Examination of Experts*，TRIAL，Mar. 1988，at 97.

[49] Wolff，*supra* note 48，at 97 (“他忽视了哪些信息，从而可能导致其证言出错?”)；Baum，*supra* note 48，at 78.

[50] Baum，*supra* note 48，at 78.

[51] *E. g.*，*Conason*，*Medical Cross-Examination-Refusal to Recognize Medical Authorities*，*in* 143 *ADVANCED NEGLIGENCE TRIAL STRATEGY* 1979 165；*Leahy*，*Examining*，*Cross-Examining and Impeaching Expert Witnesses*，in THE PROSECUTOR'S DESKBOOK 455 (2d ed. 1977)；Goldstein & Sodaro，*The Use of Medical Textbooks in Cross-examination of Medical Experts*，1955 *MED. TRIAL TECH. Q.* 161；*Evidence-Use of Learned Treatises*，25 DEF. LJ. 130 (1976)；*Expert Witnesses-Use of Texts and Treatises on Cross-Examination*，19 *DEF. L. J.* 686 (1970).

[52] *See*，*e. g.*，Leahy，*supra* note 51，at 478. (如果专家首先就意见背后的事实作证，则其可以基于“知识和观察”发表意见，但大多数专家证言包含对假定事实的假设性回答。)

实适用的科学理论。[53] 它们常常探讨标准科学文本的运用，从而就证人所依赖的理论弹劾其证言[54]；例如，交叉询问者可以迫使证人承认，业内权威文本否定了被其用作大前提的理论。

然而，正如我们将在本文第二部分详细讨论的那样，在某些情况下，小前提应当成为主要攻击点。[55] 医生的大前提，如特定疾病的症状，可能是完全合理的；症状A，B和C的出现确乎意味着疾病D的存在，这甚至可能已经在医学界内得到了一致认可。然而，假定医生关于患者病史的唯一信息来源是其在审判前夕与原告的面谈，则尽管大前提难以被撼动，小前提却令人疑窦丛生。[56] 该信息无法得到进一步证实，唯一的信息来源是个显然心存偏见的人，且专家进行会谈的时间恰逢其偏见最甚之际。虑及信息来源和会面的时机，证人的小前提可谓脆弱不堪，这或许也是对方律师应在审判时着力攻击的主要弱点。

二、区分科学证言大前提和小前提的必要性

本文第一部分说明，人们普遍未能区分科学证言背后的大前提和小前提。这种混乱存在于讨论证据政策的文献中，存在于对《联邦证据规则》第七章的解释中，也存在于攻击证人证言的审判策略中。这一部分将要阐明的是，在这些语境下区分两种类型的前提至关重要。

（一）证据性政策

对于任何关于规制专家证言可采性之政策的讨论而言，区分科学

[53] *See* Leahy, *supra* note 51, at 479 - 84.

[54] See Conason, *supra* note 51, at 169 - 71; Leahy, *supra* note 51, at 483（美国精神病学协会的定义手册和统计资料被用来弹劾被告的精神病学家）; Goldstein & Sodaro, *supra* note 51, at 181 - 82; *Evidence-Use of Learned Treatises*, *supra* note 51, at 137; *Expert Witnesses-Use of Texts and Treatises on Cross-Examination*, *supra* note 51, at 688.

[55] See Rook, *Take the High Ground: A Practical Approach to Meeting the Insanity Defense*, in THE PROSECUTOR'S DESKBOOK, *supra* note 51, at 647 - 48.

[56] See Tigar, *Handling the Expert Like an Expert: Back to Basics*, NAT' L L.J., Mar. 1, 1982, at 21, 33.

家大前提和小前提都是至关重要的。大前提和小前提为政策制定者提出了截然不同的问题。

有充分理由认为，人们应当自由地允许科学家选择涵盖其大前提的一般性理论和原理，即使这种做法有时必然依赖诸如其他科学家之专著等传闻性信息来源。[57] 正如某法院所说的那样，对于科学家而言，避免依赖传闻性信息来源“实际上是痴人说梦”[58]。上述言论是一种保守的说法。实际情况是，“没有哪个科学家……能够获得关于其所在领域内所有信息的第一手知识”[59]。任何科学证言都无可避免地依赖诸如专家在大学时期使用的教科书以及其毕业以来听过的讲座等来源。[60] 证人无疑曾仔细研究过其他科学家公开发表的研究，根据常识，即使该证人并未直接参与这些研究，其依然获允依赖这些成果。[61] 将专家置于其亲自实施的科学研究的限制之下，这种做法荒唐可笑。我们是否应要求当代事故重建专家重复牛顿在17世纪进行的实验，以推导出运动定律?[62] 假定一名物理学家就核电站的安全性作证。如果该

---

[57] 在这里，“传闻”是在广义的非专业性意义上被使用的。严格来说，庭外陈述仅在以下情况下构成传闻，即提出者在法庭上出于证明主张真实性的目的提出该陈述。Fed. R. EVID. 801 (c). 当证据提出者传唤科学证人，而后者援引了另一名科学家的著作时，这种援引在严格意义上并不构成传闻。证据提出者或许仅在帮助事实审判者理解专家意见基础的有限目的下提到了该著述。法官可以在进行限制性指示的同时采纳该陈述。*See* FED. R. EVID. 105.

[58] Reeves v. Markle，119 Ariz. 159，162，579 P. 2d 1382，1385 (1978) (en banc).

[59] Dick，*Hearsay Evidence in Expert Opinions*，8 J. POLICE SCI. & ADMIN. 378，382 (1980).

[60] *See* United States v. Williams，447 F. 2d 1285，1290 (5th Cir. 1971) (en banc)，*cert. denied*，405 U. S. 954 (1972)；Zenith Radio Corp. v. Matsushita Elec. Indus. Co.，505 F. Supp. 1313，1322 (E. D. Pa. 1980)；Moore v. Polish Power，Inc.，720 S. W. 2d 183，192 (Tex. Ct. App. 1986)；*see also* J. SOPINKA & S. LEDERMAN，THE LAW OF EVIDENCE IN CIVIL CASES 316 (1974) (加拿大法院已经认识到，“由于专家的知识源于庭外者”，故所有专家意见中皆有某种传闻基础).

[61] *See* Wetherill v. University of Chicago，565 F. Supp. 1553，1563－64 (N. D. I11. 1983)；*see also* P. MCWILLIAMS，CANADIAN CRIMINAL EVIDENCE 241 (2d ed. 1984) (专家不需要亲自进行实验来证明所有假设)；Brown v. Colm，11 Cal. 3d 639，644，522 p. 2d 688，690，114 Cal. Rptr. 128，130 (1974) (“毫无疑问的是，专业医生可能依赖医学教科书，来作为其证言的基础”).

[62] *See*，*e. g.*，E. SNYDER，*supra* note 6，at 38－39.

物理学家考虑依赖菲尔米或者奥本海默的研究成果，我们是否会要求其重复他们的研究？[63] 强加这种要求实际上将把所有科学证言拒之门外。坦白来说，允许科学证人参酌其他研究者的理论和研究是绝对必要的。[64]

此外，证人将理论或者研究用作大前提，其选择应被给予充分的尊重。科学证人之所以是专家，恰恰因为其曾深入研究过所在领域的文献。[65] 这种研究或许是其毕生的事业。[66] 证人的专门知识[67]包括对概念、方法论、原理以及所在学科特有理论的熟练掌握。[68] 比起法官或者陪审员，科学证人更了解“其工作方式”[69]。在选择大前提方面，证人尽其专家之能行事。因为科学证人在其领域内拥有独特且高超的专门知识，所以证人对大前提的选择应当受到充分的尊重。

当我们将目光转向证人对作为小前提之信息的选择时，眼前便会浮现出一幅完全不同的图景。允许证人诉诸传闻信息并无绝对必要，遵从其选择的理由亦远不如前者那样具有迫切性，且就充当小前提之信息的性质而言，其将在审判中引起特定证明风险。

允许专家依赖传闻来源以形成其意见之小前提，这种做法无疑没有必要性。传统普通法观点认为，专家关于未决案件具体事实的知识必须表现为这样的形式，即其亲身观察之事实或者其他具有独立可采性的证据。[70] 因此，医生可以依赖其观察到的症状，以及属于商业记录传闻例外的医疗记录。[71] 然而，如果关于案件特定事实的传闻报告

[63] *See*, *e.g.*, E. SNYDER, *supra* note 6, at 97 - 98.

[64] *See* Moore v. Grantham, 580 S. W. 2d 142, 148 (Tex. Ct. App. 1979), *rev'd on other grounds*, 599 S. W. 2d 287 (Tex. 1980).

[65] FED. R. EVID. 702.

[66] Moore v. Polish Power, Inc., 720 S. W. 2d 183, 192 (Tex. Ct. App. 1980).

[67] *See* Zenith Radio Corp. v. Matsushita Elec. Indus. Co., 505 F. Supp. 1313, 1330 (E. D. Pa. 1980), *aff'd in part*, *rev'd in part*, 723 F. 2d 238 (3d Cir. 1983), *cert granted in part*, 471 U. S. 1002 (1985), *rev'd*, 475 U. S. 574 (1986).

[68] *See id.* at 1328, 1364, 1370 - 71.

[69] Id. at 1334 (citing Stem, *Toward a Rationale for the Use of Expert Testimony in Obscenity Litigation*, 20 CASE W. RES. L. REV. 527, 546 (1969)).

[70] MCCORMICK ON EVIDENCE § 15 (E. Cleary ed. 1984).

[71] FED. R. EVID. 803 (6).

不属于传闻例外，则医生不得将其作为自身意见基础的一部分。这种在数十年间处于支配地位的传统观点要求，证言提出者须在审判时将传闻陈述者传唤为证人，只有这样，主治医生方被允许陈述毒物学者和病理学家的书面报告。传统观点迫使医生证言的提出者同时传唤毒物学者和病理学家。该规则的批评者认为其有所不便[72]，这种批判无疑是有价值的。传唤额外的证人或能稍稍增强庭审中提出之证言的可靠性，但批评者无疑正确地得出了这样的结论，即该增益通常无法使给证人带来的更多不便和法庭时间的耗费具有正当性。然而，论者是从相对便利性而非真正必要性的角度对上述问题进行讨论的。[73] 禁止专家诉诸传闻来源以用于其大前提，这实际上将使得所有科学证言皆不可采。相比之下，由于诉诸传闻来源对于提供专家之小前提而言并非必要，故要求形成小前提的信息具有独立的可采性不会带来同样剧烈的影响。

进一步来说，就遵从专家对充当其小前提之信息的选择而言，其理由远没有那么充分。专家依赖某份关于当前案件事实之报告的意愿，并不能保证该报告的真实性。[74] 与法官和陪审团相比，医生作为医学方面的专家，其更能确定症状 A、B 和 C 的出现是否为疾病 D 的特有症状。该判定系科学分析活动。[75] 然而，假定症状 A 为恶心，病人告知医生，在来医生办公室的前一日，其已有恶心的症状。该病人为一起人身伤害案件的原告，则问题在于，原告是否曾真实地描述了自己的症状。医生的医学水平是否使其在评判品性方面比法官和陪审团更胜一筹？医生在医学院的课程并不包括任何确定可信性方面的专门训练。对专家小前提内容的判断属于事实分析而非科学分析活动。[76] 如果要作

[72] *See generally* Rheingold, *The Basis of Medical Testimony*, 15 VAND. L. REV. 473 (1962)（批评当前证据规则的适用过于严苛，倡导更加自由地采纳专家医学证言）。

[73] *See, e.g.*, Rheingold, *supra* note 72.

[74] Note, *Hearsay Bases of Psychiatric Opinion Testimony: A Critique of Federal Rule of Evidence* 703, 51 S. CAL. L. REV. 129 (1977).

[75] *See* Zenith Radio Corp. v. Matsushita Elec. Indus. Co., 595 F. Supp. 1313, 1345 (E.D. Pa. 1980), *aff'd in part*, *rev'd in part*, 723 F. 2d 238 (3d Cir. 1983), *cert granted in part*, 471 U.S. 1002 (1985), *rev'd*, 475 U.S. 574 (1986).

[76] *Id*, at 1342, 1345-46, 1349, 1368.

出这样的判定，专家应在审判时暂时“越俎代庖”[77]。我们不会将最终的判定交给专家，因为该判定意味着“事实认定，而非专门知识的应用”[78]。准许专家对构成小前提的事实进行最终裁决将“僭越并贬损事实认定者的功能”[79]。

毫无疑问的是，在例外情况下，与外行的事实审判者相比，专家能够更加可靠地确定构成小前提的事实。举例而言，假定在上述假设中，患者在咨询期间主动提出其具有症状 E 以及症状 A、B 和 C。这种自愿陈述或致使医生质疑该患者关于其具有症状 A、B 和 C 的断言，因为症状 E 的存在通常排除其他症状的存在。但即使这种情况也不能证明专家是个更加高明的事实分析者。在上述假设中，专家之所以能够进行更加可靠的事实认定，仅仅因为其知晓另一个相关的大前提，由于熟谙所在领域的文献，其知晓相比患者声称的其他症状，症状 E 的存在系排他性的诊断标准。医生事实认定的关键主要是三段论推理过程中的大前提：症状 E 的出现排除了患者同时具有症状 A、B 和 C 的可能；该患者具有症状 E，因而其不可能同时具有症状 A、B 和 C。因此，这些例外情形恰能证明以下概括，即相比同一专家为了重现未决案件中特定事实的尝试，科学家对于作为大前提之原理的选择更值得被遵从。专家对小前提中不可采事项的依赖产生了证明风险，而当其将传闻信息纳入大前提时，这种风险便荡然无存。举例而言，假定某事故重现专家将某些牛顿力学定律用作其大前提，并于陪审团听审时就此作证。对于陪审团而言，该信息的合理运用是显而易见的。他们清楚地知道，专家在这一点上并非就案件具体事实作证；相反，专家明显是在讨论一般性的科学命题。然而需要注意的是，一旦事故重现专家转换话题并开始探讨小前提，危险旋即产生。这种讨论或许包含以下内容，即声称目睹了撞车的旁观者的书面陈述，或者调查该事故的警察的陈述。很可能发生的是，上述两项陈述皆不具有独立的可采性。如果旁观者在事故发生很久以后平静地进行

[77] *Id.* at 1342.

[78] *Id.* at 1368.

[79] *Id.* at 1349.

陈述，则其陈述不可被认作激奋话语[80]抑或即时感觉印象[81]，故不可采。[82] 如果警察缺乏关于碰撞发生方式的亲身知识，其陈述也不具有可采性。[83]如果这些陈述具有可采性，则会产生问题，因为专家关于其小前提的讨论涉及必须由陪审团裁断的裁判性事实。[84] 原告或在其诉状中声称，被告因过失而超速，旁观者或警察的陈述可能断言被告超过限速。在原告提出专家医学证言的普通人身伤害案件中，类似问题也会出现，因为可以预见的是，专家小前提中包含的某些事项将与存在争议的裁判性事实一致。其中某种事实通常为，事故何以导致伤害发生；相撞两车之间的冲击力或许是决定案件责任划分的关键争点之一。然而，因果关系的类型在诊断上也常常是相关的，因此，医生可能会将关于冲击力的传闻描述纳入其小前提。在这些案件中，即使法官仅仅出于有限目的——说专家意见的基础并给予陪审团恰当的限制性指示——采纳该信息[85]，以下重大风险依然存在，即陪审团将这些信息误用为关于案件过去案情的证据。限制性指示所划定的界限可能过于精巧，以至于外行陪审员无法理解。[86] 关于限制性指示之效用的最新经验研究，令人对陪审员遵循指示的能力产生怀疑。[87] 因此，不可采证据或许“渗透”到了陪审团的评议中。[88] 无论在普通法[89]还

⑳ *See* FED. R. EVID. 803 (2).

㉑ *See id*. 803 (1).

㉒ *See id*. 802.

㉓ *See id*. 602.

㉔ 关于裁判性事实和立法性事实之间区别的讨论，参见《联邦证据规则》201 的咨询委员会注释。

㉕ FED. R. EVID. 105.

㉖ *See* Carlson，*supra* note 5，at 584；*see also* Carlson，*Collision Course in Expert Testimony*：*Limitations on Affirmative Introduction of Underlying Data*，36 U. FLA. L. REV. 234，235 (1984)（对第三方报告的采纳“模糊了”意见的基础和实质性证据之间的“差异”）。

㉗ Marcotte，‘*The Jury Will Disregard*…’，73 A.B.A. J. 34－35 (Nov. 1，1987)（在美国律师基金会资助下进行的研究）；Allen，*When Jurors Are Ordered to Ignore Testimony*，*They Ignore the Order*，Wall. St. J.，Jan. 25，1988，§ 2，at 33，col. 4（由美国律师基金会和西北大学进行的研究）。

㉘ Zenith Radio Corp. v. Matsushita Elec. Indus. Co.，505 F. Supp. 1313，1334，1341 (E，D. Pa. 1980)，*aff'd in part*，*rev'd in part*，723 F. 2d 238 (3d Cir. 1983)，*cert. granted in part*，471 U.S. 1002 (1985)，*rev'd*，475 U.S. 574 (1986).

㉙ MCCORMICK ON EVIDENCE，*supra* note 70，§ 15.

是《联邦证据规则》[90] 中，这种风险都是排除证据的公认依据。相比之下，证人大前提中包含的事项却鲜少涉及存在争议的案件裁判性事实，因此其不适用上述排除依据。采纳构成小前提——而非大前提——之证据所带来的风险，是将两项前提区别对待的深层政策性原因。

在 *Zenith Radio Corporation* v. *Matsushita Electric Industrial Co*. 案[91]中，被告意识到了大前提与小前提之间的差异。其积极攻击原告专家之报告，该报告中包含对裁判性事实争议的详细论述，并宣称适用经济学专门知识解决争议。[92] 然而，除了这些报告外，原告还提出了"经济学专著、研究以及文章"[93]。被告完全没有质疑原告专家依赖这些专著、研究以及文章的权利。[94] 在 Becker 法官撰写的意见中，其不仅指出被告未能质疑科学文献，而且补充道，被告根本不可能发起成功的挑战。Becker 法官声称，对于科学家而言，依赖这样的文献来为专家意见提供支持，这显然是合理的。[95] 总而言之，在 *Zenith Radio* 案中，被告和法官承认原告专家推理过程中大前提和小前提成分之间的差异。对这种差异的承认促成了对争议报告可采性的理智裁判。对于构建调整科学证言之可行基础的合理证据性政策而言，这种承认必不可少。[96]

（二）制定法解释

在 *Zenith Radio* 案中，Becker 法官对这一事实深感惋惜，即判

---

[90] *See* FED. R. EVID. 403 advisory committee's note.

[91] 505 F. Supp. 1313.

[92] *Id.* at 1324 - 25，1338.

[93] *Id.* at 1324.

[94] *Id.* at 1324，1337.

[95] *Id.*

[96] *See* Osbum v. Anchor Laboratories，Inc.，825 F. 2d 908，915（5th Cir. 1987）（"在被普遍接受的医学文献上登载的科学研究和病历"），*cert denied*，108 S. Ct. 1476（1988）；Manko v. United States，636 F. Supp. 1419，1425 - 26（W. D. Mo. 1986）（流行病学数据）；Prechtel v. Gonse，396 N. W. 2d 837，838 - 39（Minn. Ct. App. 1986）（名为"家务劳动的美元价值"的研究）；*see also* Dore，*A Proposed Standard for Evaluating the Use of Epidemiological Evidence in Toxic Tort and other Personal Injury Cases*，28 HOW. L. J. 677，692 - 98（只有高度显著的统计证据应当被采纳）。

例法并未阐明《联邦证据规则》702与703之间的关系。[97] 本文主张，科学家大前提与小前提之间的差异是界定上述关系的关键。简言之，规则702应被解释为调整的是专家的大前提，而规则703则具有与之截然不同的使命，即确定专家可以融入其小前提的信息类型。

1. 对规则702的恰当解释

对于制定法解释而言，一条根深蒂固的准则是，相比将使某条款的部分内容变得多余的解释，能够使其每一部分皆独立有效的解释更受偏爱。[98] 我们通常假定，立法机关不会行无用之举。[99] 在某一条款中纳入没有意义的言辞，这便是无用之举。[100] 正因如此，上述准则演化为，法院在进行制定法解释时，应尝试寻找合理解释，以使单个条款的每一部分以及制定法体系中的每一条款皆行之有效。[101] 规则702的主句——“因知识、技能、经验、训练或者教育而具备专家资格的证人，可以以意见或者其他的形式就此作证”[102]——规制证人是否具备专家资格的问题。然而，独立生效准则的适用将导致这样的结论，即该规则同样调整专家获允依赖之大前提这一独立问题。如果规则702的唯一功能在于规定专家资格之标准，则引导从句——“如果科学……知识将会帮助事实审判者理解证据以确定争议事实”[103]，则允许这种证言——就会变得多余。使得从句生效的唯一方式是，假定其具有额外功能。[104] 正如一些论者所评论的那样，从句的措辞强烈暗

[97] *Zenith Radio*, 505 F. Supp. at 1333.

[98] 2A J. SUTHERLAND, STATUTES AND STATUTORY CONSTRUCTION § 46.06, at 104 (N. Singer 4th ed. 1984).

[99] *Id.* at 107 n.1 (citing Kish v. Montana State Prison, 161 Mont. 297, 301, 505 P.2d 891, 893 (1973)).

[100] *Id.* at 109 n.4 (citing Robison v. Ray, 637 P.2d 108, 110 (Okla. 1981)).

[101] *Id.* at 108 n.1 (citing Western Wash. Cement Masons Health & Sec. Trust Funds v. Hillis Homes, Inc., 26 Wash. App. 224, 232, 612 P.2d 436, 441 (1980)); *see also* McCuin v. Secretary of Health and Human Services, 817 F.2d 161, 169 - 71 (1st Cir. 1987)(解释规则以使前后规则仍有意义)。

[102] FED. R. EVID. 702.

[103] *Id.*

[104] *See* People v. Wesley, 198 Cal. App. 3d 519, 522, 243 Cal. Rptr. 785, 786 (1988)(避免使得条款某部分成为多余的解释)。

示，其特殊职责在于规制专家将要证明的对象和理论。[105] 规则 702 的密歇根州版本更强烈地进行了这种暗示。密歇根州的立法者对引导从句进行了如下改写："如果法院确定，公认的科学、技术或者其他专门知识将对事实审判者有所帮助……"[106] 形容词"公认的"的加入显然旨在限制专家可以用作大前提的科学理论和技术的类型。立法者在规则 702 而非诸如规则 703 等其他条款中加入该形容词，这一决定反映出他们得出的以下结论，即规则 702 规定了专家大前提所受到的限制。

规则 702 的上下文支持了上述结论。规则 702 的上下文包括同一制定法体系中的所有其他部分。[107] 作为同一证据法典中的条款，规则 702 与 703 涉及类似的问题[108]，且应从整体上被解释。独立有效性准

---

[105] *See, e.g.*, M. GRAHAM, supra note 38, § § 702.1, 702.4; 3 D. LOUISELL & C. MUELLER, FEDERAL EVIDENCE § § 380, 382 - 83 (1979); 3 J. WEINSTEIN & M. BERGER, WEINSTEIN'S EVIDENCE, at 702 [02] - [03]; Carlson, *supra* note 5, at 582; Harty, *The Admissibility of Expert Testimony Under the Iowa Rules of Evidence: Proffering and Resisting Expert Opinion*, 36 DRAKE L. REV. 345, 350 (1986 - 87); Romero, *The Admissibility of Scientific Evidence Under the New Mexico and Federal Rules of Evidence*, 6 N. M. L. REV. 187, 198 (1976); Rossi, *supra* note 21, at 18 - 19; Weinstein, *Improving Expert Testimony*, 20 U. RICH. L. REV. 473, 477 - 78 (1986).

[106] 3 J. WEINSTEIN & M. BERGER, *supra* note 105, 702 [06] (quoting MICH. R. EVID. 702).

[107] *See* 2A J. SUTHERLAND, *supra* note 98, at ch. 51; *see also* American Min. Congress v. U. S. E. P. A., 824 F. 2d 1177 (D. C. Cir. 1987) ("制定法条款无法从其所属的法律中被恰当地割裂"); United States v. Vest, 639 F. Supp. 899 (D. Mass. 1986) (当解读制定法条文时，法院决不能仅阅读某一特定条款，还应阅读属于其上下文的其他条款); Yoffie v. Marin Hosp. Dist., 193 Cal. App. 3d 743, 238 Cal. Rptr. 502 (1987) ("每个条款都应在参考其所属的整个法律体系的情况下被解释"), *aff'd*, 813 F. 2d 477 (1987); *In re* Marriage of Norvall, 192 Cal. App. 3d 1047, 237 Cal. Rptr. 770 (1987) (通过在作为整体的制定法框架的语境下考虑特定从句，制定法的不同部分之间必须相协调); Sonoma Subaru v. New Motor Vehicle Bd., 189 Cal. App. 3d 13, 234 Cal. Rptr. 226 (1987) (对制定法的解释应在参考整个制定法体系的情况下实现其部分之间的协调); Planned Parenthood Affiliates v. Van de Kamp, 181 Cal. App. 3d 245, 226 Cal. Rptr. 361 (1986) (对制定法的解释应参考其所属的整个法律体系)。

[108] *See In re* Johnson, 787 F. 2d 1179, 1181 (7th Cir. 1986); Burk v. Unified School Dist., Wabaunsee County, 646 F. Supp. 1557, 1563 (D. Kan. 1986).

则再次发挥了作用；理想的整体解释[109]将赋予每个条款独立的意义。[110]表面上看，规则 703 调整“专家意见或推论所依据的特定案件中的事实或者数据”[111]。一种对规则 703 似乎合理的狭义解释是，上述引文仅涉及证人的小前提。独立有效性准则支持这种狭义解释。正如本文第一部分所指出的那样，有些法院和论者将规则 703 宽泛地理解为既适用于专家的大前提，也适用于专家的小前提。然而，对规则 703 的宽泛解释破坏了独立有效性准则，并模糊了规则 702 和 703 之间的界限；根据这种解释，规则 703 和规则 702 的引导从句在限制专家大前提方面发生了重合。相比之下，狭义解释消除了两个规则间不必要重复和冲突的任何可能。

正如其条文和上下文一样，规则 702 的立法史也支持了以下结论，即立法者旨在以该规则规制专家大前提的内容。诚然，规则 702 咨询委员会注释的第四段即末段提及了确定证人是否具有专家资格的标准。[112] 然而，该注释大量篇幅探讨的是确定以下问题的标准，即哪些问题对于专家证言而言是恰当的。举例来说，第三段声称，规则 702 对以下问题作出了回答，即“某种情形对于使用专家证言而言是否恰当”[113]。此外，第四段段首其中一句话主张，规则 702 调整“可能依赖的知识领域”[114]。在指出规则 702 进步性地允许诉诸任何有益的专门知识领域以后，第四段补充道，该规则“同样”宣告了一种专家资格的宽松标准。[115]“同样”一词的使用表明，委员会相信规则 702 具有双重功能：该规则不仅决定了何人具有专家资格，而且规制着有资格的专家可以作证的对象。

2. 对规则 703 的恰当解释

就规则 703 而言，结论为：制定该规则仅旨在调整证人的小前

[109] *See* Conover v. Dean Witter Reynolds, Inc., 794 F. 2d 520 (9th Cir. 1986), *vacated*, 107 S. Ct. 3203 (1987).

[110] Federal Deposit Ins. Corp. v. Mallen, 661 F. Supp. 1003, 1006 (N. D. Iowa 1987).

[111] FED. R. EVID. 703.

[112] FED. R. EVID. 702 advisory committee's note.

[113] *Id*,

[114] *Id*.

[115] *Id*.

提，即关于未决案件中具体事实的信息。该规则的条文、上下文、立法史以及目的皆契合上述解释。

规则 703 条文的首句为“专家意见或推论所依据的特定案件中的事实或者数据”[116]。“特定案件中”的说法意味着该规则限于构成证人小前提的信息。根据以上定义，专家的小前提为适用专家科学理论和技术的特定案件中的数据。

规则 703 的上下文同样支持该规则限于小前提的解释。如前所述，规则 703 的狭义解释有助于促使其与规则 702 相协调。[117] 规则 702 与 703 是同一制定法体系中相辅相成的组成部分。[118] 就此而言，它们应当得到调和。[119] 将规则 702 解读为规制证人的大前提，而将规则 703 适用于小前提，这是对二者最完美的调和，因为这种解释消除了两个条款之间相互冲突的任何可能。

尽管基于规则 702 的上下文论证引人瞩目，以规则 705 为基础却可以构建一种更具说服力的论证。该规则是：

> 除非法院另有命令，专家可以以意见形式作证……并说明作出该意见的理由，而不需要提前披露所依据的事实或者数据。在交叉询问中，专家可以在任何情况下应要求披露这些事实或者数据。[120]

---

[116] *Id*. 703.

[117] *See* McCuin v. Secretary of Health and Human Services, 817 F. 2d 161, 168 (1st Cir. 1987); *In re* Johnson, 787 F. 2d 1179, 1181 (7th Cir. 1986); Yoffie v. Marin Hosp. Dist, 193 Cal. App. 3d 743, 748, 238 Cal. Rptr. 502, 504 (1987); *In re* Marriage of Norvall, 192 Cal. App. 3d 1047, 1055, 237 Cal. Rptr. 770, 774 (1987); Sonoma Subaru v. New Motor Vehicle Bd., 189 Cal. App. 3d 13, 20, 234 Cal. Rptr. 226, 230 (1987); Planned Parenthood Affiliates v. Van de Kamp, 183 Cal. App. 3d 245, 269, 226 Cal. Rptr. 361, 372 (1986); People v. Garcia, 187 Cal. App. 3d 887, 895, 223 Cal Rptr. 884, 888 (1986).

[118] *See* Conover v. Dean Witter Reynolds, Inc., 794 F. 2d 520, 525 (9th Cir. 1986)（《1933 年证券管理法》以及《1934 年证券交易法》是相互关联的，它们应得到整体解释）。

[119] *See* Federal Deposit Ins. Corp. v. Mallen, 661 F. Supp. 1003, 1006 (N. D. Iowa 1987); Ohio Farmers Ins. Co. v. Quin, 198 Cal. App. 3d. 1338, 1348, 244 Cal. Rptr. 359, 365 (1988).

[120] FED. R. EVID. 705.

规则 705 一个引人注目的特点在于，其使用了“事实或者数据”这一语句——与出现在规则 703 开头的语句相同。当立法机关在不同条款中使用相同的措辞时，通常的假定是，其在同种意义上使用它们。[121] 根据这种假定，规则 705 的措辞本质上将不可避免地得出这样的结论，即规则 703 限于专家的小前提。规则 705 的首句允许专家在直接询问中陈述“意见……和理由，而不需要提前披露所依据的事实或者数据”[122]。该规则的措辞必然假定，意见的“理由”有别于“所依据的事实或者数据”；如若不然，专家不可能于直接询问中在不揭露其理由的情况下披露所依据的事实或者数据。规则 703 的广义解释——将该规则适用于专家大前提——将使规则 705 毫无意义。专家推理过程的唯一组成部分是大前提和小前提，而非专家意见本身。如果规则 703 中“事实或者数据”这一表述同时蕴含两项前提，则根据规则 705，陈述意见的“理由”而不披露“所依据的事实或者数据”便毫无可能。假定“事实或者数据”同时包含两项前提，且专家可以在直接询问中拒绝提供“事实或者数据”，便不再有“理由”可供披露。唯一合理的效果是，将“理由”解释为涉及专家的大前提，将“事实或者数据”解释为涉及专家的小前提。因此，在直接询问中，医生可以作证称，其已对患者作出诊断，后者罹患疾病 D，且作出该诊断的理由为大前提，即症状 A、B 和 C 的出现是疾病 D 的表征。根据规则 705，医生可以在不涉及关于其小前提——使其相信原告具有症状 A、B 和 C 的口头传闻报告和医疗记录——之任何细节的情况下提供直接证言。

规则 703 的咨询委员会注释为上述观点——规则 703 仅适用于专家的小前提——提供了进一步支持。注释第一段阐述了“事实或者数据”[123]

---

[121] Bamson v. United States, 816 F. 2d 549, 554 (10th Cir.), *cert. denied*, 108 S. Ct. 229 (1987); Doctors Hosp., Inc. v. Bowen, 811 F. 2d 1448, 1452 (11th Cir. 1987); Altaville Drug Store, Inc. v. California Employment Dev. Dept., 234 Cal. Rptr. 78, 82 (1987), *rev'd on other grounds*, 242 Cal. Rptr. 732, 44 Cal. 3d 231, 746 P. 2d 871 (1988).

[122] FED. R. EVID. 705.

[123] FED. R. EVID. 703 advisory committee's note.

这一表述含义内的信息类型。该段列举了以下信息，即“患者和亲属的陈述，护士、技术人员或者其他医生的报告或者意见，医院的记录以及X光片”[124]。以上是注释中列明的所有示例。[125] 所有列明之示例的共同特征为，它们将充当专家小前提的一部分。这些信息来源将提供特定案件中的具体事实，但它们都不会构成用以评价这些事实的科学理论或者技术。因此，对于表明规则703仅调整构成专家小前提的信息而言，该注释是又一线索。[126]

最后一个线索是注释中的下列表述，即制定规则703的主要目的是放宽可被允许的专家意见证言的基础。注释的第一段宣称以下意图，即“与当前许多司法辖区中专家意见的基础相比，使其有所扩大”[127]。注释第三段预言道，该规则将“扩大”专家意见可被允许的基础。[128] 根据这些段落，论者普遍得出了这样的结论，即规则703的

[124] *Id.*

[125] *See* Zenith Radio Corp. v. Matsushita Elec. Indus. Co., 505 F. Supp. 1313, 1322-23 (E.D. Pa. 1980), *aff'd in part*, *rev'd in party* 723 F. 2d 238 (3d Cir. 1983), *cert. granted in part*, 471 U.S. 1002 (1985), *rev'd*, 475 U.S. 574 (1986).

[126] 乍一看，注释的最后一段似乎使人一头雾水。该段说，

> 如果有人担心，扩大可采的数据可能会不当地破坏排除规则，则应注意，该规则要求，所用事实或者数据“应是特定领域内的专家所合理依赖的”。如果在一起汽车碰撞案件中，某一“事故重建专家”根据目击证人的陈述就撞击点发表意见，则上述措辞并不会支持将该意见采纳为证据，因为这种做法并未满足上述要求。

规则703的咨询委员会注释。正如Becker法官所述，注释中的上述语段将遗憾地导致“对规则702和703的混淆”。*Zenith Radio*, 505 F. Supp. at 1327 n. l4a. 规则703广义解释的提出者可能辩称，注释的末段证明本规则同样适用于专家的大前提；该段似乎一般性地允许法官排除不可靠的事故重建专家的证言。

然而，对该段更容易进行一种更为限缩的——且更加合理的——解释。事故重建专家证言的可采性已经被无可挑剔地证实。*See generally* R. LIMPERT, MOTOR VEHICLE ACCIDENT RECONSTRUCTION AND CAUSE ANALYSIS (2d ed. 1984)（帮助庭审律师理解和运用关于事故重建的证言）。该段不能被解读为完全阻碍了事故重建证言的采纳。一种对其狭隘的解读表明，仅当专家意见依赖“旁观者陈述”时，注释方要求排除该专家证言。《联邦证据规则》703咨询委员会注释。然而，这种陈述是能够充当证人小前提之信息的典型例证。旁观者无疑不会就运动定律发表任何主张；相反，他会就汽车的速度和运动——当前案件中的具体事实——进行断言。

[127] *Id.*

[128] *Id.*

主旨在于放宽专家证言的可采性标准。[129] 然而，如果规则 703 被解释为同时调整证人的大前提和小前提，则这种解释便会阻碍该规则目的的实现，且实际上使得专家证言的可采性标准变得更为严格。

《联邦证据规则》被采纳之时，绝大多数司法辖区在确定科学证言可采性的问题上赞同 Frye 标准。[130] Frye 标准在至少 45 个州都是主导性标准。[131] 根据 Frye 规则，如果某项科学技术在相关科学界得到了普遍接受，则基于该技术的证言便具有可采性。[132]

证言在科学界内得到接受，这实际上保证了该证据的可采性。在这样的背景下，国会颁布了包括规则 703 在内的《联邦证据规则》。规则 703 允许专家基于某种信息得出意见，仅当该信息是“特定领域的专家就某事项形成意见时将合理地依赖的那类”[133]。至少有一个判例判定，由于该规则使用了“合理地”一词，因而如果法官发现专家对某类信息的依赖客观上不可靠，即使依赖该类数据在专家专业领域内系常规做法，法官亦可阻止专家依赖该信息。[134] 如果对规则 703 的这种解释是正确的[135]，那么将该规则适用于专家的大前提，便可能导致某种比 Frye 标准更为保守的可采性标准；即使证言提出者能够证明普遍接受性，法官仍可随后质疑科学共同体，并排除该证言。

仅在以下情况下，规则 703 才能实现其放宽限制的预期效果，即其适用仅限于证人的小前提。在《联邦证据规则》制定以前，许多司

[129] *E. g.*, 3 D. LOUISELL & C. MUELLER, *supra* note 105, § 389, at 655, 658; 3 J. WEINSTEIN & M. BERGER, *supra* note 105, 703 [03]; Blakey, *supra* note 24, at 5.

[130] Imwinkelried, *The Standard for Admitting Scientific Evidence: A Critique from the Perspective of Juror Psychology*, 28 VILL. L. REV. 554, 556-57 (1983).

[131] Note, *Changing the Standard for the Admissibility of Novel Scientific Evidence: State v. Williams*, 40 OHIO ST. L. J. 757, 769 (1979).

[132] *See generally* Giannelli, *supra* note 35, at 1197 (批判了 *Frye* 规则，并探讨了不同的选项)。

[133] FED. R. EVID. 703.

[134] *E. g.*, *In re* “Agent Orange” Prod. Liab. Litig., 611 F. Supp. 1223, 1243-45 (E. D. N. Y. 1985), *aff'd*, 818 F. 2d 187 (2d Cir. 1987), *cert. denied*, 108 S. Ct. 2898 (1988).

[135] *Contra In re* Japanese Elec. Prods. Antitrust Litig., 723 F. 2d 238, 275-79 (3d Cir. 1983) *rev'd* 475 U. S. 574 (1986).

法辖区直截了当地拒绝允许专家将独立不可采的信息纳入其小前提。[136] 规则 703 的末句规定了以下一般性命题，即专家依赖的“事实或者数据”“不需要具有证据可采性”[137]。正如上一段所指出的那样，这种一般性命题受到了以下限定，即当法官推断特定类型的信息无法被“合理地依赖”[138] 时，其能够阻止专家依赖这种信息。即使存在这种限定，规则 703 仍不失为一种比普通法标准更加宽松的可采性标准。根据普通法标准，专家永远无法依赖独立不可采的事项，而规则 703 则一般性地允许他们依赖此类信息，除非该信息受到上述限制。因此，只要规则 703 的范围限于专家小前提，它便代表了对可采性标准的放宽。规则 703 的起草者显然旨在赋予该规则放宽限制的效果。这种效果强化了规则 703 的以下解释，即其仅适用于构成证人小前提的信息。

（三）在审判中攻击对方科学证言的证明力

我们已经看到，对于解释《联邦证据规则》702 和 703 的证据性政策制定者以及法官而言，对科学证人的大前提和小前提作出区分是不可避免的。这种区分不仅有助于政策制定者构建可采性标准，而且有助于法官适用这些标准。庭审律师也必须认识到这种区别。本文第一部分指出，关于弹劾证人证言的实务性文章常常关注其中某一前提，却对另一前提置若罔闻。如果诉讼者也如此行事，则其可能忽视对方科学证言真正的弱点，该弱点在庭审中将不会被发现。然而，如果诉讼者注意到大前提和小前提之间的区别，其或能轻易确定对对方证言之证明力最为有效的攻击。两个当代最为声名显赫的科学案例可以说明这一问题。

第一个案例是 *United States* v. *Stifel* 案。[139] *Stifel* 案是捍卫中子活化分析（*NAA*）证据之可采性的重要判决。[140] NAA“是用于”诉讼中的

---

[136] MCCORMICK ON EVIDENCE，*supra* note 70，§ 15.

[137] FED. R. EVID. 703.

[138] *Id*.

[139] 433 F. 2d 431 (6th Cir. 1970)，*cert. denied*，401 U. S. 994 (1971). 关于对 *Stifel* 案和其他允许 NAA 证据之案件的讨论，see A. MOENSSENS，F. INBAU & J. STARRS，*supra* note 4，§ 9.07，at 540 - 41。

[140] A. MOENSSENS，F. INBAU & J. STARRS，*supra* note 4，§ 9.07，at 540 - 41.

“最为复杂的科学技术之一”[141]。该技术之所以行之有效，是因为其具有高度灵敏性：“检出限低至微克以及毫微克。因此，诸如一根毛发或者剥落的油漆等微小的样本皆可被分析。”[142] 在 *Stifel* 案——一起谋杀案——中，检控方运用 *NAA* 技术对爆炸残留物进行了细致入微的测量。检控方声称，被告曾将炸弹邮寄给受害人。当受害人打开包裹时，炸弹发生了爆炸。

爆炸残留物中包含包裹邮寄地址签的碎片、邮寄用的硬纸筒、金属盖以及胶带。一名 NAA 专家对爆炸残留物进行了分析，并将其与在 Proctor & Gamble 贮藏室——被告人工作的地方——发现的类似材料进行了比对。[143] 专家在爆炸残留物和贮藏室样本中发现了几种完全相同的微量金属元素。专家在审判中作证称：“邮寄地址签以及硬纸筒碎片与在 Proctor & Gamble 发现的类似物质具有相同的‘元素成分’，‘在合理的科学确定性范围内’可以说，它们属于‘同种类型、同种产品’。”[144] 在审判和上诉中，辩护方皆对这一证言进行了攻击。[145]

上诉法院驳回了辩护方的攻击。在随后的案例中，上诉法院的意见被解读为对以下观点的支持，即“运用中子活化分析来鉴定物证微粒是可行的，且具有高度准确性”[146]。然而，正如对 *Stifel* 案判决最具洞见的一项解说所指出的那样[147]，可以说，被告和法院都忽视了控方专家证言的真正弱点：其中一名专家之大前提中存在的缺陷。

Stifel 案中的法院和被告正确地识别出了控方专家使用的一项大前提：*NAA* 能够确定未知物质的元素成分。在上诉程序中，法院分析了这一大前提。[148] 然而，正如上文提到的那名论者所指出的那样，控方专家还使用了另一经典的三段论推理方法，这一点在很大程度上

[141] P. GIANNELLI & E. IMWINKELRIED, *supra* note 4, § 11-1, at 329.

[142] *Id.*

[143] *Stifel*, 433 F. 2d at 436.

[144] *Id.* at 436.

[145] *Id.* at 435-36.

[146] A. MOENSSENS, F. INBAU & J. STARRS, *supra* note 4, § 9.07, at 540.

[147] Comment, *The Evidentiary Uses of Neutron Activation Analysis*, 59 CAL. L. REV. 997, 1070 (1971).

[148] *Stifel*, 433 F. 2d at 436.

被法院和被告忽略了：当 *NAA* 表明两份样本具有同样微量浓度的化学元素时，样本很可能具有同一来源；这些样本的 *NAA* 表明，它们具有同样微量浓度的元素；因此，两份样本很可能具有同一来源，即被告曾经进入的贮藏室。[149] 以上便是被告应予质疑的三段论推理。详细来说，被告本应质疑这种推理方式的大前提。小前提——*NAA* 能够确定两份样本是否具有同样微量浓度的元素——是合理的。[150] 然而，大前提并未得到证明。来自不同来源的样本也可能具有同样的元素成分；证明大前提有效性的唯一方式是进行经验研究，表明来源不同的样本将具有不同微量浓度的元素。[151] 在审判中，对该证言最行之有效的攻击是对大前提进行质疑——例如，迫使控方专家在交叉询问中承认，这样的经验研究尚未存在。就 *Stifel* 案而言，专家证言的弱点隐藏在大前提之中。虑及 *Stifel* 案发生时的经验研究状况，专家充其量本应被允许就此作证，即样本拥有同样的元素微量浓度，它们可能拥有共同的来源。[152] 然而在审判中，这种错误显然并未被发现；法院和被告都没有仔细检查专家的大前提。

在另一起同样著名的案件中，科学证言的弱点隐藏在专家的小前提中。如果说 *Stifel* 案是关于 *NAA* 可采性的重要先例，那么在为弹劾而分析专家精神病证言的使用方面，*United States* v. *Hiss* 案[153]便是具有开创性的判例之一。*Hiss* 案是一起著名的刑事讼案——Alger Hiss 被指控犯间谍罪。Whittaker Chambers 是案件的主要证人。被告传唤了精神病专家 Binger 医生，来对 Chambers 进行弹劾。被告的专家作证称，Chambers 存在病态人格，极易作出虚假报告。[154] 专家意见在一定程度上依据的是 Chambers 在法庭上的举止[155]——例如

[149] Comment, *supra* note 147, at 1020 - 25.

[150] A. MOENSSENS, F. INBAU & J. , STARRS, *supra* note 4, § 9.05.

[151] Comment, *supra* note 147, at 1023.

[152] Comment, *supra* note 147, at 1024.

[153] 88 F. Supp. 559 (S. D. N. Y. 1950).

[154] *Id.* at 566; 3 J. WEINSTEIN & M. BERGER, *supra* note 105, 607 [04].

[155] *See* 3 J. WEINSTEIN & M. BERGER, *supra* note 105, 607 [04].

Chambers 在作证时常常盯着天花板这一事实。[156] 该案被广为报道，专家证言亦极富戏剧性，以至于“所有围绕精神病学证言运用的讨论在 *Hiss* 案审判中被详细讲述，该案被盛赞为开启了新纪元”[157]。

围绕 *Hiss* 案的大多数争论集中在大前提，即精神健康专家仅凭观察一个人的举止，便能准确确定其是否如实作证。[158] 在 *Hiss* 案中，证言最可疑的地方在于专家的小前提；专家将仅通过在法庭上通过简短观察而非临床检查收集到的信息纳入其小前提。[159] 临床评价是最为适宜的。[160] 可以说，即使根据法庭观察得出的诊断结果也足以帮助陪审团，从而获得可采性资格[161]，但是对于依据法庭举止得出的诊断结果而言，其证明力无疑令人怀疑。[162] 对证人来说，法庭是个压力重重的人工环境，证人在法庭上的行为举止或许不具代表性。有些专家直截了当地否认了那种依据法庭观察便可确诊的观点[163]，而且一种广泛的共识是，在审判中对证人的观察是专家意见的低劣根据。[164] 对于以“肤浅的法庭观察”[165] 为依据的意见来说，其证明力“饱受质疑”[166]。由于交叉询问在这一问题上沿着错误的方向进行，*Hiss* 案沦为 *Stifel* 案的翻版；在 *Stifel* 案中，攻击应围绕专家的大前提展开，而在 *Hiss* 案中，首要攻击目标本应为专家小前提所包含的较低质量的信息。在这两个案件中，意识到专家大前提和小前提之间的区别，或

[156] *See* Slovenko, *Witnesses*, *Psychiatry and the Credibility of Testimony*, 19 U. FLA. L. REV. 1, 11 (1966).

[157] 3 J. WEINSTEIN & M. BERGER, *supra* note 105, 607 [04], at 607 - 72, - 73.

[158] 3 J. WEINSTEIN & M. BERGER, *supra* note 105, 607 [04], at 607 - 74, 75, 76.

[159] 3 J. WEINSTEIN & M. BERGER, *supra* note 105, 607 [04], at 607 - 75.

[160] Note, *Psychiatric Evaluation of the Mentally Abnormal Witness*, 59 YALE L. J. 1324, 1336 (1950).

[161] *Id.*

[162] *See generally* Recent Case, *Evidence-Courtroom Psychiatric Diagnosis—Valid or Invalid?*, 30 NEB. L. REV. 513 (1951)（精神病学业内的一致意见是，仅凭法庭观察不足以得出准确的分析）。

[163] *See id.* at 515 n. 11.

[164] *Id.* at 515 - 16.

[165] *Id.* at 516.

[166] *Id.*

能使审判中对证人证言证明力的攻击更为有效。

三、结论

司法会议操作和程序规则委员会于1969年公布了适用于联邦地区法院和治安法官的拟议证据规则草案初稿。[167] 该草案包含拟议规则702和703[168]，其与当前的规则702和703本质上并无二致。自此之后，就运用这两项规则而言，我们几乎拥有二十年的经验。但是，正如Becker法官曾指出的那样，直到今天，法院依然未能厘清两个条款之间的关系。[169] 这一问题令人无法容忍。在当代诉讼活动中，科学证据是运用最为普遍的证据类型之一。《联邦证据规则》第七章应该在运用专家证言方面为诉讼提供指导。规则702和703不仅是第七章处理专家证言问题的首要条款；它们也是制定法体系中规制专家证言可采性最为重要的部分。虑及我们在研究第七章上曾耗费大量时间，围绕规则702和703产生的不确定性是不可原谅的。

为了结束这种不确定性，本文提议在专家证人推理过程中的大前提和小前提成分之间划出一条相对清晰的界限。[170] 界限的一边是这样

---

[167] COMMITTEE ON RULES OF PRACTICE AND PROCEDURE OF THE JUDICIAL CONFERENCE OF THE U.S., PRELIMINARY DRAFT OF PROPOSED RULES OF EVIDENCE FOR THE UNFTED STATES DISTRICT COURTS AND MAGISTRATES (1969).

[168] *Id.* at 142-43.

[169] *Zenith Radio*, 505 F. Supp. 1313, 1333 (E.D. Pa. 1980), *aff'd in part*, *rev'd in part*, 723 F.2d 238 (3d Cir. 1983), *cert. granted in part*, 471 U.S. 1002 (1985), *rev'd*, 475 U.S. 574 (1986).

[170] 以下主张是错误的，即确定某种信息是否与专家证人的大前提和小前提相关始终是轻而易举的。举例来说，我们看看*Norris v. Gatts*案，738 P.2d 344 (Alaska 1987)。在该案中，原告在骑摩托车时遭到被告驾驶之汽车的撞击并受到人身伤害，其因此提起诉讼。*Id.* at 346. 被告驾驶的是奥迪5000汽车，其辩称在碰撞发生前，汽车因加速而失控。*Id.* 被告传唤了一名工学专家来支持自己的主张，后者作证称，奥迪5000存在可能导致意外加速的设计缺陷。*Id.* at 346-47. 专家在形成其意见时考虑了128名消费者向国家公路交通安全管理局和汽车安全中心提出的投诉，这些投诉针对涉及奥迪5000的意外加速事故。*Id.* at 347. 法院援引规则703来决定，依赖消费者投诉对于专家而言是否适当。*Id.* at 349. 然而，根据*Norris*案的事实是否可以确定，这些投诉是专家小前提的一部分？

的问题，即某些论题对于专家证言来说是否适当，专家是否可以将某些科学论文或者研究考虑在内。这些问题涉及证人大前提的合理性。若想回答这些问题，法院应当寄望于规则 702，以及诸如规则 403[171] 和 901[172] 等《联邦证据规则》中的一般性条款。界限的另一边是这样的问题，例如专家是否可以将不可采的传闻作为未决案件具体事实之来源加以依赖。这些问题将与证人小前提的有效性有关。若要解决这些问题，法院应当诉诸规则 703，同样还应诉诸包括规则 403 在内的一般性条款。因此，大前提—小前提之别对于理解第七章能够起到高屋建瓴之效。

这种区别不仅为明确第七章中两个最为重要的条款间的关系创制了一个一般性框架，而且有助于回答该章所产生的许多关于制定法解释的更加狭义的问题。如上所述，在《联邦证据规则》颁布之前，大多数司

⑰ 《联邦证据规则》403 写道：“尽管具有相关性，但如果证据的证明价值为以下危险所严重超过，则法院可以排除该证据：不公平损害、混淆争点或者误导陪审团、不当拖延、浪费时间或者不必要地出示重复证据。” *Id.*

规则 403 几乎具有普适性。Dolan，*Rule* 403：*The Prejudice Rule in Evidence*，49 S. CAL. L. REV. 220，269 (1976). 该规则“显然贯穿《联邦证据规则》始终，” Rothstein，*Some Themes in the Proposed Federal Rules of Evidence*，33 FED. B. J. 21，29 (1974)，而且“每个可采性规则皆受制于”根据规则 403“自由裁量排除的权力”。22 C，WRIGHT & K. GRAHAM，FEDERAL PRACTICE AND PROCEDURE：EVIDENCE § 5213，at 262 - 63 (1978). 法院承认的唯一例外是满足 609 (a) (2) 的定罪判决证据的可采性。Imwinkelried，*The Need to Amend Federal Rule of Evidence* 404 (*b*)：*The Threat to the Future of the Federal Rules of Evidence*，30 VILL. L. REV. 1465，1480 (1985). 属于 609 (a) (2) 范围内的定罪判决似乎自动具有可采性。*Id.* 除此之外，每种类型的证据——包括满足规则 702 的科学证言——都可能因规则 403 而遭到排除。

⑰ 《联邦证据规则》901、901 (b) (9) 规定：“以下是能够满足本规则规定之鉴真或辨认要求的证据的示例，其仅供说明之用，并不具有限制性：……过程或者系统。描述用以产生某种结果的某过程或者系统，并表明该过程或者系统产生了准确结果的证据。” *Id.*

“过程或者系统”的表述足够宽泛，足以将科学技术包含在内。与第七章不同的是，规则 901 (b) (9) 应当被解释为，要求科学证言的提出者通过提出实验检验证实潜在科学技术。*See generally* Imwinkelried，*Judge Versus Jury*：*Who Should Decide Questions of Preliminary Facts Conditioning the Admissibility of Scientific Evidence*?，25 WM. & MARY L. REV. 577 (1984). (探讨了规则 901 (b) (9) 对科学证据可采性的影响；得出结论认为关于某种理论有效性的预备性事实应由法官决定。)

法辖区遵循 *Frye* 案的普遍接受标准来确定科学证据的可采性。[173] 令人棘手的问题在于，*Frye* 标准在《联邦证据规则》制定之后是否依然适用。[174] *Frye* 标准的拥趸时常援引规则 703 来支持其这样的主张，即 *Frye* 案所确立的规则仍系良法。[175] 如果专家专业领域内的从业者无法“合理”依赖某类数据，则规则 703 允许法官将这种信息拒之门外。[176] 可以说，“合理地”应被解释为具有“惯常地”之意。[177] 根据这种解释，规则 703 将 *Frye* 标准法典化；该规则使法官有权要求专家所依赖的某类信息被惯常或者普遍接受。然而，大前提—小前提之别使这种观点成为无稽之谈。*Frye* 标准涉及专家的大前提，而规则 703 仅调整证人小前提中的内容。由此观之，将目光集中于规则 703 中“合理地”一词之上，并认为其表明法院依然可以在《联邦证据规则》框架下执行 *Frye* 规则，这种做法是站不住脚的。

当前，围绕第七章的另一争论是方才所提及的问题，即规则 703 中“合理地”一词的含义。有些法院在“惯常地”的意义上引用该词。[178] 其他法院支持相反的观点，即国会对于“合理地”一词的选择意味着审判法官可以阻止专家依赖某类数据，即使这是专家专业领域

---

[173] P. GIANNELLI & E. IMWINKELRIED, *supra* note 4，§ 1 - 5.

[174] *E. g.*，United States v. Williams，583 R2d 1194，1198 (2d Cir. 1978)，*cert. denied*，439 U. S. 1117 (1979)；State v. Williams，4 Ohio St. 3d 53，57，446 N. E. 2d 444，447 (1983)；*cf.* Barmeyer v. Montana Power Co.，202 Mont. 185，193 - 94，657 P. 2d 594，598 (1983)（在财产损失案件中进行了充分的铺垫，以使专家证言被采纳），*overruled*，Martel v. Montana Power Co.，752 P. 2d 140 (Mont. 1988).

[175] 由 Paul Rothstein 教授提出，Trial Evidence Committee of the American Bar Association Litigation Section Annual Seminar (March 4 - 5，1988) (Rancho Bernardo Inn，San Diego，California). 会上讨论的其中一个论题是专家证言。乔治城大学的 Paul Rothstein 教授在其发言时描述了一起其最近参与的案件。案件的其中一个争点是，法官是否应遵循 *Frye* 标准：案件中的一名律师向法官援引了规则 703。Rothstein 教授指出，法官在决定是否适用 *Frye* 标准时似乎依赖规则 703。*Id.*；*see also* McCormick，*Scientific Evidence*：*Defining a New Approach to Admissibility*，67 IOWA L. REV. 879，888 (1982)（“尽管没有明文规定，但《联邦证据规则》的历史和评论表明了废止 Frye 标准的明确意图”）。

[176] FED. R. EVID. 703.

[177] *In re* Japanese Elec. Prods. Antitrust Litig.，723 F. 2d 238，276 (3d Cir. 1983)，*rev'd sub. nom.* Matsushita Elec. Indus. Co. v. Zenith Radio Corp.，575 U. S. 574 (1986).

[178] *Id.* at 275 - 79.

内的惯常做法。[179] 就像大—小前提之别有助于查明 *Frye* 争议那样，该区别亦对人们洞悉围绕上述争议所展开的讨论有所助益。归根结底，政策性问题在于法院是否应将选择何种信息的权利实际上授予科学共同体。如果“合理地”意味着“惯常地”，则最终选择便取决于科学共同体。根据这种假定，法院的唯一功能仅是作出这种事实性认定，即惯常做法是否存在。[180] 然而，如果“合理地”一词的使用赋予法官质疑科学共同体的权利，则该认定仍系司法职责；在作出认定时，法官很可能十分看重专业领域内的做法，但这种做法不具有决定性。分析至此，大—小前提之别就变得与之息息相关。第二部分已经证明，专家对于用作大前提之理论的选择有权被极力遵从，但该部分亦指出，就遵从专家对于纳入小前提之信息的选择而言，远没有那么多令人无可抗拒的理由。本质上说，选择纳入小前提的事实是一种事实分析活动，而非科学性的专门知识。如果规则 703 的适用范围限于小前提，则该范围便是对这种做法的强烈反对，即将“合理地”解释为“惯常地”。从原则上讲，司法机关应当监管纳入专家小前提之信息的可靠性，而把“合理地”解释为“惯常地”将剥夺法院的这种权力。

最后，人们已经围绕下列问题展开了激烈的讨论，即符合规则 703 规定之资格的信息是否应被详细地呈递给事实审判者。[181] 举例来说，假定事实审判者裁定，医生在形成其意见时依赖另一医生的口头报告。尽管该报告无法满足任何传闻例外[182]，法官仍相信传唤医生的当事人应被允许在展示专家意见基础的有限目的下使用该报告。医生

---

[179] *In re* “Agent Orange” Prod. Liab. Litig., 611 F. Supp. 1223, 1243 - 45 (E. D. N. Y. 1985), *aff'd* 818 F. 2d 187 (2d Cir. 1987), *cert denied*, 108 S. Ct 2898 (1988).

[180] FED. R. EVID. 104 (a).

[181] Rose Hall, Ltd. v. Chase Manhattan Overseas Banking Corp., 576 F. Supp. 107, 108 (D. Del. 1983), *aff'd*, 740 F. 2d 958 (3d Cir. 1984), *cert. denied*, 469 U. S. 1159 (1985); People v. Anderson, 113 Ill. 2d 1, 8 - 9, 495 N. E. 2d 485, 488 - 89, *cert. denied*, 107 S. Ct 658 (1986); Long v. State, 649 S. W. 2d 363, 364 (Tex. Ct. App. 1983).

[182] 作为口头报告，该报告无法满足商业记录传闻例外的要求。FED. R. EVID. 803 (6). 或者假定该报告是书面的。如果该报告主要是为诉讼准备的，其同样不符合商业记录传闻例外。*See* Palmer v. Hoffman, 318 U. S. 109, 113 - 14 (1943); P. GIANNELLI & E. IMWINKELRIED, *supra* note 4, § 6 - 2 (c).

应当在多大程度上被允许描述报告的内容？医生是否应受到这样的限制，即说明自己仅在部分程度上依赖另一医生描述某些症状的报告？医生是否应被允许更进一步，引用该口头报告？如果报告是书面的，该报告是否应被递交陪审团以供其审视？

一种流派认为，如果一份报告以其他方式满足规则 703，则事实审判者应获知其完整细节。[183] 该流派的支持者声称，除非受惠于获知报告所有细节这一有利条件，否则事实审判者无法明智地评价专家意见的价值。唯一需要采取的保障措施是，法官根据《联邦证据规则》105 向陪审团发出限制性指示。[184] 与之相对的流派认为，法官应对此持谨慎态度，即将陪审团暴露在独立不可采的信息之下。[185] 该流派的提出者担心，尽管存在限制性指示，陪审团依然会将这些信息误用为关于案件是非曲直的实质性证据。

本文提出的大—小前提之别强化了后一流派的立场。第二部分指出，陪审团误用专家大前提内信息的风险微不足道，因为这些信息鲜与案件中存在争议的裁判性事实重合。相比之下，误用专家小前提内信息的风险极高，因为这些信息常常与争议事实——例如导致人身伤害的交通事故如何发生——相合。规则 703 应当被解读为仅适用于充当证人小前提的信息。简言之，该规则授权专家依赖的恰恰是那些更可能被陪审团误用的信息。理解规则 703 的适用范围使人们更容易理解信息误用风险的程度；因为该规则适用范围内的信息包含于专家的小前提中，所以风险通常会增加。因此，规则 703 的适用范围强化了这种观点，即法官在决定是否向陪审团提供符合规则 703 资格之报告的充分细节时，至少应发挥其自由裁量权。

似乎显而易见的是，对于被提出的任何区别而言，如果其不仅有助于构建第七章解释的整体框架，而且有助于解决围绕该章产生的更

[183] *See generally* Rice, *Inadmissible Evidence as a Basis for Expert Opinion Testimony: A Response to Pressor Carlson*, 40 VAND. L. REV. 583 (1987)（关于构成专家意见潜在基础之数据的事实应当被允许作为传闻规则的例外）。

[184] FED. R. EVID. 105.

[185] Carlson, *supra* note 86, at 245 n. 44.

多特定制定法解释问题，那么它便是有价值的。更广泛地说，针对以下问题，笔者提出的大—小前提之别应当成为构建更为合理之政策的催化剂，即专家证言和在审判中围绕专家证言所发起的更为犀利的攻击。政策制定者、法院以及诉讼者都会从识别这种区别中获益。无论从哪一层面分析，忽视这种区别都将付出严重代价：被误导的证据性政策、第七章制定法体系目标的落空以及在审判中未能揭露科学证言的真正弱点。对于任何围绕可采性和专家证言证明力所进行的批判性评价而言，认识到这种区别都是必不可少的。

DNA 案件中关于科学证据可采性铺垫的争论*

说中子活化分析技术能够检测出钡锑含量，和说小提琴制造音乐同样不准确。

——*Melvin Lewis* 教授[①]

对于 DNA 分型证据的出现，已经有太多的预示了。[②] 一些 DNA 分型的支持者们声称此项新的法证科学技术将“给执法带来变革”[③]。如今涌现了大量关于 DNA 证据的科学文献[④]，研究 DNA 分型的法学

* 本文原载 Washington University Law Quarterly，1991。王星译译。

① Lewis，*The Element of Subjectivity in Interpreting Instrumental Test Results*，in SCIENTIFIC AND EXPERT EVIDENCE 409，430 (2d ed. 1981).

② Moss，*DNA-The New Fingerprints*，74 A. B. A. J. 66 (1988) . *See generally* Thompson & Ford，*DNA Typing：Acceptance and Weight of the New Genetic Identification Tests*，75 VA. L. REV. 45 (1989).

③ Moss，*supra* note 2，at 66.

④ *See* P. GIANNELLI & E. IMWINKELRIED，SCIENTIFIC EVIDENCE § 17－8，at 110 n. 196. 2 (Supp. 1990)；Bar，Kratzer，Machler & Schmid，*Postmortem Stability of DNA*，39 FORENSIC SCI. INT' L 59 (1988)；Fowler，Burgoyne，Scott & Harding，*Repetitive Deoxyribonucleic Acid (DNA) and Human Genome Variation-A Concise Review Relevant to Forensic Biology*，33 J. FORENSIC SCI. 1111 (1988)；Fukushima，Hasekura &

转上页脚注：Nagai，*Identification of Male Bloodstains by Dot Hybridization of Human Y Chromosome-Specific Deoxyribonucleic Acid (DNA) Probe*，33 J. FORENSIC SCI. 621 (1988)；Giusti，Baird，Pasquale，Balazs & Glassberg，*Application of Deoxyribonucleic Acid (DNA) Polymorphisms to the Analysis of DNA Recovered from Sperm*，31 J. FORENSIC SCI. 409 (1986)；Haglund，Reay & Tepper，*Identification of Decomposed Human Remains by Dexoyribonucleic Acid (DNA) Profiling*，35 J. FORENSIC SCI. 724 (1990)；He，Jiang，Lu，Wang，Zhu，Wang，Shen，Gao，Liu & Wu，*A Study of Sex Identification of Trace，Dried Bloodstains Using a Y Chromosome-Specific Deoxyribonucleic Acid (DNA) Probe*，34 J. FORENSIC SCI. 346 (1989)；Honma，Yoshi，Ishiyamama，Mitani，Kominami & Muramatsu，*Individual Identification from Semen by the Deoxyribonucleic Acid (DNA) Fingerprint Technique*，34 J. FORENSIC SCI. 222 (1989)；Kantner，Baird，Shaler & Balazs，*Analysis of Restriction Fragment Length Polymorphisms in Deoxyribonucleic Acid (DNA) Re- covered from Dried Bloodstains*，31 J. FORENSIC SCI. 403 (1986)；Kobayashi & Marsuzawa，*Sex Determination of Bloodstains by the Use of a Ribonucleic Acid (DNA) Probe*，34 J. FORENSIC SCI. 1078 (1989)；Kobayashi，Nakauchi，Nakahori，Nakagome & Matsuzawa，*Sex Identification in Fresh Blood and Dried Bloodstains by a Nonisotopic Deoxyribonucleic Acid (DNA) Analyzing Technique*，33 J. FORENSIC SCL 613 (1988)；McNally，Shaler，Baird，Balazs，DeForest & Kobilinsky，*Evaluation of Deoxyribonucleic Acid (DNA) Isolated from Human Bloodstains Exposed to Ultraviolet Light，Heat，Humidity，and Soil Contamination*，34 J. FORENSIC SCI. 1059 (1989)；Mederiros，Macedo & Pena，*M13 Bioprints Non-Isotopic Detection of Individual-Specific Human DNA Fingerprints with Biotiny-lated M13 Bacteriophage*，43 FORENSIC SCI. INT’ L 275 (1989)；Odelberg，Demers，Westin & Hosaini，*Establishing Paternity Using Minisatellite DNA Probes When the Putative Father is Unavailable for Testing*，33 J. FORENSIC SCI. 921 (1988)；Sensabaugh，*Forensic Biology Is Recombinant DNA Technology in its Future?*，31 J. FORENSIC SCI. 393 (1986)；Schacker，Schneider，Holtkamp，Bohnke，Fimmers，Sonnebom & Rittner，*Isolation of the DNA Minisatellite Probe MZ 1. 3 and Its Application to DNA "Fingerprinting" Analysis*，44 FORENSIC SCI. INT'L 209 (1990)；Westwood & Werrett，*An Evaluation of the Polymerase Chain Reaction Method for Forensic Applications*，45 FORENSIC SCI. INT’ L 201 (1990)；Yokoi & Sagisaka，*Haptoglobin Typing of Human Bloodstains Using a Specific DNA Probe*，45 FORENSIC SCL INT'L 39 (1990)；Yokai & Sagisaka，*Sex Determination of Blood Stains with a Recombinant DNA Probe Comparison with Radioactive and Non-Radioactive Labeling Methods*，41 FORENSIC SCI. INT'L 117 (1989).

评论文章的数量也呈指数型增长。[⑤] 关于 DNA 证据可采性的争议甚至出现在大城市报纸的头条上。[⑥]

总的来说，法庭已经接受了 DNA 证据。[⑦] 绝大多数审查过 DNA 分型这一问题的法院均认为该证据可采。[⑧] 有些法庭早已竭力宣称，就 DNA 分型的普遍可靠性是可以进行司法认知的。[⑨] 此外，法庭倾向于判定：分析人员进行 DNA 分型检测所用特定方法上的任何缺陷影响的是证据的证明力，而非可采性。[⑩]

尽管法庭实际上一致认定 DNA 分型是一项普遍可信的技术[⑪]，但仍有两个法庭排除了 DNA 证据。[⑫] 在纽约审判法院[⑬]的一个广受关

⑤ *Rg.*, Pearsall, *DNA Printing: The Unexamined "Witness" in Criminal Trials*, 77 CALIF. L. REV. 665 (1989); Thompson & Ford, *DNA Typing: Acceptance and Weight of the New Genetic Identification Tests*, 75 VA. L. REV. 45 (1989); Note, *DNA Fingerprinting and the Need for a National Data Base*, 17 FORDHAM URB. L. J. 323 (1989); Note, *The Admissibility of DNA Typing: A New Methodology*, 79 GEO. L. J. 313 (1990); Note, *The Dark Side of DNA Profiling: Unreliable Scientific Evidence Meets the Criminal Defendant*, 42 STAN. L. REV. 465 (1990); Note, *The Admissibility of Scientific Evidence: DNA Print Identifications*, 19 STETSON L. REV. 245 (1989); Comment, *DNA Fingerprinting and Paternity Testing*, 22 U. C. DAvIs L. REv. 609 (1989); Comment, *DNA Identification Tests and the Courts*, 63 WASH. L. REV. 903 (1988).

⑥ Kolata, *Scientists Voice Doubts About DNA Tracking*, San Francisco Chron., Jan. 29, 1990, at A-1, col. 3. 本文由纽约时报新闻处发行，并由全美发行的报刊重印。*E.g.*, Kolata, *Scientists: DNA Fingerprinting Not Reliable in Court*, Davis Enterprise, Jan. 29, 1990, at A-1, col. 1.

⑦ *See generally* Harmon, *How Has DNA Evidence Fared? Beauty Is in the Eye of the Beholder*, 1 Expert Evidence Rep. (Shep. /McG. -Hill) 149 (Feb. 1990).

⑧ P. GIANNELLI & E. IMWINKELRIED, *supra* note 4, at §17-8, at 82-83. ("在向美国参议院司法委员中的宪法分委员会所的陈述中，James Starts 教授指出，'在所有的报告中，大约 7 个采用了 DNA 匹配结果的州，大约 20 个的刑事案件是在审判阶段结案的，这些案件中法官没有在任何地方提出任何不同意见'。")

⑨ State v. Woodall, 385 S. E. 2d 253 (W. Va. 1989).

⑩ Harmon, *supra* note 7, at 149, 150-51; People v. Castro, 545 N. Y. S. 2d 985, 987 (Sup. Ct. 1989) (有些法院"已经指出，这一问题与证明力有关，而非与其可采性有关")。

⑪ Jonakait, *DNA and the Courts: Cases and First Impressions*, 1 Expert Evidence Rep. (Shep. /McG. -Hill) 121 (Jan. 1990).

⑫ *Id.* at 123; State v. Schwartz, 447 N. W. 2d 422 (Minn. 1989); People v. Castro, 545 N. Y. S. 2d 985 (Sup. Ct. 1989).

⑬ Schmeck, *DNA Findings Are Disputed by Scientists*, N. Y. Times, May 25, 1989, at B-1 col. 5.

注的案件——*People v. Castro*[14]案——中，法院不仅认为“DNA 识别背后的理论具有普遍的科学可接受性”[15]，并认为“DNA 法证科学识别检测……是可靠的，且达到了……可采性标准”[16]。在后来的明尼苏达州上诉案件——*State v. Schwartz* 案[17]——中，明尼苏达上诉法庭同样认为“DNA 分型是被普遍接受的”[18]。然而，前述两个案件的辩护律师都不仅仅满足于对控方法证科学专家的交叉询问，而是各自传召己方专家对控方专家使用 DNA 分型的方式展开猛烈抨击。[19]两个法院均排除了证据，理由是控方未能证明分析人员在进行有关 DNA 检测的特定场合下遵循了适当的科学程序。[20]

明尼苏达法院和纽约法院以前述理由排除 DNA 证据时，指出了一个遗憾地被科学证据相关法律忽略的关键性问题：科学证据提出者是否必须出示铺垫性证言，即分析人员在进行法庭上提交的检测时遵守了正确的科学作业指导书。[21]

这个问题如此关键的部分原因在于：科学证据的使用是普遍的，

⑭ 545 N. Y. S. 2d 985 (Sup. Ct. 1989).

⑮ *Id.* at 989.

⑯ *Id.* at 995.

⑰ 447 N. W. 2d 422 (Minn. 1989).

⑱ *Id.* at 426.

⑲ Jonakait, *supra* note 11, at 123; Lewin, *DNA Typing on the Witness Stand*, 244 SCIENCE 1033 (June 1, 1989)(在早期的 DNA 案件中，“大多数情况下，证据被采纳时并未遭遇异议”); Williams, *Conviction by Chromosome: DNA Faces Its Day in Court*, 18 STUDENT L. 26, 29 (Dec. 1989); Note, *DNA Typing: A Rush to Judgment*, 24 GA. L. REV. 669, 688 (1990)。

⑳ 447 N. W. 2d at 428 (尽管我们同意初审法院的意见，法政科学 DNA 分型已经在科学共同体获得了普遍接受，我们判定，在特定案件中，具体检测结果的可采性取决于实验室是否遵守了适当标准与控制……); People v. Castro, 545 N. Y. S. 2d 985, 997 (Sup. Ct. 1989) (“可信证言……清晰地表明实验室能够进行必要的、在科学上可接受的检测……”); Jonakait, *supra* note 11, at 123 - 24. *See also* United States v. Two Bulls, 918 F. 2d 56, 59, 61 (8th Cir. 1990) (approvingly citing *Castro* and *Schwartz*); United States v. Jakobetz, 747 F. Supp. 250, 258 n. 16 (D. Vt. 1990); Caldwell v. State, 260 Ga. 278, 393 S. E. 2d 436, 441 - 42 (1990) (赞同性地引用了 *Castro* 案与 *Schwartz* 案)。

㉑ *See generally* Harmon, *supra* note 7, at 150 - 51.

且处于扩张之中。[22] 如今，科学证据的使用正迅速增多。[23] 原因之一在于科学证言可采性标准已经大大放宽。20 世纪 70 年代中期，美国几乎所有的司法辖区[24]均采用了保守的 *Frye* 标准[25]，该标准要求证据提出者证明某项科学技术已在相关专业内获得普遍接受。[26] 自彼时起，美国三分之一的司法辖区转而采用更为宽松的可采性标准。[27]

该问题如此至关重要的原因还在于，有越来越多的证据表明科学分析存在重大的边际误差。[28] 一名权威学者估计 15%的医学实验检测是错误的。[29] 多项由政府资助的实验室能力研究[30]也表明存在惊人的高错误率。[31] 尤其是，许多类似研究发现分析人员执行检测时未遵守合理程序是导致实验室分析错误的最常见原因之一。[32]

尽管该问题具有至关重要性，论者和法庭仍大大忽略了如下问题：是否应当要求证据提出者作积极铺垫，用以表明分析人员在进行有关检测时遵守了适当的科学作业指导书。许多关于科学证据的前沿

---

[22] 1980 年，州法院全国中心（National Center for State Courts）公布了一项关于诉讼律师的全国性调查结果。*Study to Investigate use of Scientific Evidence*，7 NAT'L CENTER FOR STATE CTS. REP. 1 (Aug. 1980). 该中心报告称，几乎半数的被调查律师在其近三分之一的审判中遇到过科学证言。*Id*.

[23] Giannelli，*The Admissibility of Laboratory Reports in Criminal Trial*：*The Reliability of Scientific Proof*，49 OHIO ST. L. J. 671 (1988).

[24] Imwinkelried，*A New Era in the Evolution of Scientific Evidence-A Primer on Evaluating the Weight of Scientific Evidence*，23 WM. & MARY L. REV. 261，264 (1981).

[25] Frye v. United States，293 F. 1013 (D. C. Cir. 1923).

[26] *See generally Giannelli*，*The Admissibility of Novel Scientific Evidence*：Frye v. United States，*a Half-Century Later*，80 COLUM. L. REV. 1197 (1980).

[27] Imwinkelried，*The Standard for Admitting Scientific Evidence*：*A Critique from the Perspective of Juror Psychology*，28 VILL. L. REV. 554，557-59 (1983).

[28] *See infra* notes 50-65 and accompanying text.

[29] Bechtel，*Medical Tests*：*Don't Bet Your Life on Them*，PREVENTION，Jan. 1983，at 55.

[30] J. PETERSON，E. FABRICANT & K. FIELD，CRIME LABORATORY PROFICIENCY TESTING RESEARCH PROGRAM (1978)；Hansen，Caudill & Boone，*Crisis in Drug Testing*：*Results of CDC Blind Study*，253 J. A. M. A. 2382 (1985).

[31] Giannelli，*supra* note 23，at 688-95.

[32] *See infra* notes 90-94 and accompanying text.

性论文聚焦在对证明科学技术普遍可信性的铺垫性要素上，却忽略了分析人员在本案中是否妥当地利用技术这一问题。[33] 探讨该问题的论文也常常一带而过。[34]

与论文作者一样，法院也总是忽略该问题。更糟糕的是，处理该问题的法院之间存在严重分歧。在一些司法辖区，进行检测的方式的缺陷仅影响证据的证明力。[35] 用某法院的话来说，即："粗心的检测影响的是证据的证明力，而非其可采性……"[36] 相反，其他司法辖区则要求证据提出者进行铺垫，说明分析人员就本案正确地应用了科学技术。[37] 其中有些法院要求严格遵守正确的检测作业指导书[38]，另外一些法院则要求满足实质合规的证明程度。[39] 遗憾的是，在许多——如非绝大多数——已决案件中，法庭所作分析极其具有推断性。法庭不仅忽视了证据提出者是否有义务就适当检测程序进行铺垫性证明这一政策性问题的实质问题，甚至没有承认关于该问题的典据之间存在的尖锐分歧。[40]

㉝ *E. g.*, A. MOENSSENS, F. INBAU & J. STARRS, SCIENTIFIC EVIDENCE IN CRIMINAL CASES § 1.03 (3d ed. 1986); J. RICHARDSON, MODERN SCIENTIFIC EVIDENCE § § 6.1-.3 (2d ed. 1961).

㉞ J. TARANTINO, STRATEGIC USE OF SCIENTIFIC EVIDENCE § 1.05, at 6 (1988)，就"科学技术适用的有效性……"这个问题，该文只有简短的一段话。

㉟ *Id.*; 1 D. NICHOLS, DRINKING/DRIVING LITIGATION § 14.42, at 48-49 (1985); Harmon, *supra* note 7, at 150-51; Note, *supra* note 19, at 686.

㊱ People v. Farmer, 47 Cal. 3d 888, 913, 765 P.2d 940, 956, 254 Cal. Rptr. 508, 524 (1989).

㊲ *Id.*; State v. Lowther, 740 P.2d 1017, 1020 n.5 (Haw. App. 1987); Romano v. Kimmelman, 96 N.J. 66, 474 A.2d 1 (1984); State v. Johnson, 42 N.J. 146, 199 A.2d 809 (1964); State v. Rimmasch, 775 P.2d 388, 398 n.7 (Utah 1989) ("诚然，即使根据司法认识或者证据听证，法院最终判定，就科学原理或技术具有可靠性而言，存在适当的铺垫性基础，该判定并没有解决这样的问题，即某一个专家意见是否可以被采纳。审判法院仍然需要作出独立的判定，即就提出的证言是否得到适当的铺垫——科学原理或技术已经适当地应用于特定案件的事实……"); 2 R. ERWIN, DEFENSE OF DRUNK DRIVING CASES: CRIMINAL-CIVIL § 22.06 [4] (3d ed. 1989); 1 D. NICHOLS, *supra* note 35, at § 14.42。

㊳ E. IMWINKELRIED, THE METHODS OF ATTACKING SCIENTIFIC EVIDENCE § 5-6 (A), at 177-79 (1982).

㊴ *Id.*

㊵ *E. g.*, State v. Schwartz, 447 N.W.2d 422 (Minn. 1989).

本文旨在对这种典据上的分歧作出评价。本文第一部分论述检测作业指导书缺陷是否应当影响科学证言的可采性与证明力这一门槛性问题。通过考察对实验室能力的经验性研究，本文得出结论：正确的检测程序是一项基本的关切因素，应当影响科学证据的可采性。本文第二部分转向如下问题，即证据提出者或证据反对者是否应当承担证明分析人员遵守适当科学作业指导书的负担。与调整官方记录传闻例外的《联邦证据规则》803（8）类似[41]，本文提出新的见解，主张应当将前述问题的证明负担分配给反对采纳科学证言的一方。

一、检测程序缺陷除了影响科学证据的可采性，还影响证明力吗？

法庭在建构科学证据可采性标准的时候，基于数个理由，应当将适用适当的检测程序这个问题视为影响证据的可采性，而非仅仅影响其证明力的要素。

（一）为采纳科学证据进行铺垫的一般性要求

尽管一些案件中的某个因素在评价证据可信性方面是相关的，证据法仍将其视为仅影响该证据证明力的因素。经典例子是在对某实物证据保管链条的证明中的短暂间隙。例如，假设在某责任期间的一小段时间里，无法肯定性地证明一方欲提交至庭审的某实物证据的保管问题。没有事实表明对证据有任何篡改[42]，但链条中存在技术性断

㊶ FED. R. EVID. 803 (8).

㊷ United States v. Dickerson, 857 F. 2d 1241, 1244 - 45 (9th Cir. 1988); United States v. Gate- wood, 786 F. 2d 821, 825 (8th Cir. 1986); United States v. Wood, 695 F. 2d 459, 462 (10th Cir. 1982); United States v. Malone, 558 F. 2d 435, 438 (8th Cir. 1977); Nash v. State, 267 Ark. 870, 872, 591 S. W. 2d 670, 672 (App. 1979); Patterson v. State, 598 SW. 2d 265, 270 (Tex. Crim. App. 1980).

裂[43]，即关于间隙期间保管问题的证据丢失了。[44] 在此种情形下，许多判例认定该间隙仅影响该实物证据的证明力，而非其可采性。[45] 即使对该证据短时间内处于无人看管状态[46]或位于不安全之处[47]这一事实并无争议，法庭仍对该链条予以支持，并采纳了该实物证据。这类案件裁判结果背后的原理是直观的：法庭认为这个时间间隙产生的仅仅是一种理论可能性，即向法庭提交的证据是不可信的。[48] 实物证据的处理是一个简单的、“技术性”工作[49]，时间间隙引发的错误处理的风险顶多是微乎其微的。

然而，当问题指向科学证据的可信性时，法庭一般不能以单纯理论或微乎其微为由排除出错的可能性。[50] 研究表明，有数量可观的证据显示当前实验室分析存在大量边际误差。20 世纪 50 年代，美国法证科学学会毒物学部（American Academy of Forensic Sciences'

---

[43] United States v. Casto, 889 F. 2d 562, 569 (5th Cir. 1989), *cert denied*, 110 S. Ct. 1164 (1990).

[44] United States v. Lott, 854 F. 2d 244, 250 (7th Cir. 1988).

[45] *Eg.*, United States v. Roberson, 897 F. 2d 1092, 1096 (11th Cir. 1990); United States v. Olson, 846 F. 2d 1103, 1116 - 17 (7th Cir.), *cert. denied*, 109 S. Ct. 131 (1988); United States v. Wheeler, 800 F. 2d 100, 106 (7th Cir. 1986); United States v. Lopez, 758 F. 2d 1517, 1521 (11th Cir. 1985), *cert. denied*, 474 U. S. 1054 (1986); United States v. Shackleford, 738 F. 2d 776, 785 (7th Cir. 1984); United States v. Sarmiento-Perez, 724 F. 2d 898, 900 (11th Cir. 1984); Harmon v. Anderson, 495 F. Supp. 341 (E. D. Mich. 1980); Belcher v. State, 661 S. W. 2d 230, 233 (Tex. Ct. App. 1983); McWherter v. State, 607 S. W. 2d 531, 535 (Tex. Crim. App. 1980).

[46] United States v. Von Roeder, 435 F. 2d 1004 (10th Cir. 1970), *cert. denied*, 403 U. S. 934, *vacated sub nom*. Schreiner v. United States, 404 U. S. 67 (1971); State v. Smith, 284 Mo. 108, 222 S. W. 455 (1920).

[47] State v. Huffman, 181 Neb. 356, 148 N. W. 2d 321, *cert. denied*, 386 U. S. 1024 (1967); Wright v. State, 420 S. W. 2d 411 (Tex. Crim. App. 1967).

[48] United States v. White, 569 F. 2d 263, 266 (5th Cir.), *cert. denied*, 439 U. S. 848 (1978); Giannelli, *Chain of Custody and the Handling of Real Evidence*, 20 AM. CRIM. L. REV. 527 (1983); Imwinkelried, *The Identification of Original, Real Evidence*, 61 MIL. L. REV. 145, 158 - 62 (1973).

[49] Imwinkelried, *supra* note 48, at 157 (quoting Commonwealth v. Thomas, 448 Pa. 42, 50, 292 A. 2d 352, 356 (1972)).

[50] *See generally* Giannelli, *supra* note 23, at 688 - 95.

Toxicology Section）开展了一项关于血液酒精测试准确性的调查。该调查披露存在“很大程度上的误差”[51]。20 世纪 70 年代中期，Dinovo 和 Gottschalk 着手评估实验室进行毒品分析的能力。他们也报告称，不同实验室之间的能力水平存在显著差异。[52]

之后，同在 70 年代，辅助执法管理局（Law Enforcement Assistance Administration）资助了一个更大规模的检查，即实验室能力验证项目（Laboratories Proficiency Testing Program）。[53] 有 240 个实验室参与其中。研究人员向参与的实验室发送了 21 件盲样用于分析。[54] 不足半数的实验室准确地完成了对 21 件盲样其中三件的检测。[55] 其中一位主要的研究员无奈地得出结论，认为该项测试表明，“未能称职进行常规检测的实验室数量之高令人不安……”[56]

20 世纪 80 年代早期，另有研究人员对 49 个州的 105 个毒物学实验室进行了一项能力验证。[57] 与实验室能力验证项目的研究人员一样，这些研究人员也发现实验室的表现“让人失望”[58]。他们发现实验室之间在能力，尤其定量分析能力方面存在“相当大的”差异。[59] 就某些样本而言，变差系数（coefficient of variation）是 133%。[60]

20 世纪 80 年代中期，多个组织发布了对尿样中是否存在禁药进

---

[51] Niyogi, *Toxicology*, in SCIENTIFIC AND EXPERT EVIDENCE 343, 383 (2d ed. 1981).

[52] Dinovo & Gottschalk, *Results of a Nine-Laboratory Survey of Forensic Toxicology Proficiency*, 22 CLIN. CHEM. 843 (1976).

[53] J. PETERSON, E. Fabricant & K. FIELD, *supra* note 30.

[54] LEAA Newsletter, Sept. 1978, at 1, col. 1, at 5, col. 1.

[55] *Id. See also* Garcia, *Expert Witness Malpractice?*, 1 Expert Evidence Rep. (Shep. /McG-Hill) 267 (June 1990) (“3%的实验室中，少于 50%的反馈被认为是可接受的”)。

[56] *Symposium on Science and the Rules of Legal Procedure*, 101 F. R. D. 599, 645 (1984) (re-marks of Professor Joseph Peterson), *quoted in* Giannelli, *supra* note 23, at 690.

[57] Peat, Finnigan & Finkle, *Proficiency Testing in Forensic Toxicology: A Feasibility Study*, 28 J. FORENSIC SCI. 139, 141 (1983).

[58] *Id.* at 139.

[59] *Id.* at 157.

[60] *Id.* at 156.

行免疫检测的实验室能力调查。这些调查是在颇有声望的美国病理医师学会（College of American Pathologists）的资助下开展的。效力于美国国会技术评估办公室（Office of Technology Assessment of the United States Congress）的两位研究人员坦率地将该调查概括为“误差率依然很高”[61]。疾病控制中心（Centers for Disease Control）进行的一项研究更是得出了令人不安的结论。[62] 某实验室报告称 160 例分析样本的错误率是 66.5%。[63]

1987 年，协同检测服务局（Collaborative Testing Services）公布了从事酶和蛋白质电泳分析的实验室的能力检查结果。[64] 68 个实验室参与了该项验证。其中 16 家实验室（23.5%）在其中一个或两个样本中出错。[65]

法证科学基金会（Forensic Science Foundation）近期发布了文件检测人员能力检查的结果。[66] 如前文所述研究一样，这些验证披露出的错误率之高令人惊恐。错误百分比达到两位数。[67] 错误率如此之高，以至于“应成为所有人予以关注的理由”[68]。

总之，有大量铁证表明现代法证分析中存在大量边际误差。当对方当事人指出保管链条存在短暂间隙，以攻击一项实物证据的可信性时，法庭驳回该异议，称其仅引发理论上的错误风险，这似乎是说得

[61] Miike & Hewitt, *Accuracy and Reliability of Urine Drug Tests*, 36 U. KAN. L. REV. 641, 651 - 57 (1988).

[62] Hansen, Caudill & Boone, *Crisis in Drug Testing: Results of CDC Blind Study*, 253 J. A. M. A. 2382 (1985).

[63] *Id.*

[64] COLLABORATIVE TESTING SERVICES, INC., CRIME LABORATORY PROFICIENCY TESTING PROGRAM, PHYSIOLOGICAL FLUIDS ANALYSIS REPORT No. 87 - 2 (1987).

[65] Pearsall, *DNA Printing: The Unexamined "Witness" in Criminal Trials*, 77 CAmF. L. REV. 665, 673 (1989).

[66] *See generally* Risinger, Denbeaux & Saks, *Exorcism of Ignorance as a Proxy for Rational Knowledge: The Lessons of Handwriting Identification "Expertise"*, 137 U. PA. L. REV. 731, 738 - 51 (1989).

[67] *Id.*

[68] *Id.* at 749.

通的。然而，当该质疑针对某项法证科学实验室分析时，法庭则并不能草率地驳回该异议。

（二）对特定检测适用正确指导书的证明是科学证据可信性的重要保障

前述章节罗列了经验证据，这些经验证据表明，作为一般性命题，对科学证据可信性的质疑不应当被作为只影响其证明力的因素。这些研究直接表明，在科学研究当中有很高的错误率，以至于不能像对待物证保管链条中的微小间隙那样来对待科学证言。问题是，我们要识别那些会影响科学证据可采性的特定事实。本文所主张的是，有关特定错误——不当检测作业指导书——的性质，使得人们对检测结果的准确性产生了根本性怀疑，对该类错误的证明影响科学证言的可采性而非仅影响其证明力。

影响某个证据的可采性而不仅仅影响其证明力的因素直接与证据可信性的必要保障有关。对传闻规则中的商业记录例外所作的铺垫即是例证。商业记录可信性的基本保障就是企业的这种动机，即保存准确的记录：偿还债务，向客户收款所依据的文件。[69]这种基本保障说明了就这一例外规定的文件的可采性上设定了许多限制。里程碑式的判例 *Palmer v. Hoffman* 案[70]设定了一个限制：如果制作文件的主要动机在于为审判做准备，则该文件并不符合商业记录例外。[71] 当制作文件的动因在于为诉讼作准备时，该文件便缺乏可信性的基本保障。*Johnson v. Lutz* 案[72]宣布了这项规定的另一个限制。如果商业记录中信息的最终来源并非商业实体的一部分，则该记录不属于例外。[73] 这是因为同样缺乏基本保障；作为真正的信息来源人没有传达准确信息的商业职责，因而缺乏所要求的动

[69] C. MCCORMICK，EVIDENCE §§ 304，306，308 (3d ed. 1984).

[70] 318 U.S. 109 (1943).

[71] C. MCCORMICK，*supra* note 69，at § 308.

[72] 253 N.Y. 124，170 N.E. 517 (1930).

[73] C. MCCORMICK，*supra* note 69，at § 310.

因。这些因素，即诉讼动因的存在与商业职责的阙如，之所以会限制证据的可采性，恰恰是因为它们都直接关涉证据可信性的必要保障。

由此类推，适当检测作业指导书的使用会影响科学证据的可采性。就科学证据而言，可信性的必要保障指法证科学分析人员执行了已被实验验证的检测。[74] 科研人员首先提出一项假设，例如提出了一项关于原子或人类行为的理论。[75] 然后科研人员设计并开展试验对该假设进行证实或证伪。[76] 实验中，科研人员要控制所有的相关变量[77]，以降低机会因素影响实验结果的风险。[78] 假设实验证实了此项假设[79]，即对实验结果作出了解释。[80] 在此种情况下，法证科学家可以在之后任何时候利用已被验证的理论解决法律争议中的事实问题。[81] 在这么做时，法证科学家要控制和重复先前实验中的各项条件。法证科学家若妥当操作，则法证检测应当重复先前实验得到的结果。

一旦我们理解了对科学证据进行验证并将其应用于法庭，这一点就变得清楚了，即：法证检测中正确作业指导书的使用直接关乎科学证据可信性之必要保障。关于假设的一般有效性的证明，正确作业指导书的证明，是影响科学证言可信性的不同因素，但这两个因素是密切联系在一起的。法证科学检测程序的关键目标是重复先前实验的诸

[74] A. MOENSSENS, F. INBAU & J. STARRS, *supra* note 33, at § 1.03, at 7-8; E. SNYDER, HISTORY OF THE PHYSICAL SCIENCES 38 (1969); Black, *A Unified Theory of Scientific Evidence*, 56FORDHAM L. REV. 595, 621, 623-24 (1988).

[75] Black, *supra* note 74, at 644; A. MOENSSENS, F. INBAU & J. STARRs, *supra* note 33, at § 1.03, at 7.

[76] A. MOENSSENS, F. INBAU & J. STARRS, *supra* note 33; Black, *supra* note 74, at 621, 623-24.

[77] Imwinkelried, *supra* note 27, at 566.

[78] *See generally* Osterburg, *The Scientific Method and Criminal Investigation*, 9 J. POL. Sci. & ADMIN. 135 (1981).

[79] A. MOENSSENS, F. INBAU & J. STARRS, *supra* note 33, at § 1.03, at 7.

[80] Osterburg, *supra* note 78, at 136.

[81] A. MOENSSENS, F. INBAU & J. STARRS, *supra* note 33, at § 1.03, at 8.

项条件。[82] 不管先前研究中的有效率如何可观，先前实验仍无法对当前的法证检测结果的可信性提供任何保障，除非法证科学家遵守了正确程序。

若有关科学技术是诸如气相色谱分析/质谱分析（gas chromatography/mass spectrometry，GC/MS）那般复杂且步骤繁多的程序，遵守合理的作业指导书的重要性就显而易见了。[83] 法证科学检测越复杂，法证科学家必须尽力控制的变量就越多。然而，即使是在如薄层色谱分析法（Thin Layer Chromatography，TLC）等相对简单的法庭技术中，法证科学家遵守正确作业指导书也至关重要。在TLC检测中，分析人员提取未知毒物的一小部分，将其置于玻璃盘中。[84] 玻璃盘上涂有硅胶等吸附剂。[85] 分析人员将未知药物滴在盘底附近处。随后玻璃盘被放置在盛有溶液的水槽里。[86] 分析人员仅将盘子的下边缘浸到溶液里。溶液通过毛细管作用浸染到盘子上，与液体浸染吸墨纸类似。[87] 设定好的时间过去后，分析人员从水槽里取出玻璃盘。然后向玻璃盘喷洒显色剂。喷洒过后，玻璃盘上显现出特定宽

---

[82] 诚然，适当的检测作业指导书并不仅仅要求重复先前实验条件。如果有关科学技术容易被污染，广泛接受的作业指导书可以包括开展确认性检测。E. IMWINKELRIED, *supra* note 38, at § 12-5（A）. 例如，原子吸收检测程序就容易受到污染。E. Krishnan, *Detection of Gunshot Residues on the Hands by Trace Element Analysis*, in SCIENTIFIC AND EXPERT EVIDENCE 315, 320（2d ed. 1981）. 为此，许多经验丰富的AAS专家建议进行确认性检测。*Id.*

抑或，如果在解释检测结果时存在大量的主观性因素，合理的作业指导书可以包括使用了积极性控制或标准。E. IMWINKELRIED, *supra* note 38, at § 12-5（B）. 一些被用于毒品检测的液相化学颜色检测在一定程度上是主观性的；检测人员可能将颜色确定为红色，另一个检测员可能将其确定为粉色。为了使解释检测时的主观性要素最小化，分析人员要在检测未知物的同时检测已知毒品。例如，如果分析人员怀疑未知物为大麻，他还要同时检测已知大麻样本。检测人员之后对两项检测结果的颜色进行比较。Bradford, *Credibility of Drug Analysis Evidence*, TRIAL 90 May/June 1975, at 90.

[83] P. GIANNELLI & E. IMWINKELRIED, SCIENTIFIC EVIDENCE § 23-3（C），at 985-99（1986）.

[84] *Id.* at § 23-2（D），at 940.

[85] *Id.* at § 23-2（D），at 940-41.

[86] *Id.* at § 23-2（D），at 942.

[87] *Id.*

度和颜色的长条。[88] 距离可以用 Rf 值（Rf value）——比移值来表示。[89] 在计算比移值时，分析人员要将已知溶液（前值）与未知溶液的移动距离进行比对。例如，如果未知溶液与已知溶液的移动距离不同，则 Rf 值为 0.50。分析人员检索 Rf 值数据库之后便可识别未知物为——比如，可卡因。

假设制作 Rf 值数据库的科研人员要求未知物在盘上浸润 30 分钟。允许未知物仅浸染 30 分钟便是执行此类 TLC 检测时应遵守的适当科学作业指导书的要求。如果待决案件中检测未知物的法证科学家浸染了 35 分钟，则其所作的该未知物为可卡因的结论将是不可信的。时间变量决定着未知物在盘中浸润的长度，法证科学家根据该移动长度来识别未知毒物。法证科学家未能重复先前实验的条件；在这方面违反了正确的作业指导书，导致早先前数据库无助于识别该未知物。

我们再假设，在水槽中注入化学溶液时，法庭分析人员使用了不同的溶液。"Rf 值只在特定条件下，即吸附物与溶剂的特定混合物的情况下才有效。"[90] 再一次，法证科学家疏忽地使用了另一种溶剂，再次未能重复先前实验存在的条件。因此，法证科学家无权运用先前数据库中的 Rf 值。违反适当作业指导书导致法证科学家意见书不管怎样都是不可信的。

气相色谱分析（GC）等中度复杂的科学程序也能说明这一点。在这一程序中，法证科学家把未知物转化为气态，之后将其置于特定涂层柱中。[91] 在注入容器柱之前将未知物加热至某个温度，气体携带未知物通过容器。不同毒物通过容器柱的时滞或速度有所不同。就像 TLC 检测中的 Rf 值那样，GC 检测中的滞留时间是鉴定未知物的重要线索。然而，将特定检测的时滞与先前实验中已公布的时滞数据库比对之前，法证科学家必须确保已控制了先前实验中的变量。如果未知物被加热至不同的温度，如果容器柱内涂的是不同的物质，或如果

---

[88] *Id.*

[89] *Id.*

[90] *Id.* at § 23-2 (D), at 944.

[91] *Id.* at § 23-2 (D), at 945.

法证科学家使用了不同的载气，那么参照先前数据库来解释 GC 程序在当前检测中显示的时滞将是不当的。[92] 不论使 GC 程序有效的先前实验设计得如何完好，法证科学家均不得信赖该实验数据，除非他遵循了正确的作业指导书，重复了先前实验中的诸项条件。

对实验室能力的实证研究肯定了适当检测作业指导书的重要性。实验室能力验证项目调查得出参与实验室作出的准确检测结果之后，继续跟进检测不正确的结果，并试图找到导致检测结果不准确的原因。项目最终报告反复强调了这个因素，即将分析人员不当检测程序列为导致检测结果不准确的原因。[93] 诚然，相较于其他成因，该报告更频繁地提及上述成因。疾病控制中心在药物检测实验室能力报告中亦将不适当的检测作业指导书视为错误检测结果的一个成因。[94]

无可否认，仅有少数已公布的 DNA 案件作出明确判决，即适当检测程序影响 DNA 证据的可采性。[95] 这些案例并没有将把正确的检测程序的证明提升到可采性条件的政策理由。尽管如此，这些案件表达了更好的见解，并得出正确的结果。明尼苏达最高法院在 *Schwartz* 判例中正确地写道："只有当特定实验室遵循了检测程序时，特定的 DNA 检测结果才是可靠并准确的。"[96] 作为科学证据，法证科学家进行的 DNA 检测的可信性，源于验证了这样的假设的早期研究实验，即"这种检测能够准确地分析一个人的 DNA"。然而，这些实验并不能保证呈至法庭的法证检测的可信性，除非法证科学家复制了先

[92] *Id.* at § 23-2 (D), at 950.

[93] J. PETESON, E. FABRICANT & K. FIELD, *supra* note 30, at 203-06, 223, 230, 239, 258.

[94] *See generally* Hansen, Caudill & Boone, *Crisis in Drug Testing: Results of CDC Blind Study*, 253 J. A. M. A. 2382 (1985); Jain, Sneath & Budd, *Blind Proficiency Testing In Urine Drug Screening: The Need for an Effective Quality Control Program*, 1 J. ANAL. TOXICOL. 142 (1977); Mason, *Some Realities and Results of Proficiency Testing of Laboratories Performing Toxicological Analyses*, 5 J. ANAL. TOXICOL. 201 (1981); Shoemaker, Klein & Sideman, *Drug Abuse Proficiency Testing in Pennsylvania 1972-1976*, 1 J. ANAL. TOXICOL. 130 (1977).

[95] Harmon, *supra* note 7, at 150-51. *See also* United States v. Two Bulls, 918 F. 2d 56 (8th Cir. 1990).

[96] State v. Schwartz, 447 N. W. 2d 422, 426 (Minn. 1989).

前实验中的有效条件。正确检测指导书的必要条件是重复先前实验中的所有可控变量。缺乏商业职责或存在诉讼动因等因素与商业记录可信性的必要保障密切相关，与之类似，妥当的检测程序直接关乎科学证据的可信性。*Palmer v. Hoffman* 案[97]与 *Johnson v. Lutz* 案[98]适当地得出了这样的结论：这些案件中起作用的因素应当影响所提交的商业记录的可采性，而非仅仅影响其证明力。*Schwartz* 案更是正确地作出结论，即背离适当的检测作业指导书将导致科学证据不可采。

二、检测程序缺陷是否应当影响科学证据的可采性，哪一方应对法证科学分析是否遵守正确程序承担证明负担？

第一部分指出，正确检测作业指导书这一因素应当同时影响科学证据的可采性与证明力。此时，具有诱惑性的是，贸然得出如下论断：提出科学证据的一方因而必须对如下事项作出肯定的、铺垫性的证明，即本案情况下，法证分析人员遵守了正确的作业指导书。使用《联邦证据规则》的修辞来讲，适当检测程序的证据可以是科学证据可采性条件的“预备性”或铺垫性事实。[99] 就预备性事实的存在，通常由证据提出者承担说服庭审法官的负担。[100] 提出者必须以优势证据证明该事实。[101] 提出者如欲以激奋话语例外[102]提出一项传闻陈述，必须证明陈述人在紧张激动的状态下不由自主地作出该陈述。[103] 如果将通常做法应用到适当检测程序这一因素上，我们会把法证科学家在执行相关检测时遵守正确作业指导书的证明负担分配给证据提出者承

[97] 318 U. S. 109 (1943).

[98] 253 N. Y. 124, 170 N. E. 517 (1930).

[99] FED. R. EVID. 104.

[100] R. CARLSON, E. IMWINKELRIED & E. KIONKA, MATERIALS FOR THE STUDY OF EVIDENCE 110 - 15 (2d ed. 1986).

[101] Bourjaily v. United States, 483 U. S. 171, 175 - 76 (1987).

[102] FED. R. EVID. 803 (2).

[103] R. CARLSON, E. IMWINKELRIED & E. KIONKA, *supra* note 100, at 113.

担——这是 *Castro* 案[104]与 *Schwartz* 案[105]所得出的判决结论。

然而，本章认为通常做法不应被适用于遵守合理的科学作业指导书这个问题上。本文认为，*Castro* 案与 *Schwartz* 案正确地将是否遵守了适当的检测作业指导书作为为影响（证据）可采性的因素，但却错在把该问题的证明负担分配给证据提出者。首先，本文认为，作为一个政策问题，将责任分配给提出者承担既无必要，亦不可取。诚然，本章所提出的是一个新见解；至今仍无法院作出如下裁决，即反对采纳科学证据的一方应当承担正确检测程序未得到遵守的证明负担。然而，把预备性事实的证明负担分配给反对者承担并非没有先例。正如下文我们将看到的那样，在另一种情况下，《联邦证据规则》把预备性事实的证明负担分配给反对者。[106] 这一部分主张，遵守了正确检测程序的证证明负担与前述情况类似。因此，最合理的做法是把合规性问题视作影响可采性的因素，但把证明负担转移至反对者。

（一）原则上，把适当检测作业指导书的证明负担分配给科学证据反对者承担是合理的

1. 实体上，把证明负担分配给证据提出者既无必要，亦不可取。

本文第一部分考察了多项实证研究，这些研究表明现代法证科学分析中存在大量的边际误差。然而，通过这些研究并不能得出如下结论，即：有必要把正确检测作业指导书的证明负担分配给科学证据提出者。

在判断证明负担分配时，法院应当考虑多项因素。[107] 绝大多数案例中，“（引导法院作出判决的）最重要因素是法院对情况概率的司法评估。证明失败的风险（应当）由主张发生更异常事件的一方承担”[108]。法院通常把证明负担分配给“其主张背离常人经验所期待的一方”[109]。

[104] People v. Castro, 545 N. Y. S. 2d 985, 995 - 97 (N. Y. Sup. Ct. 1989).

[105] State v. Schwartz, 447 N. W. 2d 422, 426 - 28 (Minn. 1989).

[106] *See infra* notes 139 - 47 and accompanying text.

[107] C. MCCORMICK, *supra* note 69, at § 337.

[108] *Id.* at § 337, at 950.

[109] F. JAMES & G. HAZARD, CIVIL PROCEDURE § 7.8, at 252 (2d ed. 1977).

该项因素也支持把检测作业指导书的证明负担分配给反对采纳科学证据的一方。尽管现有能力验证研究表明，法证科学检测存在大量的边际误差，我们仍不应当高估这些研究结果。正如对任意采纳科学证言提出批评的佚名批判者所言："问题并不在于大多数实验室检测结果是错误的……事实恰恰相反。"[110] 实验室能力验证项目的调查结果[111]通常被援引来证明实验室分析中存在"大量"[112] 边际误差。然而，这些调查结果表明大多数实验室检测得到妥当执行，并且可信。在21组样本中的大多数样本中，绝大多数的实验室对样本作出了正确的分析。[113] 在许多组中，样本分析的准确率接近90%。[114]

已经证明的实验室分析中存在大量边际误差，以至于无法将其作为仅影响科学证言证明力的因素而轻率地忽略掉。然而，当一方在庭审中提出以法证检测为根据的证据时，该检测极有可能得到妥当执行，且该证据可信。[115] 如果概率支持这样的结论，即检测没有被妥当执行，就可以说，把证明负担分配给提出者是有必要的；证明负担分配成为防止事实审理者接触到不可信的检测结果的手段。然而，"事实恰恰相反"[116]。概率表明法证分析人员遵守了合理的作业指导书，因而没有必要将证明负担分配给证据提出者。分析人员通常遵守了正确的程序，因此，妥当的做法是：把本案有关检测存在异常的证明负担分配给反对者承担。

把证明负担分配给证据提出者亦不可取。屡见不鲜的关于使用科

---

[110] Giannelli, *supra* note 23, at 692.

[111] *Id.* at 688 - 90.

[112] *Id.* at 692.

[113] *Id.* at 689 n. 155.

[114] *Id.*（检测样本＃1：92.2%，检测样本＃3：96.2%，检测样本＃4：95.2%，检测样本＃6：98.3%，检测样本＃7：94.7%，检测样本＃12：98.3%，检测样本 ＃13（A）：97.7%，检测样本＃ 13（B）：98.4%，以及检测样本＃20（A）：94.6%）。

[115] 假设一个极端的事实情形：在某个特定"科学"技术的情况下，已经表明不正确的指导书如此广泛以至于检测很可能被不当操作。在这种情况下，法庭把证明负担分配给证据提出者至少是正当的。《联邦证据规则》规定，仅当该证言"可以帮助事实裁判者……"才容许采纳专家证言。FED. R. EVID. 702. 如果就相关技术存在如此广泛的不当检测作业指导书的问题，那么采纳该证言是否有助于事实裁判者则令人怀疑。

[116] Giannelli, *supra* note 23, at 692.

学证据的批判之一是，庭审中出示科学证据会非常耗时。关于科学证言的骇人故事数不胜数。在某案件中，对方反对采纳干燥血迹的电泳分析。[117] 有关电泳分析可信性的证言需要 8 天的庭审时间。[118] 另一个案件中，关于移动雷达测速仪可信性的科学证言，就有“2 000 多页”庭审笔录。[119] 在 *Castro* 案中，双方就 DNA 证据的可信性问题——尤其实验室技术人员在该案中采用的 DNA 分型技术的特定方式——出示的证言和观点“将近 5 000 页”[120]。展示该证言和观点耗费了 12 周的庭审时间。[121]

把正确检测作业指导书问题的证明负担分配给提出者拖延了提出者必须作出的铺垫，增加了提呈科学证据所需的庭审时间。如果概率支持这样的假设，即证据有瑕疵，庭审时间的额外延长或许是必要的。然而，概率支持相反的假设。因此，根据成本—收益分析，没有必要在通常案例中花费额外的庭审时间。在大多数都市区，法院日程已被塞满。[122] 庭审时间是珍稀商品。在一般案件中，下述要求，即提出者肯定性地证明法证分析人员执行检测时遵守了适当的科学作业指导书，就是暴殄天物。

2. 程序上，当反对者享有审判前案情先悉的充分机会时，把证明负担分配给反对者是公平的。

法院对概率的评估并不是与证明负担分配有关的唯一因素。[123] 另

---

[117] People v. Reilly, 196 Cal. App. 3d 1127, 242 Cal. Rptr. 496 (1987).

[118] 196 Cal. App. 3d at 1135, 242 Cal. Rptr. at 501.

[119] State v. Aquilera, 25 Crim. L. Rep. (BNA) (Fla. Cir. Ct.) 2189 (May 7, 1979).

[120] People v. Castro, 144 Misc. 2d 956, 957, 545 N. Y. S. 2d 985, 986 (N. Y. Sup. Ct. 1989).

[121] Note, *supra* note 19, at 691.

[122] REPORT OF THE FEDERAL COURTS STUDY COMMITTEE, 5 - 6 (1990); R. POSNER, THE FEDERAL COURS: CRISIS AND REFORM 64 (1985); Marvell, *Caseload Growth-Past and Future Trends*, 71 JUDICATURE 151 (Oct. -Nov. 1987); Marvell, *Are Caseloads Really Increasing? Yes*, 25 THE JUDGES'J. 35 (Sum. 1986); Marvel, *Civil Caseloads: The Impact of the Economy and Trial Judgeship Increases*, 69 JUDICATURE 153 (Oct. -Nov. 1985); *The Drugging of the Courts: How Sick Is the Patient, and What Is the Treatment?*, 73 JUDICATURE 314 (Apr. -May 1990).

[123] C. MCCORMICK, *supra* note 69, at § 337.

一个因素就是，当事人对相关信息的近用程度。[124] 如果一方更近用该信息，把证明负担分配给该方在程序意义上就更公平；该方更易于收集并展示与事实性问题相关的证据。

在分配科学证据相关问题的证明负担时，上述考量尤其重要：

许多律师缺乏评估（庭上）初见的（科学）证据所需的科学背景。如果科学证据（提出者）在庭审时才披露科学分析，大多数（对方）律师就无法发现（科学）报告中的错误。为了作出评判，对方律师需要庭前机会研究该报告，了解相关科学学科。[125]

遗憾的是，有些司法辖区限制科学证据的庭前案情先悉，刑事案件中尤其如此。[126] 审前，反对方律师可能会收到仅写明分析人员最终认定结果的科学报告。[127] 反对方可能无法强迫分析人员披露其为得出认定结果所作的特定检测[128]——遑论分析人员执行检测时所遵守的具体程序。有司法辖区准予此类微不足道的开示，提出者很可能承担于庭上证明正确检测作业指导书问题的负担。所幸，在其他司法辖区，科学证据的审判前案情先悉更为充分。[129] 在多个 DNA 案件中，法院坚持认为，应当准予辩方对控方 DNA 检测证据进行“广泛”的审判前案情先悉。[130] 联邦[131]和州[132]法院均承认 DNA 案件中的辩方有权获得充分的审判前案

[124] *Id.* at § 337, at 950.

[125] Imwinkelried, *The Worst Surprise of ALL: No Right to Pretrial Discovery of the Prosecution's Uncharged Misconduct Evidence*, 56 FORDHAM L. REV. 247, 258-59 (1987).

[126] *See generally* P. GIANNELLI & E. IMWINKELRIED, *supra* note 83, at Ch. 3.

[127] Giannelli, *supra* note 23, at 692.

[128] *Id.* at 692-93.

[129] *See* P. GIANNELLI & E. IMWINKELRIED, *supra* note 83.

[130] Jonakait, *supra* note 11, at 123. *See also* Pearsall, *DNA Printing: The Unexamined "Wit ness" in Criminal Trials*, 77 CALIF. L. REV. 665, 678 (1989); *The Fairy Tale is Over: DNA Enters the Very Adversarial World of the Law*, 13 SCI. SLEUTHING REV. 10, 10-11 (Fall 1989)（描述了亚利桑那州 *Kiles* 案的案情先悉）。

[131] United States v. Yee, 129 F. R. D. 629 (N. D. Ohio 1990).

[132] State v. Schwartz, 447 S. W. 2d 422, 427-28 (Minn. 1989). *See also* Debbs v. Vergari, 59 U. S. L. W. 2418 (N. Y. Sup. Ct., Nov. 29, 1990)（定罪后案情先悉）; *The Fairy Tale is Over: DNA Enters the Very Adversarial World of the Law*, 13 SCI. SLEUTHING REV. 10, 11 (Fall 1989)（在 *Kiles* 案中，亚利桑那州尤马地区“审判法院法官批准了辩方非常详细的案情先悉请求……辩方案情先悉请求是针对检测机构中车载斗量的 DNA 检材提出的，法庭作出命令，要求落实这些要求中的绝大多数。就联邦调查局而言，通常是遵守这些命令的”。）

情先悉。

Castro 案[133]和 *Schwartz* 案[134]说明了这样的情况，对方律师在进行了充分的审判前案情先悉后，有效成功地对检测作业指导书进行攻击。先前许多 DNA 案件中，辩方律师并未传召证人以反驳控方专家的证言。[135] 相反，*Castro* 案和 *Schwartz* 案的辩方律师却出示了专家证言，尖锐地抨击控方专家执行 DNA 检测的方式。[136] 这些案件表明，充分的审判前案情先悉作为一个重要工具，对方需要用它在庭审中揭示法证科学分析不可靠。只要对方在实践意义和形式意义上有权获得充分的案情先悉[137]，把正确检测作业指导书这一问题的证明负担分配给对方，并非不公平。

---

[133] People v. Castro，144 Misc. 2d 956，545 N. Y. S. 2d 985 (N. Y. Sup. Ct. 1989).

[134] State v. Schwartz，447 N. W. 2d 422 (Minn. 1989).

[135] Jonakait，*supra* note 11，at 122 - 23；Lewin，*DNA Typing on the Witness Stand*，244 SCIENCE 1033 (June 1，1989).

[136] Jonakait，*supra* note 11，at 123 - 24.

[137] 假设，证据提出者的专家在法庭检测方面不公开关于法庭科学检验的不良记录，使反对者不可能重建当初执行检测方式。一方面，即使这种情况发生在刑事案件中，采纳该证据用以反对被告也很有可能是合宪的。在 Delaware v. Fensterer，474 U. S. 15 (1985) 一案中，控方专家分析了一段毛发。审判时，专家作证称毛发片段是被强行拔出的。然而，专家承认，他不能回忆起得出认定结果所用的科学技术。辩方认为，采纳专家证言违反对质条款。在全院法院意见中，法院拒绝了这种主张。*Fensterer* 案是比本文假设更为极端的案件；*Fensterer* 案中，专家无法指出其所用的科学技术——遑论说明其利用该技术的方式。另一方面，作为证据性政策，在这种情况下，更适宜的做法似乎是把负担分配给提出证人的一方。诚然，在形式意义上，反对者已经被获准案情先悉。然而，从实践角度来看，反对者的案情先悉申请被驳回；由于专家的记录很拙劣，反对者不能正面证明对合理检测作业指导书有重大违反行为。Note：*The Dark Side of DNA Profiling*：*Unreliable Scientific Evidence Meets the Criminal Defendant*，42 STAN. L. REV. 465，492 - 93 (1990). 假设，有关专家是证据提出者的证人；该专家证人是证据提出者的雇员或其聘用的顾问。由于证据提出者已经选择了此位专家证人，那么把专家拙劣记录的风险分配给证据提出者似乎更为公平。已充分确立的“消失的证人”理论采用了与之类似的风险分配。如果案情表明，特定个人很可能具有相关知识，但一方未将该人作为证人传唤，若该人与该方存有特殊关系，则对方可以要求陪审员作出不利于提出者的推断。R. KLONOFF & P. COLBY，SPONSORSHIP STRATEGY：EVIDENTIARY TACTICS FOR WINNING JURY TRIALS 124 - 26 (1990). 该理论同样适用于雇主—雇员关系。Jones v. Otis Elevator Co.，861 F. 2d 655，659 n. 5 (11th Cir. 1988).

(二) 在传闻规则公共记录例外的类似情形下，《联邦证据规则》803 (8) (C) 把“信息来源或其他事项缺乏可信性”与否这一问题的证明责任分配给反对者承担

在第二部分开始，我们指出了这样的通常做法，即就作为证据可采性的条件的可采性因素由提出者承担证明负担。有趣的是，《联邦证据规则》的起草者们抛弃了规则 803（8）（C）中的正统做法。[138] 该条相关款项规定：

> 下列情形并不被传闻法则所排除，即使陈述人可作为证人到庭：
>
> …………
>
> (8) 公共记录和报告。公共部门或机构以任何形式列明下列事项的记录、报告、陈述，或资料汇编…… (C) 在民事诉讼或程序以及反对控方的刑事程序中，根据法律授权进行的调查所得事实认定结果，除非信息来源或其他方面情况表明缺乏可靠性。[139]

实际上，法院在解释规则 803（8）（C）时将其分为两个部分。第一部分始于“记录、报告、陈述，或资料汇编”，止于“根据法律

[138] 《联邦证据规则》还在其他几种情况下，把证明负担分配给反对者。例如，根据《联邦证据规则》403，对于采纳某项证据所附带的证明危险超过该证据本身的证明价值这项事实，反对者应承担说服法庭的负担。*See* Imwinkelried, *The Need to Amend Federal Rule of Evidence* 404 (*b*): *The Threat to the Future of the Federal Rules of Evidence*, 30 VILL. L. REV. 1465, 1474-79 (1985). 此外，根据《联邦证据规则》对最佳证据规则的规定，反对者也有证明负担。根据《联邦证据规则》1003，复本像原件一样通常是可采的。FED. R. EVID. 1003. 但是，该条在一般性规定之外列举了两项例外：“（1）对原件的真实性产生了真诚的疑问；（2）在有关情况下，采纳复本代替原件将导致不公平。” *Id.* 证据反对者对上述例外承担证明负担。E. IMWINKELRIED, P. GIANNELLI, F. GILLIGAN & F. LEDERER, COURTROOM CRIMINAL EVIDENCE § 1506, at 46 (Supp. 1989); People v. Atkins, 210 Cal. App. 3d 47, 55, 258 Cal. Rptr. 113, 118 (1989) (“《联邦证据规则》1003 之规定与《[加利福尼亚] 证据法典》第 1511 条相似，反对者就提出原件之真实性，或采纳复制件而非原件将导致不公平的情况，承担证明负担”)。

[139] FED. R. EVID. 803 (8) (C).

授权”。该部分规定了：证据提出者要承担证明负担的预备性或铺垫性事实。如果提出者证明了这些事实，官方记录中的“事实性认定”则被推定为具有可采性。[140] 最高法院曾对“事实性认定”的表述作出了宽泛解释，认为该表述包含对政府官员并未目击的事件的意见性认定。在1988年 *Beech Aircraft Corp. v. Rainey* 案[141]中，最高法院判定，该制定法表述包括海军调查员所作的意见，即导致飞机事故的原因最有可能是飞行员失误。[142]

该条第二部分从“除非”开始，直到规则结尾。这一部分成为反对采纳官方记录一方的“脱用条款（provision for escape）”[143]。与该条第一部分类似，第二部分规定了官方记录可采性条件的因素[144]；但根据该条第二部分，反对者承担证明负担。[145] 自“除非”起，起草者采用单独的一句话，表现他们意图把证明负担转移给反对者。因而，为了根据规则第二部分排除证据，反对者必须提出证据[146]肯定性地证明有关官方记录不可信。[147]

---

[140] SEC v. General Refractories Co., 400 F. Supp. 1248, 1255 - 56 (D. D. C. 1975).

[141] 488 U. S. 153 (1988).

[142] 麦考密克院长曾经敦促法院采纳中立的、专业的政府官员制作的调查报告中包含意见性认定结果。McCormick, *Can the Courts Make Wider Use of Reports of Official Investigations*?, 42 IOWA L. REV. 363 (1957). 咨询委员会在其对《联邦证据规则》803(8)(C)的注释中，赞许性地援引了麦考密克院长的这一文章。FED. R. EVID. 803 (8) advisory committee's note.

[143] Beech Aircraft Corp. v. Rainey, 488 U. S. 1537 (1988).

[144] 最高法院就援用“脱用条款”与单纯攻击证据的证明力进行了区分。*Id.* at 167 - 68.

[145] D. BINDER, HEARSAY HANDBOOK § 10.04, at 109 (2d ed. Supp. 1989); M. GRAHAM, HANDBOOK OF FEDERAL EVIDENCE § 803.8, at 880 - 81 (2d ed. 1986) [citing Ellis v. International Playtex, Inc., 745 F. 2d 292 (4th Cir. 1984)]; 4 D. LOUISELL & C. MUELLER, FEDERAL EVIDENCE § 456, at 766 (1980); G. WEMSENBERGER, FEDERAL EVIDENCE § 803.46, at 439 (1987); Haddad, *The Future of Confrontation Clause Developments: What Will Emerge When the Supreme Court Synthesizes the Diverse Lines of Confrontation Decisions*?, 81 J. CRIM. LAW & CRIMINOLOGY 77, 85 (1990).

[146] Melville v. American Home Assurance Co., 584 F. 2d 1306, 1315 - 16 (3d Cir. 1978).

[147] M. GRAHAM, HANDBOOK OF FEDERAL EVIDENCE § 803.8, at 241 (2d ed. Supp. 1990) [citing Bradford Trust Co. v. Merrill Lynch, Pierce, Fenner and Smith, Inc., 805 F. 2d 49, 54 (2d Cir. 1986)].

根据规则 803（8）（C）第二部分，把可采性条件的因素分配给反对者承担的做法是新奇的。然而，这项规则是合理的。

对方所享有的不只是攻击官方记录证明力的单纯机会。[148] 规则 803（8）（C）大大地扩张了官方记录例外，使其涵盖了对事件的意见性认定，即使政府调查人员对该事件缺乏亲身感知。[149] 普通法上的传统观点认为，该例外限于以政府官员亲身感知为基础的事实性陈述。[150] 规则 803（8）（C）以上述方式扩张了此项例外，增加了采纳不可信证据的风险[151]；该规则允许调查人员从结论背后的事实中作出推断，而推论过程成为又一个潜在的错误源。调查人员所做的远不止是叙述事实观察；他们还从这些观察中得出结论。之所以存在对外行和专家的意见证言的限制[152]，正因为其结论往往是错误的。结论错误风险之高足以赋予对方挑战意见性认定之可采性的机会。

然而，此风险很难达到事实性认定不可靠的概率程度。在一个涉及疾病控制中心流行病学研究的案件中，第四巡回区上诉法院解释说："把证明负担分配给反对方承担在实践意义上相当行得通。大多数由政府资助的调查研究采用普遍接受的方法论性手段收集并分析数据。"[153] 一项原本可采的官方记录中的认定很可能是可靠的，并且该概率支持这样的可反驳的推定，即该研究结果是可采的。[154] *Beech Aircraft Corporation* 案中，法院援引咨询委员会对规则 803 所作的注释，称：反对者反驳该推定的机会为其提供了"充分的"保护。[155]

---

[148] *Beech Aircraft Corp.*, 488 U.S. at 167 - 68.

[149] *Id.*

[150] McCormick, *supra* note 142.

[151] *See generally* Note, *The Trustworthiness of Government Evaluative Reports Under Federal Rule of Evidence* 803（8）（C），96 HARV. L. REV. 492 (1982); Comment, *The Admissibility of Evaluative Reports Under Federal Rule of Evidence* 803（8），68 KY. L.J. 197 (1979 - 80).

[152] FED. R. EVID. 701 - 06.

[153] Ellis v. International Playtex, Inc., 745 F.2d 292, 301 (4th Cir. 1984); D. BINDER, HEARSAY HANDBOOK § 10.04, at 109 (2d ed. Supp. 1989).

[154] SEC v. General Refractories Co., 400 F. Supp. 1248, 1255 - 56 (D.D.C. 1975).

[155] *Beech Aircraft Corp.*, 488 at 167.

规则 803（8）（C）与本文提出的科学证据可采性路径之间存在高度的类比性。在规则 803（8）（C）第二部分中，反对者可以提出与围绕制作报告的“（特定）信息来源或其他（具体）情形”，表明“其缺乏可信性”，用以阻止提出者把一项原本可采的认定作为证据提出。[156] 根据这部分提出的建议，反对采纳科学检测证言的一方可以证明法证分析人员在执行该检测时违反了合理的作业指导书，防止以有效科学技术为基础的证言被采纳。这两种情况均存在不可信的重大风险——前一种情形下，风险来自调查人员从基础资料中的推论；后一种情形下，风险则源于法证分析人员未能重复先前实验所得的关键条件。这两种情形所含风险均非遥不可及或异想天开而可以视而不见。然而，这两种做法都可以继续延续，因为这两种做法中的错误风险均未达到致使证据不可信的程度。

对规则 803（8）（C）作出解释的判例法证实了此项规则与本文所主张见解之间存在的可类比性。在一些判例中，法院运用该规则，允许采纳科学报告。如前所述，第四巡回区已将规则 803（8）（C）适用于疾病控制中心（C. D. C.）开展的流行病学研究。[157] 法院强调：“大多数由政府资助的调查研究利用普遍接受的方法论性手段收集并分析数据。”[158] 因此，法院实际上陷入了下述推定之中，即：执行本案调查的疾病控制中心分析人员在制作这些研究报告时，采用了适当的方法。

在依据规则 803（8）（C）提出科学报告的其他案件中，反对者成功地对制作报告的法证科学专家违反合理的作业指导书这一主张作出肯定性的证明。例如，某反托拉斯案件中，一方当事人反对采纳新西兰工作组对该国脊椎推拿疗法职业所作的认定。[159] 对方当事人指出，美国国会技术评估处（Office of Technology Assessment of the

---

[156] FED. R. EVID. 803（8）（C）.

[157] Ellis v. International Playtex，Inc.，745 F. 2d 292，301（4th Cir. 1984）.

[158] *Id.*

[159] Wilk v. American Medical Ass'n，671 F. Supp. 1465，1471 - 73（D. N. E. IM. 1987），*aff'd*，895 F. 2d 352（7th Cir.），*cert denied*，110 S. Ct. 2621（1990）.

United States Congress）的结论是，新西兰报告“并不是基于设计良好、可控的临床试验”[160]。地区法院因此排除了该认定。

规则 803（8）（C）把证明负担分配给反对者的做法已被证明是可行的。的确，*Beech Aircraft Corp. v. Rainey* 案[161]仅向最高法院提出制定法解释这个问题；该案并未要求法院创设一项调整官方记录中评价性认定之可采性的普通法规则。然而，判决意见要旨明确指出，多数意见认为规则 803（8）（C）所包含的妥协既是可操作的，也是公平的。官方记录的信息来源或与制作该报告相关的特定情形使对报告的可信性有所怀疑时，规则 803（8）（C）允许对方攻击该报告的可采性与证明力。[162] 尽管对方对引起该重大怀疑的信息或其他情况的事实承担证明负担，但是他获得了“充分的”保护。[163] 这些事实未必会发生；但当这些事实发生时，受到充分审判前案情先悉的反对者享有公平的机会证明该未必会发生的事实已经发生。该政策性分析咨询委员会与最高法院确信了规则 803（8）（C）的智慧之处。把正确科学检测程序的证明负担分配给反对者的做法也是基于相同的思路。

三、结论

在广泛宣传的 DNA 案件中，人们关注的主要焦点在于 DNA 分型技术一直具有普遍的可信性。[164] 然而，正如我们所看到的，这些 DNA 案件提出了更为广泛的问题，长远来看，这些问题可能更为重要。

DNA 案件提出的一个问题是应由哪一方就正确的科学作业指导书这一问题承担证明责任。本文主张由反对方承担。假设反对方享有

[160] *Id.* at 1472.

[161] 488 U.S. 153 (1989).

[162] *Id.* at 167 - 68.

[163] *Id.* at 167.

[164] P. GJANNELLI & E. IMWRIELRIMD, *supra* note 4, at § 17 - 8.

审判前案情先悉的充分机会[165]，该分配在程序上便是公平的。*Castro* 案与 *Schwartz* 案正是对方所能提出的明确、有效的攻击类型的例证。该分配在实体上也是合乎情理的，因为即便是被科学证据的批判者们所援引的能力验证也表明：大多数情况下，法证科学检测被妥当地执行并且具有可信性。从体系性视角观之，这种分配无疑是可取的；把证明负担转移给反对方，很可能为负担过重的司法体系节约大量的庭审时间。

夸大贯彻这一建议的效果将是错误的。从短期看来，所节约的时间可能很少。在多数案件中，证据提出者为保障其证据为事实审理者所了解，仍要出示一些证言以证明法证分析人员在本案中使用科学技术的方式。[166]

然而，长远观之，本文主张将产生重要影响。正如最高法院在 Beech Aircraft 案[167]中所提出的那样，联邦证据规则之规则 803（8）（C）尽管新奇地将证明负担分配给对方，但此举仍得到相当良好的运作。规则 803（8）（C）中的分配技术试验迄今已获成功。在逻辑上，下一步将是把证明负担转移给对方这一技术扩展至诸如正确的检

[165] 该建议与《联邦证据规则》705 的假设是一致的，该条规定：“除非法院另有命令，专家可以陈述意见，并说明作出该意见的理由，而不需要首先就所依据的事实或者数据作证。但是在交叉询问中，可以要求专家披露这些事实或者数据。”咨询委员会是这样为规则 705 进行辩护的：“如果一方提出了这样的异议，即由交叉询问者来引出支持性数据的做法本质上是不公平的，那么回答是：该方并没有强制性义务提出任何事实或数据，除非这些事实或数据不支持专家意见。这个回答认为，交叉询问者拥有对有效交叉询问而言至关重要的先前知识。传统的铺垫性要求已经提出了这个先前知识，虽然还不是很完美。修正后的《民事程序规则》26（b）（4）对该问题规定了广泛的案情先悉，在很大程度上消除了先悉意见、所依据的数据甚至专家身份等事项的障碍。”FED. R. EVID. 705 advisory committee's note.

[166] Imwinkelried, *Evidence Law and Tactics for the Proponents of Scientific Evidence*, in SCIENTIFIC AND EXPERT EVIDENCE 33, 52－57, 66－67 (2d ed. 1981). 当最终的专家意见是微小的量度时，证据提出者很可能在铺垫性要素上耗费大量时间。中子活化分析是一个灵敏的技术，能够准确测量微量化学含量。Watkins & Watkins, *Identification of Substances by Neutron Activation Analysis*, 15 AM. JUR. P. O. F. 115, 123－25 (1964).

[167] Beech Aircraft Corp. v. Rainey, 488 U. S. 153 (1989).

测作业指导书这一问题上。在规则 803（8）（C）的情况下，反对方极力提出未必会发生的主张；并且，为科学证言作铺垫将异常耗时，对庭审时间的任何节约都将是有用的。法院以往机械性地认为，提出者应对影响证据可采性的因素承担证明责任。这种认识并非无法改变。如今，许多司法辖区法院日程积压严重。[168] 为了司法经济，这可能是探索把证明负担重新分配给对方这一做法的正确时机。证明负担的重新分配终将被证明是简化证据铺垫的有效路径。把正确科学作业指导书的证明负担重新分配给对方的做法将给具有光明前景的技术带来额外的经验。

DNA 案件提出的另一个问题是，检测程序缺陷应当影响科学证据的可采性，还是仅影响其证明力。[169] 认为检测缺陷仅影响证据证明力的影响重大的典据，一直很流行[170]，但在 *Castro* 案[171]和 *Schwartz* 案[172]中，法院采取了更为合理的相反观点。Melvin Lewis 教授形象地地描述了这个问题，他写道："说中子活化分析技术能够检测出钡锑含量，和说小提琴制造音乐同样不准确。"[173]

尽管诸如中子活化分析或 DNA 分型等科学技术非常强有力，但在法证科学世界里，技术必须由会犯错的人类所使用。提出假设并实验证实的过程会产生出高度可信的科学技术。[174] 然而，先前实验无法为提交至法院的特定法证检测的可靠性提供保障，除非法证科学分析人员重复了科研人员在先前实验中控制的诸项条件。正确法证科学检测作业指导书的关键目的在于重复先前的条件。因而，适当的作业指导书直接关系到科学证据可信性的必要保障。原则上，该因素应当是科学证言可采性的条件，而非仅仅是证明力的条件。法院应

[168] *See supra* authorities collected in note 122.

[169] Harmon, *supra* note 7, at 150 - 51.

[170] *Id.*

[171] People v. Castro, 545 N. Y. S. 2d 985, 995 - 97 (N. Y. Sup. Ct. 1989).

[172] State v. Schwartz, 447 N. W. 2d 422, 426 - 28 (Minn. 1989). *See also* United States v. Two Bulls, 918 F. 2d 56 (8th Cir. 1990).

[173] Lewis, *supra* note 1, at 430.

[174] Black, *supra* note 74, at 621, 623 - 24.

当遵循 *Castro* 案与 *Schwartz* 案的思路，从此类案件中做出推断，并将对正确检测作业指导书的违反视作影响所有类型科学证据可采性的要素。

再次，采用该建议将产生显著的立竿见影的影响，这一预测言过其实。适用该建议很可能会改变一小部分案件中对科学证据可采性的裁定。[175] 法院根据常识会得出如下结论：只要法证科学分析在微小程度上违反了正确的检测作业指导书，法院就不会自动排除科学证言。正如依据规则 803（8）（C）制作官方记录的调查人员，分析人员并不需要在所有细节上一丝不苟。在大多数案件中，为阻止证据被采纳，反对者必须提出具有说服力的专家证言，证明分析人员违反了公认的作业指导书，而这一违反对检测结果造成了重要影响。根据已公布的法院判例[176]，反对者仅能在一小部分案件中进行这种证明。

然而，与把检测作业指导书的证明负担分配给反对方承担类似，采用这一观点将产生长远的影响，采用这一观点将重新聚焦司法体系的注意力。过去，法院和论者集中关注科学理论或科学技术的一般可靠性。论争主题已经变成法院是否应当继续采用 Frye 标准，该标准要求一项技术在相关科学领域内得到普遍接受。[177]

在某种程度上，由于对一般可靠性的关注，法院和论者在很大程度上忽视了法证分析人员在执行提交至法院的特定检测中遵守适当科

---

[175] 尽管反对者证据通常可以被采纳来“弹劾具体检测中的特定程序”，该证据导致检测不可采的情况仍只存在于“极端个案中”。State v. Woodall，385 S. E. 2d 253，260 (W. Va. 1989).

[176] *Id.*

[177] *See* Bretz，*Scientific Evidence and the* Frye *Rule*：*The Case for a Cautious Approach*，4 COOLEY L. REV. 506 (1987)；Giannelli，*The Admissibility of Novel Scientific Evidence*：Frye v. United States，*a Half-Century Later*，80 COLUM. L. REV. 1197 (1980)；Starrs，*A Still Life Watercolor*：Frye v. United States，27 J. FORENSIC SCI. 684 (1982)；Note，United States v. Downing：*Novel Scientific Evidence and the Rejection of* Frye，1986 UTAH L. REV. 839. *See* P. GIANNELLI & E. IMWINKELRIED，*supra* note 83，at §§ 1，5，6 (collecting cases)；A. MOENSSENS，F. INBAU & J. STARRS，*supra* note 33，at § 1.03 (collecting cases).

学作业指导书的重要性。[178] 然而，正如已公布的能力验证研究结果所表明的那样，不合理的检测程序可能是导致实验室错误分析的首要原因。[179] 法院应当对不当检测作业指导书问题展开严格的审查。把检测程序视为可采性条件的因素，不仅重新调整法院的关注点，还将向法证分析人员传达重要的信号。这个信号即，其检测作业指导书将在庭审中受到严格审查，而且在适当案例中，如果违反明确的检测作业指导书，其证言将被整个排除。正如 Lewis 教授提醒我们的，由于我们必须依靠人类来适用 DNA 分型等科学技术，法证分析中的人为错误存在无可避免的可能性。[180] 然而，通过将检测程序提升为不仅影响证明力还影响可采性的因素，证据法可以给法证科学分析人员提供额外的动力，即一丝不苟地遵守合理的检测作业指导书。长远观之，证据法可以影响法证科学的发展。[181] 我们必须相信，律师和法官在法庭上的行为能够影响到科学家在实验室中的行为。[182]

[178] Harmon, *supra* note 7, at 150 - 51.

[179] J. PETERSON, E. FABRICANT & K. FIELD, *supra* note 30, at 203 - 06, 223, 230, 239, 258.

[180] Lewis, *supra* note 1, at 430 - 31.

[181] *Id.* at 431.

[182] *Id.*

证据法造访侏罗纪公园*

在美国，关于专家证言的评论往往侧重于关于这种证言的可采性的证据限制这种正式法律问题。然而，还有一个更根本的潜在的问题：法院认同的科学概念。早期的美国/英国关于科学证言的法律，受到一个天真、简单化的观念所启发：宇宙是有序的，因为它受到不变的物理定律的支配，这些定律可以通过古典科学方法（形成假设，进行受控实验室实验或者系统田野观察，以对该假设进行经验验证，以及对经验验证的结果进行批判性评价）来加以发现。基于这一观念，法院不仅允许专家就所称的确定性作证，法院甚至还坚持认为，为了具有可采性，意见应当以确定性来陈述。

然而，后来的科学发现打破了这种范式。海森堡提出了物理学不确定性原理，爱因斯坦发展了相对论，弗洛伊德就人类心灵的复杂运作给了我们洞察。1993 年发生了一个重大变化。在这一年，美国最高法院就 *Daubert v. Merrell Dow Pharmaceuticals, Inc.*, 509 U. S. 579 (1993) 案件作出了判决。评论 *Daubert* 案件的大多数文章谈到了该案件中的两个裁决：(1) 1975 年《联

* 本文原载 Iowa Law Review，1995 年 10 月期（81 Iowa L. Rev. 55）。王进喜译。

邦证据规则》的制定，默示推翻了科学证言可采性的普遍接受标准；(2)《联邦证据规则》702 规定了另一个验证标准。法院的新标准是从规则 702 中“科学……知识”这一提法中得出的。

然而，从长远来看，*Daubert* 案件中最重要的段落将是法院承认的“按理说，在科学中没有确定性”——即使是在诸如物理学和化学这样的硬的、精确科学中。这段话对于诸如验证专家证言的标准和专家意见的正确措辞的问题有着深远影响。下列载于《爱荷华法律评论》的文章讨论了 *Daubert* 案件判决后的这些影响。

嗯，我肯定比这个人聪明。只是太可能的是，我们两个都没有任何知识吹嘘；但是他认为他知道他不知道的一些东西，而我很是意识到我的无知。无论如何，在我看来，我在这个小范围内比他聪明，我不认为我知道我不知道的东西。

——苏格拉底[①]

Michael Crichton 的《侏罗纪公园》[②] 是我们这个时代最流行的小说之一。在一个层面上，这本书不过是一流的娱乐，因为 Crichton 根据遗传工程科学开启的可能性拍摄了一个惊悚片。然而，在另一个层面上，Crichton 试图向其读者传达一个严肃的讯息。他努力使他们相信，我们“正在见证科学时代的终结”[③]。在一个关键场景中，Malcolm——主角之一，作为 Crichton 的代言人，用充满激情的话语告诉我们：“科学宣称有能力通过其对自然法则的了解来最终控制每件事情。但是在 20 世纪，该主张已经破碎得不能修补了。”[④] Malcolm 给了我们无数的例子。他指出：“海森堡的不确定性原理为我们知道亚原子世界设定了界限。”[⑤] 尽管这一发现有些令人不安，科学

① Plato, Apology, sct. 19.

② Michael Crichton, Jurassic Park (1990).

③ *Id.* at 313.

④ *Id.*

⑤ *Id.*

家们对此耸耸肩，因为“我们没有人生活在亚原子世界中”[⑥]；然而，迅即出现了其他令人不安的启示：“Godel 的理论为数学这种科学的正式语言设定了类似的界限。”[⑦] 这些启示为成熟的“混沌理论”的到来提供了舞台，“混沌理论……认为不可预见性已经嵌入了我们的日常生活”[⑧]。混沌理论解释了为什么侏罗纪公园实验未能那么悲惨，更为根本的是，为什么科学关于确定性的主张不过是“徒劳的吹嘘”[⑨]。

Crichton 安排 Malcolm 猛烈抨击了科学主义，是因为在 Crichton 看来，它已经成了一个广泛的信念系统。[⑩] 该书和电影大受欢迎，作为有说服力的情况证据，说明 Crichton 的观点是正确的；它们显然与数以百万计的观众和读者产生了共鸣。本文的观点是，这一科学信念系统深深地嵌入了美国证据法以及大众意识中。就像我们将要看到的那样，对科学宣称的确定性的天真信仰，弥漫在当代证据法中。可以理解，这样的信仰最可能出现在关于科学证言可采性的证据法中，而这是美国最高法院 1993 年在 Daubert v. Merrell Dow Pharmaceuticals，Inc. 案件[⑪]这一先驱性判决中的关注点。

在一定程度上，Daubert 案件的判决是关于所谓的“垃圾科学”的争论的产物。1991 年，曼哈顿研究院的 Peter Huber 发表了《伽利略的复仇：法庭上的垃圾科学》。[⑫] 在该文中，Huber 主张，关于专家证据可采性的证据标准，已经宽大到了这样的程度，即法院经常采纳关于虚假科学理论的证言。根据 Huber，尤其是原告律师利用了这些宽松的标准，在毒物侵权案件中，就医学因果关系的新理论提出推测性证言。同样糟糕的是，陪审团接受了该证言，作出了不利于被告制造商的不准确的裁决。Huber 呼吁法院控制对基于“垃圾科学”

⑥ *Id.*

⑦ Crichton，*supra* note 2，at 313.

⑧ *Id.*

⑨ *Id.*

⑩ *Id.* at 312.

⑪ 113 *S. Ct.* 2786，2794 (1993).

⑫ Peter W. Huber，Galileo's Revenge：Junk Science in the Courtroom (1991).

的证言的采纳，即就引入科学证据严格执行盛行的Frye[13]标准。根据该标准，关于科学理论的证言是不可采的，除非提出者能够证明该理论已经在相关专业领域获得了普遍接受。[14] 该书的出版引发了关于科学证据可采性标准的热烈——有时尖刻——的争论。[15] 该争论在1993年达到最高潮，因为最高法院就Daubert案件作出了判决，在该案中法院作出了双管齐下的裁决。[16] 首先，法院宣布1975年制定的《联邦证据规则》取代了Frye标准。就像早先的案件一样[17]，法院将《联邦证据规则》解释为默示废除了没有法典化的证据排除规则。[18] 法院承认，在《联邦证据规则》制定之前，普遍接受标准是大多数司法辖区的准据法。然而，Blackmun大法官在撰写多数意见时说，《联邦证据规则》并没有包含可以被合理解释为将普遍接受标准法典化的任何立法语言。因此，Frye标准不再是良法。

其次，法院判定，在通过提出的科学证言的可采性时，联邦法官要履行重要的"守门"[19] 或者"审查"[20] 职能。Blackmun大法官从《联邦证据规则》702的立法条文中就推断出了该角色。《联邦证据规则》702规定："如果科学、技术或者其他专门知识将会帮助事实审

---

⑬ Frye v. United States, 293 F. 1013 (D.C. Cir. 1923).

⑭ 1 Paul C. Giannelli & Edward J. Imwinkelried, Scientific Evidence section 1－5 (2d ed. 1993); Andre A. Moenssens et al., Scientific Evidence in Civil & Criminal Cases section 1.03 (4th ed. 1995).

⑮ See Kenneth J. Chesebro, Galileo's Retort: Peter Huber's Junk Scholarship, 42 *Am. U. L. Rev.* 1637, 1642 (1993)（将Huber的评述描述为这样的工作，即"几乎完全依赖于轶事性信息和浮夸的辞藻，在其主题的众多方面进行了误述，就'垃圾科学'问题的程度，没有提出深思熟虑的、客观的或者基于经验的量度"）。

⑯ Edward J. Imwinkelried, The Daubert Decision: Frye Is Dead, Long Live the Federal Rules of Evidence, 29 Trial 60 (Sept. 1993).

⑰ 关于更早的案件的讨论，see Edward R. Becker & Aviva Orenstein, The Federal Rules of Evidence After Sixteen Years-the Effect of "Plain Meaning" Jurisprudence, the Need for an Advisory Committee on the Rules of Evidence, and Suggestions for Selective Revision of the Rules, 60 *Geo. Wash. L. Rev.* 857, 864－68 (1992)。

⑱ *Daubert*, 113 *S. Ct.* at 2786, 2793－94.

⑲ *Id.* at 2798.

⑳ *Id.* at 2795.

判者理解证据或者确定争议事实，因知识、技能、经验、训练或者教育而有专家资格的证人，可以以意见或者其他形式就此作证。”[21] 如果证人只有凭借拥有科学知识才能成为专家，并且必须将其证言限于该主题——证人准备“就此”作证，证言的实质必须符合“科学知识”才可以被采纳为证据。

根据规则702，法官的任务是筛分出并不值得叫做“科学知识”的证言。Blackmun大法官开始着手就该表述进行界定。在很大程度上依据的是科学家和科学组织提交了法庭之友意见书[22]，大法官拒绝将“科学知识”等同于任何特定的命题。[23] 相反，他就“科学知识”采用了一个方法论定义。同样提到了法庭之友意见书[24]，他说，一个命题如果“得到了适当的验证”的方法论的支持，则构成“科学知识”[25]。他用经典的牛顿式的术语描述了科学方法论[26]——形成假设，然后进行实验或者观察来证实或者证伪该假设的过程。[27]

在阐述了这一描述后，Blackmun大法官坦率地承认了科学过程的局限性。一开始，他引用一个法庭之友意见书，他写道，这个过程并没有产生“不变的真”[28] 的理论。更重要的是，引用另一个法庭之友意见书（但是回应了Michael Crichton），大法官宣布：“当然，得出结论说科学证言的主题必须要‘已知’到确定的程度，这将是不合理的；按理说，科学中是没有确定性的。”[29]

---

[21] FED. R. EVID. 702.

[22] *Daubert*, 113 *S. Ct.* at 2796－97; Bert Black, The Supreme Court's View of Science: Has Daubert Exorcised the Certainty Demon?, 15 *Cardozo L. Rev.* 2129, 2131 (1994).

[23] *Daubert*, 113 *S. Ct.* at 2795.

[24] *Id.*

[25] *Id.*

[26] *Id.* See also Edward J. Imwinkelried, The Next Step After Daubert: Developing a Similarly Epistemological Approach to Ensuring the Reliability of Nonscientific Expert Testimony, 15 *Cardozo L. Rev.* 2271, 2276－77 (1994).

[27] *Daubert*, 113 *S. Ct.* at 2795－97.

[28] *Id.* at 2795.

[29] *Id.*

Blackmun 大法官的法院意见[30]已经产生雪片般的解说。[31] 大多数解说说道，Daubert 案件法院的判决修改了联邦法院科学证据可采性的一般标准。[32] 只有少数文章提到了 Blackmun 大法官关于科学过程的局限性的说法[33]，即使是那些文章，也仅仅是在科学证言可采性的狭隘背景下讨论了该说法的意义。

本文的论题是，Blackmun 大法官承认科学事业的不确定性，对美国证据法有着深远影响，该影响远远超过专家证言法律的范围。本文的第一部分描述了流行的、老旧的科学概念，即 Crichton 在《侏罗纪公园》中所批判的观念。本文的第二部分展现了 Blackmun 大法官在 Daubert 案件中所支持的与此形成对比的现代科学概念。本文的第三部分和最后部分详细讨论了科学事业的不确定性所带来的影响。就像这一部分所解释的那样，这些影响并不局限于科学证据；相反，它们的影响远远超过专家证言领域。最终，它们可能会影响到乍一看似乎与 Daubert 案件没有什么关系的问题。它们可能被扩展适用于各种各样的问题，例如证据提出者是否可以援用司法认知，而不是正式提出证据，证据提出者是否可以提出传闻证据，以及证据提出者是否

[30] Kenneth J. Chesebro, Taking Daubert's 'Focus' Seriously: The Methodology/Conclusion Distinction, 15 *Cardozo L. Rev*. 1745 (1994). ("毕竟，Daubert 判决非常简短，主要意见大约 5 000 个字，在最高法院公报中只占 8 页。")

[31] 该判决是几次专题研讨会的主题。Cardozo Law Review 第 15 卷的第 6 和第 7 期的大多数版面被用于了这样的专题研讨会。同样，Daubert 案件是 Shepard's Expert and Scientific Evidence Quarterly 第 1 卷第 3 期的主要关注点。法学评论期刊在继续产出分析该判决的文章。E. g., Stan Kitzinger, The Supreme Court Waves Good-Bye to Frye: Daubert v. Merrell Dow Pharmaceuticals, Inc., 58 *Alb. L. Rev*. 575 (1994); Richard Nahas, Requiem for Frye: The Supreme Court Lays to Rest the Common Law Standard for Admitting Scientific Evidence in the Federal Courts, 29 *New Eng. L. Rev*. 93 (1994). See generally, Imwinkelried, *supra* note 26, at 2271 nn. 2-3 (列举了一些含有"大量且越来越多的注释"的文章)。

[32] E. g., Kitzinger, *supra* note 31; Nahas, *supra* note 31.

[33] E. g., Bert Black et al., Science and the Law in the Wake of Daubert: A New Search for Scientific Knowledge, 72 *Tex. L. Rev*. 715 (1994); Black, supra note 22; Margaret G. Farrell, Daubert v. Merrell Dow Pharmaceuticals, Inc.: Epistemology and Legal Process, 15 *Cardozo L. Rev*. 2183 (1994); Marc S. Klein, After Daubert: Going Forward With Lessons from the Past, 15 *Cardozo L. Rev*. 2219, 2234 (1994).

承担了推进的负担，从而逃避了直接裁决。

一、关于科学的传统、流行概念

每个人都明白，科学活动就是验证关于宇宙和自然现象的命题。[34] 然而，科学的流行概念立足于一个关于宇宙及其现象的理想化的假设。[35] 根据该概念，宇宙是有秩序的，其现象受到宿命论般的[36]法则的严格调整。这些法则不仅是机械性的、无法改变的，而且能够为科学研究所发现。[37]

这一科学概念的拥护者在几个方面很乐观。首先，他们把科学知识的宏观世界视作是通过真理的连续积累而进步的。[38] 他们是社会向善论者，认为进步虽然是渐进的，但是将是持续的[39]，并将稳步增加[40]科学知识库。17 世纪晚期和 18 世纪早期，牛顿改进了实验技术。[41] 不久之后启蒙时代开始了。[42] 引发启蒙运动的关键事件之一，是把牛顿定理翻译为法语，并由伏尔泰作序。[43] 这并不令人奇怪，"理性时代"[44] 将促进这样的观念，即人类思想[45]在用牛顿的系统方法论武装后，可以识别和掌握调整自然现象的规律。当然，这个观念是 Malcolm 在《侏罗纪公园》中描述的"全面控制的愿景"的核心。[46]

㉞ Black et al.，*supra* note 33，at 754 - 55.

㉟ Brief Amici Curiae of Physicians，Scientists，and Historians of Science in Support of Petitioners at 11，Daubert (No. 92 - 102).

㊱ Farrell，*supra* note 33，at 2194.

㊲ Anthony Z. Roisman，Conflict Resolution in Courts：The Role of Science，15 *Cardozo L. Rev.* 1945，1950 (1994).

㊳ Brief Amici Curiae of Physicians，Scientists，and Historians of Science in Support of Petititoners at 7，Daubert (No. 92 - 102).

㊴ *Id.*

㊵ *Id.* at 2.

㊶ 5 The Encyclopedia of Philosophy 489 (Paul Edwards ed.，1967).

㊷ Will Durant，The Story of Philosophy 199 (1961).

㊸ 2 The Encyclopedia of Philosophy，*supra* note 41，at 519.

㊹ Durant，*supra* note 42，at 232.

㊺ *Id.*

㊻ Crichton，*supra* note 2，at 313.

用他的话来说，这是一个“甚至从牛顿以来，科学明确地提供给我们的”前景。[47]

此外，这个概念的追随者乐观地认为，各个科学命题能够获得真正的确定性。如果存在可知的自然规律，并且人类思想足够强大，可以使用牛顿的方法论来发现它们，那么特定命题可以被结论性地[48]验证。因此，在这个过于简单化的宇宙中，绝对真理和完全确定性是可以实现的。[49]

二、现代科学概念

虽然有序、宿命论的宇宙概念仍然有着广泛的外行追随者，但它已经被科学界以及——正如我们所看到的那样——Daubert 法院所拒绝。

(一) 科学界内更现实的概念的浮现

当代科学共同体不再赞同前面所描述的流行的科学概念。在最为根本的层面上，科学共同体现在对宇宙的看法，不同于其在启蒙时代的看法。科学家们不再坚持这样的过于简单化的假设：宇宙是完全有序的。恰恰相反，他们面对的是这样的现实：宇宙至少在一定程度上是混沌的、不确定的。[50] 1927 年，海森堡发现“不能同时在时间和空间中为电子分配一个位置，也不能由它们的现在预测它们的未来”[51]。他的发现最终形成了不确定性原理。[52] 该原理破坏了“其因果完全可能被理解的有序世界”的概念。[53] 结果，科学现在与一些自然现象不

---

[47] *Id.*

[48] Brief Amici Curiae of Physicians, Scientists, and Historians of Science in Support of Petitioners at 8, Daubert (No. 92 - 102).

[49] Black, *supra* note 22, at 2129 - 30.

[50] Farrell, *supra* note 33, at 2193.

[51] *Id.*

[52] *Id.*

[53] *Id.*

规律地发生的事实进行了协调。[54]

该原则还导致科学界重新思考关于科学进步的性质和可达到的确实程度的推论假设。对传统的科学概念的坚持，常常导致认为每个被发现的真理都是不可变的。[55] 因此，他们认为进步实际上是不可避免的；后来发现的其他不可变真理必然会增加科学知识的总量。相比之下，现代科学家不仅意识到真理是“非常可变的”[56]，而且该进步常常是不连续的。[57] Thomas Kuhn 这位杰出的科学历史学家认为，科学的进行是这样的，即首先建立一个范式，然后推翻该范式。[58] 科学界最初形成了一个关于自然现象的范式或者基本理论，在一段时间内，这个范式指导着科学研究的过程。然而，在某个时候，研究产生了不再符合主导范式的研究结果。在这个时刻，一场思想革命发生了，支配性的范式被推翻，一个新的范式出现了。[59] 因此，科学事业是动态的[60]，是不断发展的。[61] 科学历史的特征不是恒定的进步，而是由一系列被取代的理论组成的。[62] 当一个流行的[63]范式与它不能解释的经验数据相冲突时，数据就会捣毁范式[64]，旧的理论被“抛弃到科学历史的尘土堆”[65]。旧的范式被新的范式所取代[66]，后者有一天可能会遭遇与它的前任者相同的命运。“昨天的科学异端”变成了“明天的常

[54] *Id.* at 2195.

[55] Brief Amici Curiae of Nicolaas Bloembergen et al. at 9，Daubert (No. 92-102).

[56] *Id.* at 19.

[57] *Id.* at 14.

[58] Thomas S. Kuhn，The Structure of Scientific Revolutions 10-22 (2d ed. 1970).

[59] Farrell，*supra* note 33，at 2195.

[60] Brief of the Carnegie Commission on Science，Technology，and Government as Amicus Curiae in Support of Neither Party at 5，Daubert (No. 92-102).

[61] Brief of Amici Curiae Daryl E. Chubin et al. in Support of Petitioners at 9，Daubert (No. 92-102).

[62] Farrell，*supra* note 33，at 2194.

[63] Brief Amici Curiae of Physicians，Scientists，and Historians of Science in Support of Petitioners at 6，Daubert (No. 92-102).

[64] *Id.* at 8.

[65] *Id.* at 6.

[66] *Id.* at 2，7.

规智慧”[67]。

当代科学界不仅对宏观世界有着非常不同的看法，而且对于将各个科学假设验证到某种确定程度的前景，也不太乐观确定。虽然真理仍然是科学的愿望[68]，现代科学家意识到，结论性地[69]证明绝对真理[70]是不可能的。[71] 科学往往不能作出一个真正明确的宣告。[72] 因此，科学家必须满足与概率陈述[73]，即基于不完美[74]、不完全[75]知识状态的概率陈述。即使现有的研究似乎支持一个假设，接受假设也必须是有条件的[76]、临时的。[77]

当代科学家对其学科中的不确定性的来源有一种敏锐的感觉。最重要的来源是牛顿实验过程的性质所固有的：不可避免的“验证和证伪之间的不对称性”[78]。就像 Karl Popper 爵士所强调的那样[79]，评估科学命题的关键标准是可证伪性。[80] 外行人通常认为科学研究是肯定性地证实假设的活动。[81] 然而，实际上，科学研究的消极方面——对

---

[67] *Id*. at 15.

[68] Brief Amici Curiae of Professors Kenneth Rothman et al. at 2, Daubert (No. 92 - 102).

[69] Brief Amici Curiae of Physicians, Scientists, and Historians of Science in Support of Petitioners at 8, Daubert (No. 92 - 102).

[70] Brief of Amici Curiae Daryl E. Chubin et al. at 9, Daubert (No. 92 - 102).

[71] Roisman, *supra* note 37, at 1951.

[72] Brief for the American Association for the Advancement of Science and the National Academy of Sciences as Amici Curiae in Support of Respondent at 6, Daubert (No. 92 - 102).

[73] Id.; Farrell, *supra* note 33, at 2193.

[74] Brief of the Carnegie Commission on Science, Technology, and Government as Amicus Curiae in Support of Neither Party at 22, Daubert (No. 92 - 102).

[75] Bruce S. Koukoutchos, Solomon Meets Galileo (And Isn't Quite Sure What To Do With Him), 15 *Cardozo L. Rev*. 2237, 2253 (1994).

[76] Id.; Black, *supra* note 22.

[77] Brief Amici Curiae of Nicolaas Bloembergen et al. at 9, n. 8, Daubert (No. 92 - 102).

[78] Black et al., *supra* note 33, at 756.

[79] Karl R. Popper, The Logic of Scientific Discovery 6 (Karl R. Popper trans., 1959); Sean O'Conner, The Supreme Court's Philosophy of Science: Will the Real Karl Popper Please Stand Up?, 35 *Jurimetrics J*. 263 (1995).

[80] David L. Faigman, To Have and Have Not: Assessing the Value of Social Science to the Law as Science and Policy, 38 *Emory L. J*. 1005, 1017 (1989).

[81] Black et al., *supra* note 33, at 755.

假设进行证伪的活动——更为重要。[82] 反驳假设的尝试在两个方面更为重要。首先，虽然与假设一致的单一结果不足以证明假设的真实性，但是被表达为“通用陈述”的假设甚至能被“一个”不一致的结果所否定。[83] 其次，即使存在令人印象深刻的数量的一致结果，且没有不一致的结果，该假设也不是“确定性地被证实了，因为总是有这样的可能，即经验检验将有一天证明该理论是不正确的”[84]。证伪的理论可能性仍然存在。[85] “没有任何数量的检验可以证明科学理论在每种想得到的情况下都是‘真实的’”。[86]

除了验证—证伪不对称性固有的不确定性之外，在多阶段实验整个过程中，也存在不确定性的来源。[87] 为了评价一个实验，研究者必须测量结果。[88] 然而，在测量中会存在错误。[89] 此外，由于对宇宙的穷尽性调查既是不可能的也是不切实际的，研究人员通常满足于从宇宙中抽取的样本，而不是测量整个宇宙或者人口的结果。[90] 因此，研究的直接结果是样本的统计数值，而不是宇宙的真实参数。[91] 但是，从统计数值推断参数时发生错误的可能性，是不可避免的。[92]

接下来，即使已经知道相关参数，研究者也可能对参数之间是否存在关系的问题感兴趣：一个参数的变化是否预示着另一个参数的变

[82] *Id.*

[83] *Id.*

[84] Brief of the American Medical Association, American Medical Association/Specialty Society Medical Liability Project as Amici Curiae in Support of Respondent at 11, Daubert (No. 92-102).

[85] Black et al., *supra* note 33, at 764.

[86] Clifton T. Hutchinson & Danny S. Ashby, Daubert v. Merrell Dow Pharmaceuticals, Inc.: Redefining the Bases for Admissibility of Expert Scientific Testimony, 15 *Cardozo L. Rev.* 1875, 1885 (1994).

[87] Vern R. Walker, The Siren Songs of Science: Toward a Taxonomy of Scientific Uncertainty for Decisionmakers, 23 *Conn. L. Rev.* 567 (1991).

[88] *Id.* at 580.

[89] *Id.* at 581-86.

[90] *Id.* at 588.

[91] *Id.* at 589.

[92] Walker, *supra* note 87, at 589-96.

化？[93] 为了验证这个问题，研究者必须设想一个把各个变量联系在一起的模型。然而，该模型可能是有缺陷的，并且具有预测能力是有限的。[94] 最后，是假设参数之间的统计相关性，它是推断因果关系时的一个巨大的步骤，充满了危险。[95] 似乎存在的关系可能是假的。[96] “因果断言意味着以一种激进和无法消除的方式发生错误的可能性”[97]。在 Daubert 案件中，原告依靠流行病学证据来证明这样的主张，即母亲摄入盐酸双环胺可导致其子女的肢体缺陷。即使一个支持原告的法庭之友意见书也认为：“流行病学最多能证明特定化学药剂造成特定效果的统计概率……统计本身不能证明因果关系，而是顶多证明相关性，这只是影射了因果关系。”[98]

（二）Daubert 法院对更为现实的概念的采纳

科学的流行概念可能与科学界的概念有着显著不同。在科学方面，大多数律师，包括许多被任命为法官的律师，缺乏广泛的科学培训。[99] 科学学士学位不是司法任命的先决条件，甚至对美国最高法院而言也是如此。[100] 因此，每当法院处理一个科学问题时，就会出现法官发生错误理解的危险。[101]

当美国最高法院审议 Daubert 案件时，这种危险是存在的。然

---

[93] *Id.* at 598 - 604.

[94] *Id.* at 604.

[95] *Id.* at 609.

[96] *Id.* at 613.

[97] Walker, *supra* note 87, at 612.

[98] Brief Amici Curiae of Physicians, Scientists, and Historians of Science in Support of Petitioners at 14, Daubert (No. 92 - 102); see also 1 Giannelli & Imwinkelried, *supra* note 13, 15 - 6 (A), at 454.

[99] David L. Faigman et al., Check Your Crystal Ball at Courthouse Door, Please: Exploring the Past, Understanding the Present, and Worrying About the Future of Scientific Evidence, 15 *Cardozo L. Rev.* 1799, 1835 (1994).

[100] See John W. Wesley, Scientific Evidence and the Question of Judicial Capacity, 25 *Wm. & Mary L. Rev.* 675, 685 (1984).

[101] Andre A. Moenssens, Admissibility of Scientific Evidence-An Alternative to the Frye Rule, 25 *Wm. & Mary L. Rev.* 545, 551 (1984).

而，法院受益于科学组织和科学家个人提交的无数法庭之友意见书。[102] 更重要的是，虽然各种法庭之友意见书对案件的适当处理采取了不同的立场，但是一个共同的主题贯穿了他们的许多意见书：请求法院坦率地承认科学事业的不确定性。代表 Daubert 夫妇[103]和 Merrell Dow 制药公司[104]提交的法庭之友意见书，以及中立方提交的两份法庭之友意见书[105]，都有着这种共同的公约数，它们都努力使法官从科学的“虚构的”流行观念中醒悟过来。[106]

法庭之友意见书达到了预期的效果。特别是，Blackmun 大法官发现这些意见书具有说服力。他的意见多次提及法庭之友意见书和这些意见书所引述的科学典据。[107] 参考文献不仅仅是短暂提及；大法官衷心接受了这些教训。在引述 Popper——他被法庭之友意见书广泛引述——时，Blackmun 大法官强调了证伪或者反驳假设的活动的需要[108]，在直接引用法庭之友意见书时，Blackmun 写道：“科学中没有确定性。”[109]

[102] Black，*supra* note 22，at 2131.

[103] E. g. , Brief of Amici Curiae Daryl E. Chubin et al. in Support of Petitioners，Daubert (No. 92 - 102)；Brief Amici Curiae of Physicians，Scientists，and Historians in Support of Petitioners，Daubert (No. 92 - 102)；Brief Amici Curiae of Professors Kenneth Rothman et al. in Support of Petitioners，Daubert (No. 92 - 102).

[104] E. g. , Brief for the American Association for the Advancement of Science and the National Academy of Science s as Amici Curiae in Support of Respondent，Daubert (No. 92102)；Brief of the American Medical Association，American Medical Association/Specialty Society Medical Liability Project as Amici Curiae in Support of Respondent，Daubert (No. 92102)；Brief Amici Curiae of Nicolaas Bloembergen et al. in Support of Respondents，Daubert (No. 92 - 102).

[105] Brief of the Carnegie Commission on Science，Technology，and Government as Amicus Curiae in Support of Neither Party，Daubert (No. 92 - 102)；Brief for a Group of American Law Professors as Amicus Curiae in Support of Neither Party，Daubert (No. 92 - 102).

[106] Brief of Amici Curiae Daryl E. Chubin et al. in Support of Petitioners at 8，Daubert (No. 92 - 102).

[107] *Daubert*，113 *S. Ct.* at 2795 - 98 (Blackmun，J.).

[108] *Id.* at 2797.

[109] *Id.* at 2795；see also，*In re Joint E. & S. Dist. Asbestos Litig.* (*Mariorana*)，52 *F. 3d* 1124，1133 (*2d Cir.* 1995) (指出“概率性因果问题覆盖有固有的不确定性”)。

三、Daubert 法院采纳现代科学概念的影响

最高法院在 1992 年就 Daubert 案件发出了调卷令。[110] 在接受该案件时，法院只在与确定下列问题的证据标准直接相关的问题上正式授予了令状，即专家是否可以将其证言立足于特定的科学理论或者技术。[111] 但是，在作出其意见时，Blackmun 大法官不仅界定了该标准，还评论了科学事业的性质。大多数关于 Daubert 案件的文献直接关注的是该判决对该标准的影响。仅仅有少数论者提及了 Blackmun 大法官对科学概念的讨论[112]，并且通常情况下仅仅是在试图进一步改善该标准的狭隘背景下进行的。然而，就像我们现在将要看到的那样，Blackmun 大法官的讨论对美国证据法有着深远影响。从长远看，他对科学现代概念的采用，可能影响科学证据法的其他方面、其他类型的专家证言以及其他学说，例如司法认知和传闻这些乍一看似乎与 Daubert 案件的范围相去甚远的学说。

（一）对科学证据法其他方面的影响

Daubert 法院承认科学研究中不可避免的不确定因素可能会影响科学证据法的至少两个方面：明显不确定的统计证据的可采性和缺乏科学确定性的专家结论的可采性。

明显不确定的统计证据的可采性。在过去，许多法院就采纳明显不确定的统计证言，是过于拘谨的。[113] 著名的论者曾就法院依赖于这样的证言对法院发出了警告。在其 1971 年的经典文章“用数学审判”中[114]，

[110] *Daubert*, 113 *S. Ct.* 320 (1992).

[111] *Daubert*, 113 *S. Ct.* 2786, 2799 (1993) (Rehnquist, C. J., concurring in part and dissenting in part).

[112] See authorities collected in note 33, *supra*.

[113] See generally Daniel Shaviro, Statistical-Probability Evidence and the Appearance of Justice, 103 *Harv. L. Rev.* 530 (1989).

[114] Laurence H. Tribe, Trial by Mathematics: Precision and Ritual in the Legal Process, 84 *Harv. L. Rev.* 1329 (1971).

Laurence Tribe 教授主张："试图将'这样的证据'与审判的事实认定过程相结合所带来的成本，超过了其好处。"[115] 他认为，依赖于这样的证言带来了使正义失掉人性的风险。[116] 尽管承认"从现实来看，每当有罪低于绝对确定性时，我们不能坚持无罪开释"[117]，他认为，政策考量建议要"悖离"法庭中的"充分坦诚"[118]。

十多年后，Tribe 教授在哈佛的同事 Charles Nesson 教授提出了同样的观点。[119] Nesson 教授的文章强调，作为一个争端解决机制，法律制度旨在将公民不得不诉诸私人、暴力的手段来解决其争端的任何动机最小化。为了成功，法律制度必须生产出绝大多数公民愿意接受的裁决。[120] Nesson 的担心是，如果法律制度明显是建立在显然不确定的科学证言基础上的，则普通公民可能对司法的结果缺乏信心。[121] 他主张，即使采纳统计性证言会减少错误判决的发生[122]，普通公民也会因为依赖于概率证据而感到困惑。公民就信仰司法结果有"心理需要"[123]。如果这种信仰动摇了，公民就可能不太愿意诉诸公开、和平的争端解决机制。据此，Nesson 教授认为，在一定程度上"就我们对真相的探究加以妥协"是有正当性的。[124]

首先，法院赞同 Tribe 教授的观点，相当不愿意采纳统计证据，特别是在刑事案件中。[125] 然而，随着时间的流逝，法院的态度发生了变化，趋势是接受这样的证据。[126] 一般而言，许多法院现在接受显然

---

[115] *Id.* at 1377.

[116] *Id.* at 1375.

[117] *Id.*

[118] *Id.* at 1371.

[119] Charles Nesson，The Evidence or the Event? On Judicial Proof and the Acceptability of Verdicts，98 *Harv. L. Rev.* 1357 (1985).

[120] *Id.* at 1366 – 67.

[121] *Id.* at 1378.

[122] *Id.* at 1377 – 78.

[123] *Id.* at 1366.

[124] Nesson，*supra* note 119，at 1392.

[125] 1 Giannelli & Imwinkelried，*supra* note 13，at 470.

[126] Ronald J. Allen，A Reconceptualization of Civil Trials，66 *B.U. L. Rev.* 401，429 *n.* 67 (1986).

用概率术语表述的统计证言。[127] 更确切地说，法院已经开始采纳统计学家关于置信区间的证言。[128] 统计学家告诉事实审判者她不能准确描述“真”值[129]，但是说，存在该真值坐落于特定范围内的高概率。[130] 确实，Daubert 案件中的几个法庭之友意见书引用了关于置信区间的证言，以说明根据《联邦证据规则》应当被采纳的不确定的统计证据。[131]

当然，Daubert 法院并没有讨论显然不确定的统计证据可采性问题，更不用说就此作出判决了。此外，为了主张 Blackmun 大法官的科学事业的概念要求法院更善于接受这样的证据，有点夸大其词。然而，他的概念指向了这个方向。Blackmun 宣称，得出结论认为根据《联邦证据规则》702 要被采纳，“科学证言的主题必须‘已知’到确定的程度，这将是不合理的”[132]。如果是这样，他的判决必须被解读为意在引入证人确实不能表述为确定性的专家意见。Blackmun 大法官承认科学证据的不确定性，这是一种坦率的行为；毕竟，采纳显然不确定的统计证据，要求在审判时要坦率。[133]

缺乏科学确定性的专家最终结论的可采性。在大多数情况下，专家对待审案件的具体事实应用一般的科学理论或者技术，以形成与争议相关的结论。[134] Daubert 案件的判决提到了最终结论的采纳所要求铺垫的一个要素，即证明满足《联邦证据规则》702 所需要的基本理

[127] 1 Giannelli & Imwinkelried, supra note 13, at 470.

[128] *Id.* at 114 (Supp. 1995).

[129] Brief Amicus Curiae of Professor Alvin R. Feinstein in Support of Respondent at 16, Daubert (No. 92-102).

[130] 1 Giannelli & Imwinkelried, *supra* note 13, at 432.

[131] Brief Amicus Curiae of Professor Alvan R. Feinstein in Support of Respondent at 3, 16, Daubert (No. 92-102); Brief Amici Curiae of Professors Kenneth Rothman et al. in Support of Petitioners at 7, Daubert (No. 92-102); Brief for the United States as Amicus Curiae Supporting Respondent at 6, Daubert (No. 92-102).

[132] *Daubert*, 113 *S. Ct.* at 2795.

[133] See Shaviro, *supra* note 113, at 547-48.

[134] Ronald L. Carlson et al., Evidence in the Nineties: Cases, Materials, Problems 519-20 (3d ed. 1991).

论或者技术的有效性。[135] 然而，科学证据法规定了额外的要求，包括对最终结论的措辞的限制。[136]

传统的普通法的限制是，专家必须准备好来保证其意见具有合理的科学确定性或者概率。[137] 因此，仅仅表述为可能性的意见，将自动不可采。[138] 尽管《联邦证据规则》704 就专家最终结论的措辞规定了一些限制[139]，但该规则和任何其他法律规定都没有将传统的限制法典化。因此，许多法院不再执行这样的严格要求，即科学家的意见要表述为确定性或者概率。[140] 然而，“就像对 Samuel Clemens 之死的错误报道一样，关于传统的普通法观点的‘死亡’的报道也被夸大了。”[141] 在联邦法院和其证据法典以《联邦证据规则》为模板的州，无数的上诉法院判决维持了对表述为可能性的结论的排除。[142] 在一些案件中，法院这么做根据的是《联邦证据规则》403。[143] 该规定授权审判法官运用自由裁量权来排除本可采的证据，如果他或者她得出结论认为相伴随的证明危险严重超过了证据的证明价值的话。[144] 这些法院认为，

[135] *Id.* at 528.

[136] *Id.* at 539.

[137] Edward J. Imwinkelried, The Methods of Attacking Scientific Evidence section 6 - 6 (C) (2d ed. 1992).

[138] *Id.*

[139] 规则 704 (b) 规定：在刑事案件中，专家证人不得就被告是否具有构成被指控犯罪因素或者辩护因素的精神状态或者状况陈述意见。这些事项仅由事实审判者认定。Fed. R. Evid. 704 (b).

[140] *United States v. Brink*, 39 *F. 3d* 419, 427 *n.* 13 (*3d Cir.* 1994); *Stutzman v. CRST, Inc.*, 997 *F. 2d* 291, 296 (*7th Cir.* 1993); Edward J. Imwinkelried & Robert G. Scofield, The Recognition of an Accused's Constitutional Right to Introduce Expert 证言 Attacking the Weight of Prosecution 科学 Evidence: The Antidote for the Supreme 法院 's Mistaken Assumption in California v. Trombetta, 33 *Ariz. L. Rev.* 59, 69 (1991).

[141] Imwinkelried & Scofield, *supra* note 140, at 69.

[142] *Id.*; see also *Rios v. Bigler*, 847 *F. Supp.* 1538, 1545 (*D. Kan.* 1994); *Thomas v. FAG Bearings Corp.*, 846 *F. Supp.* 1382, 1393 (*W. D. Mo.* 1994); *Leakas v. Columbia Country Club*, 831 *F. Supp.* 1231, 1240 (*D. Md.* 1993); *Zywicki v. United States*, 809 *F. Supp.* 823, 829 (*D. Kan.* 1992); *Robinson v. Union Carbide Corp.*, 805 *F. Supp.* 514, 523 (*E. D. Tenn.* 1991); *Kappenman v. Heule*, 486 *N. W. 2d* 27, 32 (*Neb.* 1992).

[143] Imwinkelried & Scofield, supra note 140, at 69.

[144] *Fed. R. Evid.* 403.

仅仅用可能性来表述的结论，仅仅有着最低的证明价值。在其他案件中，法院支持通过援引规则 702 来排除结论。[145] 就像最高法院在 Daubert 案件中所指出的那样[146]，规则 702 用其术语将专家限定为就“将帮助事实审判者理解证据或者确定争议事实”的结论来作证。[147] 法院援引规则 702 宣称，“仅仅陈述了可能性的意见，无助于陪审团”[148]。

正如 Blackmun 大法官对现代科学概念的认可可能意味着法院对明显不确定的统计证据的更多的接受，它可能进一步削弱对专家最终结论的措辞的传统限制的支持。当法院假定科学确定性是可以达到的时候，有必要要求专家的结论措辞为肯定的。如果专家拒绝这样做，拒绝本身暗示着专家使用了不科学的理论或者误用了科学技术；如果可以达到确定性但是专家没有达到，有些事情可能就出问题了。然而，Blackmun 大法官指示下级法院去设定一个不同的前提。初审法官应当评估所提出的最终意见的措辞，要认识到“科学没有确定性”[149]。当然，如果证据提出者可以提出的唯一的专家意见的措辞是这仅仅是一个可能性，那么就这个证据提出者的案件可提出直接判决动议。在 Daubert 案件中，Blackmun 大法官提到了这样的可能性，即一个可采的科学家的意见可能在法律上不足以维持证据提出向前推进的负担。[150] 然而，作为可采性分析的问题，坚持认为专家总是应当将其结论表述为科学的确定性是不可抗拒的。这种坚持将相当于要求证人在思想上不诚实。

（二）对其他类型专家证言的影响

在过去，法院反复就“硬”科学——例如 DNA 分析——和“软”

[145] Imwinkelried & Scofield, *supra* note 140, at 69.

[146] *Daubert*, 113 *S. Ct.* at 2795.

[147] *Fed. R. Evid.* 702.

[148] Imwinkelried & Scofield, *supra* note 140, at 69.

[149] *Daubert*, 113 *S. Ct.* at 2795.

[150] *Id.* at 2798.

专门知识——例如社会科学和精神健康证言——进行区分。[151] 一些论者甚至宣称后者这些所称的专门知识根本“不是科学”[152]。在这些论者看来，这些学科顶多立足的是艺术[153]和方法。[154] Bazelon 法官质疑了采纳关于“精神病学和其他社会和行为科学”的证言的有用性。[155]

隐含的比较是说，硬科学被认为能够产生确定性。[156] 社会科学证据的批评者强调其不可确定性[157]，与此类似，反对采纳精神健康证言的人也对其不确定性进行了非难。[158] 这些类型的证言被说成“缺乏科学理想”[159]，而这是自然科学的缩影。[160] 社会和精神健康科学与硬科学进行比较，成绩当然不会很好，如果我们假设后者能够实现确定性的话；它们产生的结论过于不确定。[161] 基于该假设，社会和精神健康科学在某种程度上有别于硬科学，应当支持——如果不是强制要求的话——对社会和精神健康科学证言进行差别对待。

然而，这种比较是不公平的和肤浅的。[162] 批评者夸大了硬科学与社会和精神健康科学之间的差别。[163] 这种差别并不像他们所宣称的那样清晰。在 Daubert 案件之前，诸如 Faigman 教授这样的论者就指出，关于硬科学的现代概念承认这些领域的不确定性因素。[164] 用他的

[151] Roger S. Hanson, James Alphonzo Frye Is Sixty-Five Years Old; Should He Retire?, 16 *West. St. U. L. Rev.* 357, 411 (1989); Edward J. Imwinkelried, Attempts to Limit the Scope of the Frye Standard for the Admission of Scientific Evidence: Confronting the Real Cost of the General Acceptance Test, 10 Behav. Sci. & L. 441 (1992); Linda E. Carter, Admitting Matters of Mind, The Recorder, Sept. 2, 1992, at 7.

[152] Jay Zizkin, Coping With Pyschiatric and Psychological Testimony 24, 37, 71, 163 (1970).

[153] *Id.* at 37.

[154] *Id.* at 54.

[155] *Washington v. United States*, 390 *F. 2d* 444, 457 *n.* 33 (*D. C. Cir.* 1967).

[156] Faigman, *supra* note 80, at 1010 - 12.

[157] *Id.* at 1040.

[158] Roberta W. Shell, Psychiatric Testimony: Science or Fortune-Telling?, 7 Barrister 6, 55 (Fall 1980).

[159] Faigman, *supra* note 80, at 1010.

[160] *Id.* at 1010.

[161] *Id.* at 1012.

[162] *Id.* at 1010.

[163] *Id.* at 1025.

[164] Faigman, *supra* note 80, at 1047 - 48.

话来说，物理学是“典型的‘硬’科学”[165]，然而“不确定性原则构成了现代物理学的基石之一”[166]。所有这些学科都“共有”不确定性。[167] Blackmun 大法官采纳科学是现代概念，毫无疑问，强化了 Faigman 教授的观点。

从 Blackmun 大法官的意见跳跃到这样的结论，即所有社会和精神健康科学证言通常应该是可采的，将是一个错误。首先，存在这样的强有力的观点，即像基于硬科学的证言一样，社会和精神健康科学证言必须通过 Daubert 的有效性标准。Blackmun 大法官的科学定义如此宽泛，可以说包括了社会和精神科学[168]，下级联邦法院已经开始这样广泛地适用该定义。[169] 此外，虽然硬科学与社会和精神健康科学之间的差异在过去经常被夸大，但这些学科确实在程度上有所不同。在诸如物理学这样的硬科学中的许多命题，已经被验证，无论是社会科学还是精神健康科学中的典型假说都无法达到该程度。[170] 然而，可采性分析应该取决于对专家建议或者依赖的特定命题的评价，而不是一个全面的概括，即社会或者精神健康科学中的所有命题都有着不能容忍的不确定性。鉴于 Blackmun 大法官承认所有科学研究的不确定性，审判法官有这种先入之见是错误的。

（三）对证据法其他领域的影响

应当显而易见的是，Daubert 案件判决将对科学证据法产生几个影响。即使片刻的思索也会让人得出结论——就像（一）所表明的那样——认为，该判决有可能波及更广大的专家证言领域。然而，Daubert 案件的其他影响则不是这么明显。但是，进一步思考，Daubert

[165] *Id.* at 1011.

[166] *Id.* at 1047 - 48.

[167] *Id.* at 1051.

[168] Randolph N. Jonakait, Real Science and Forensic Science, 1 Shepard's Expert & Sci. Evid. Q. 435, 448 - 55 (1994).

[169] E. g., Gier by and through Gier v. Educational 66 *F. 3d* 940 (*8th Cir.* 1995); *United States v. Amador-Galvan*, 9 *F. 3d* 1414, 1417 - 18 (*9th Cir.* 1993)（将 Daubert 案件适用于了关于目击证人辨认的不可靠性的心理学证言）。

[170] Faigman, *supra* note 80, at 1011.

案件对证据法其他几个方面的重要影响就变得明显了。

司法认知的标准和程序。以上（一）与（二）所讨论的学说规制的是证据的正式引入。然而，裁判法承认这种正式程序的几种替代做法。例如，当事人可以就事实达成协议。[171] 当法官解释当事人的协议时，诉讼当事人不需要引入证据来证明该事实的存在。协议消除了其必要性，法官仅仅是要将该协议的存在及要旨告诉陪审团。

司法认知是正式引入证据的另一种替代形式。[172] 司法认知是将事实数据引入裁判过程的极其重要的机制。在涉及科学技术的案件中，经常使用它，因为法官能够就一些科学命题的有效性进行司法认知。例如，法院已经就与雷达、酗酒检测、指纹、掌印、火器识别和笔迹比对有关的命题的真实性进行了司法认知。[173] 就像关于事实的协议一样，司法认知消除了正式引入证据来证明事实的需要。[174] 司法认知的传统基础是，有关命题是法院司法辖区内的共有知识。[175] “法院应当至少知道每个他人所知道的事情”[176]。例如，假设州立法规定，在任何商业区域的限速都是每小时 25 英里。在未决的超速检控中，检控方没有正式引入任何证言来证明犯罪发生的交叉路口位于商业区。法官能够通过对该交叉路口位于当地商业区这一事实进行司法认知，填补笔录中的该罅隙。

当代证据法承认了司法认知的第二个独特的根据。[177] 法院[178]和论者[179]同样常常把这一根据称为“可证实的确定性”。即使一个命

[171] Edward J. Imwinkelried, Evidentiary Foundations 335 (3d ed. 1995).

[172] *Id.* at 340.

[173] 1 Giannelli & Imwinkelried, supra note 13, sections 1-2, at 3-4; see also Christopher B. Mueller & Laird C. Kirkpatrick, Evidence section 2.4, at 85 (1995).

[174] *Varcoe v. Lee*, 181 *P.* 223, 226 (*Cal.* 1919).

[175] Mueller & Kirkpatrick, supra note 173, section 2.3.

[176] 2 Edwin Conrad, Modern Trial Evidence section 983 (1956).

[177] Mueller & Kirkpatrick, supra note 173, section 2.4.

[178] *St. Louis Baptist Temple, Inc. v. F.D.I.C.*, 605 *F. 2d* 1169, 1172 (10*th Cir.* 1979); *Eagle Trucking Co. v. Texas Bitulithic Co.*, 612 *S.W. 2d* 503, 506 (*Tex.* 1981); *Furr's Supermarket, Inc. v. Williams*, 664 *S.W. 2d* 154, 157 (*Tex. Ct. App.* 1983).

[179] Harold L. Korn, Law, Fact, and Science in Coutrs, 66 *Colum. L. Rev.* 1080, 1089 (1966); John William Strong, Questions Affecting the Admissibility of Scientific Evidence, 1970 *U. Ill. L. Forum* 1, 7.

题并不是共有知识，典据宣称，只要它“可以确定无疑地查明”[180]，就可以对它进行司法认知。法院在就科学原理的有效性进行司法认知时，常常援用这一根据。[181] 法院经常认为这么做是正当的，即宣称该原理能够“确定地证实”[182]。在联邦实践中，《联邦证据规则》201 调整司法认知。[183] 规则 201（g）的咨询委员会注释表明，一旦法官决定对某命题的真实性进行司法认知，反驳该事实的证据则不得提交陪审团。[184] 在许多案件中，法官在对科学命题进行司法认知后，完全禁止了反驳性证言。[185]

Blackmun 大法官对现代科学观点的采用，会对这些标准和程序产生什么样的影响？我们首先看看它对所谓的“可证实的确定性”标准的影响。如果就像 Blackmun 大法官所写的那样，“在科学中没有确定性”[186]，在该标准的标题中使用名词“确定性”就是有问题的。此外，鉴于证实与证伪之间的基本不对称性[187]，使用形容词“可证实的”反映了对科学过程的误解。就像第二部分所解释的那样，科学研究不能将一个命题证实到绝对确定的程度，因为证伪的可能性总是存在的。严格地讲，“可证实的确定性”是一个不可能达到的高标准。司法认知法律所涉及的问题，应当是对命题的证实是否“排除了合理争议”[188]。如果诉讼当事人向法官表明该命题不能“受到合理质疑”[189]，该证明足以引发司法认知。

此外，如果我们自始至终坚持 Blackmun 大法官的逻辑，他的立场也可能影响这个问题：对司法认知的命题进行反驳的证据是否自动

---

[180] *Melong v. Micronesian Claims Comm'n*, 643 *F. 2d* 10, 12 *n.* 5 (*D. C. Cir.* 1980).

[181] See 2 McCormick, Evidence section 330 (4th ed. 1992).

[182] *Id.*

[183] *Fed. R. Evid.* 201.

[184] See *Fed. R. Evid.* 201 (*g*) advisory committee's note.

[185] See Imwinkelried & Scofield, supra note 140, at 65.

[186] *Daubert*, 113 *S. Ct. at* 2795.

[187] Black et al., supra note 33, at 756.

[188] Mueller & Kirkpatrick, supra note 173, at 84.

[189] *United States v. Chapel*, 41 *F. 3d* 1338, 1342 *n.* 2 (*9th Cir.* 1994); *The Pantry, Inc. v. Stop-N-Go Foods, Inc.*, 777 *F. Supp.* 713, 733 (*S. D. Ind.* 1991).

不可采。这个问题是司法认知法中最著名的争议点之一。[190] 美国证据法的两位巨擘——Morgan 教授和 Wigmore 院长，在该问题上“南辕北辙”[191]。回答取决于先行问题，司法认知的实体标准；作为逻辑，程序规则应该是实体标准的“必然结果”[192]。如果命题的真实性应当是严格“无争议的”，司法认知应当是“结论性的”[193]，任何相反的证言应当被排除。如果我们真的确定这个命题是真实的，并且证明的主旨与该命题相悖，那么该证言必然是假的。然而，如果实体标准仅仅是非常高的概率，那么对于采纳反驳性证言就有更强的理由。即使法官判定对该命题可以进行司法认知，该命题仍然有可能是假的，反驳证言不能被立即驳回。

的确，有一个强有力的制定法解释论据，即规则 201（g）的立法历史规定了对反驳司法认知的命题的证言的排除。规则 201（g）的咨询委员会注释就委员会的意图说得很清楚，最高法院在解释《联邦证据规则》时也常常对这些注释很重视。[194] 然而，在其他司法辖区，司法认知是判例法的产物，诸如《联邦证据规则》201 这样的制定法可以被修改。如果法官能够弄清司法认知的适当标准的政策问题的实质，以及处理提出的反驳认知的证言的程序，法官应当认真考虑现代科学概念的重要意义。这个概念与允许接受反驳证言的程序更为一致。

根据学术论文之传闻例外采纳证言。如果诉讼当事人能够援用司法认知，则不需要诉讼当事人正式引入证据。然而，假设司法认知是

[190] John R. Eldridge Ⅲ，Judicial Notice，27 *Ark. L. Rev.* 171，175 (1973)；John T. McNaughton，Judicial Notice-Excerpts Relating to the Morgan-Wigmore Controversy，14 *Vand. L. Rev.* 779 (1961).

[191] Thomas Kongsgaard，Judicial Notice and the California Evidence Code，18 *Hastings L. J.* 117，121 (1966).

[192] *Id.*

[193] *Id.*

[194] *Tome v. United States*，115 *S. Ct.* 696，702 (1995) (Kennedy，J.)（“我们依据这些深思熟虑的注释作为确定这些规则的含义时的有用指引。”）；see Eileen A. Scallen，Interpreting the Federal Rules of Evidence：The Use and Abuse of the Advisory Committee Notes，28 *Loy. L. A. L. Rev.* 1283 (1995).

不当的。诉讼当事人还是必须遵守调整证据的正式采纳的规则。这样的规则之一是传闻规则，规定在《联邦证据规则》801－06中。[195]《联邦证据规则》801规定了传闻定义；规则802宣布了一般规则，即传闻不可采；规则803和804列举了许多一般规则的例外。

所列的传闻例外之一就是学术论文的例外，见规则803（18）。[196]在《联邦证据规则》制定之前，只有少数几个司法辖区在普通法中认可这个例外。[197]即使认可它的司法辖区也常常严格限制其范围。[198]在普通法上，法院几乎一致排除医学教科书[199]，而采纳化学和数学教科书。[200]这种区别对待的理论根据是，医学教科书涉及的是不精确的科学[201]，而后者涉及的是所谓的“精确”科学。[202]

尽管一些司法辖区在《联邦证据规则》生效之前将该例外进行了法典化[203]，但它们的立法是该规则的狭隘版本。[204]总的来说，《联邦证据规则》之前的制定法将例外限制在学术论文中反映了“一般名声和利益的事实”的段落上。[205]法院常常将该表述解释为将该例外的范围

---

[195] *Fed. R. Evid.* 801－06.

[196] *Fed. R. Evid.* 803（18）.

[197] Edward J. Imwinkelried, The Use of Learned Scientific Treatises Under *Federal Rule of Evidence* 803（18）, 18 Trial 56（1982）; Robert F. Magill, Jr., Issues Under *Federal Rule of Evidence* 803（18）: The ‘Learned Treatise’ Exception to the Hearsay Rule, 9 *St. John's J. Legal Comment*. 49（1993）.

[198] Samuel S. Wilson, Note, Medical Treatises as Evidence-Helpful But Too Strictly Limited, 29 *U. Cin. L. Rev.* 255（1960）.

[199] *Id.*; Note, Learned Treatises, 46 *Iowa L. Rev.* 463, 464（1961）; Comment, Admissibility of Medical Books in Evidence, 8 *U.S.F. L. Rev.* 364, 365（1973）; Recent Development, Medical Treatises To Be Admitted as Direct Evidence in Wisconsin-Lewandowski v. Preferred Risk Mutual Ins. Co., 66 *Mich. L. Rev.* 183, 184（1967）.

[200] Recent Development, *supra* note 199, at 184－85.

[201] *Id.* at 185; Comment, *supra* note 199, at 366.

[202] 2 Jones On Evidence section 23: 31, at 409（6th ed. 1972）; Recent Development, *supra* note 199, at 184－85.

[203] Note, *supra* note 199, at 256; Recent Development, supra note 199, at 184 n.4（说12个州在《联邦证据规则》生效前已经将该例外法典化）。

[204] Note, *supra* note 199, at 256.

[205] *Id.*

限定在实践上可以进行司法认知的命题上。[206] 如前所述，许多法院运用了“可证实的确定性”标准来确定一个命题是否可以进行司法认知。[207] 就像普通法的例外一样，在命题与所谓的“精准”科学有关时，法院更为可能来运用制定法例外。[208]

精确—非精确科学的分类，类似于前面（二）讨论的诸如化学这样的自然科学与社会和精神健康科学之间的区分。[209] 如前所述，这种差别被夸大了。尽管“精确”科学的含义表明，这些学科能够阐释准确、确定的研究结果，但 Blackmun 大法官的科学概念坚持说：“按理说，科学中没有确定性”[210]。法院认为将例外扩展到精确科学是正当的，法院宣称，这些学科中的命题是“静态的”，依靠“确定和不变的数据”[211]。法院还说，与之形成对比的是，非精确科学中的理论要易变得多。[212] 然而，我们现在知道，即使是所谓的精确科学中的命题也是“极其易变的”[213]。就像 Blackmun 大法官的概念应当引导法院重新思考它们在接受社会和精神健康科学证言时的态度那样，它也应当促使法院重新评估它们在学术论文传闻例外的范围上的立场。

被告的罪行被证明到排除合理怀疑这一法律充分性要求的严格性。我们已经看到，Blackmun 大法官的概念可能影响这样的问题，即诉讼当事人什么时候可以援用司法认知，反之，诉讼当事人什么时候必须诉诸证据的正式采纳。此外，他的概念可能影响与专家证言无关的可采性标准，例如传闻规则。第三章类型的问题也可能会受到影

[206] Edward J. Imwinkelried et al，California Evidentiary Foundations 310（2d ed. 1994）；see also Edward Heafey，California Trial Objections section 19. 26（2d ed. 1984）；Note，supra note 199，at 466.

[207] See *supra* notes 177 - 185 and accompanying text（运用了“可证实的确定性”标准）。

[208] Bernard Jefferson，Synopsis Of California Evidence Law section 18. 7，at 222（1985）.

[209] See *supra* notes 151 - 67 and accompanying text（讨论了精确与非精确科学的二分法）。

[210] *Daubert*，113 *S. Ct. at* 2795.

[211] Note，*supra* note 199，at 466.

[212] 2 Jones，*supra* note 202，at 409.

[213] Brief Amici Curiae of Nicolaas Bloembergen et al. at 9，Daubert（No. 92 - 102）.

响。假设诉讼当事人所有的证据都可以采纳，诉讼当事人在审判时仍然可能遭到断然的失败。在就当事人证据的充分性进行裁决时，法官或者陪审团可能确定各项证据——甚至是总的来说——缺乏充分的证据价值来支持对诉讼当事人有利的裁决。[214]

在刑事案件中，陪审团和主审法官都必须就证明有罪运用法律充分性要求。第五修正案要求陪审团运用“排除合理怀疑”标准来确定检控方是否已经证明了指控的罪行的每个要件的存在。[215] 在判定检控方是否已提出可予受理的案件而提交陪审团时，法官必须调查检控方的证据总的来看是否可以容许假设的理性陪审员认定排除合理怀疑的每一项要素的存在。[216]

当然，困难在于向外行陪审员解释“排除合理怀疑”这一表述。[217] 最常被引用的解释，是 Shaw 首席大法官 1850 年在 Webster 案件[218]中提出的定义：“这是这样一种情形，即在彻底比较和考虑所有的证据后，留在陪审员心里的是这种情况：就指控的真实性，他们不能说他们感到了持久的确信，达到了伦理确定性。”[219] 在一些司法辖区，立法机关已经将 Shaw 首席大法官的定义进行了法典化。[220]

一些法院偶尔表示不需要就 Shaw 的定义进行阐述，因为其含义

---

[214] Carlson et al.，*supra* note 134，Ch. 45.

[215] *In re Winship*，397 *U. S.* 358 (1970).

[216] Edward J. Imwinkelried et al.，Courtroom Criminal Evidence section 2906 (2d ed. 1993)；Edward J. Imwinkelried，Jackson v. Virginia：Reopening the Pandora's Box of the Legal Sufficiency of Drug Identification Evidence，73 *Ky. L. J.* 1，22-26 (1984-85). 在少数司法辖区，排除合理怀疑的证明标准适用于选定的民事诉讼。George Reardon，Comment，Evidence：Proof Beyond a Reasonable Doubt in Civil Cases，27 *U. Fla. L. Rev.* 260 (1974). 例如，在一些州，寻求惩罚性赔偿的民事原告必须根据该标准证明被告有意的、过度的不端行为。*Vaske v. DuCharme*，*McMillen & Assocs.*，*Inc.*，757 *F. Supp.* 1158，1165 (*D. Colo.* 1990).

[217] 2 McCormick，*supra* note 181，section 341.

[218] *Commonwealth v. Webster*，59 *Mass.* (5 *Cush.*) 295 (1850).

[219] 2 McCormick，*supra* note 181，section 341，at 446-47 (citing *Commonwealth v. Webster*，59 *Mass.* (5 *Cush.*) 295，320 (1850))；see also *United States v. Smith Grading & Paving*，*Inc.*，760 *F. 2d* 527，533 *n.* 7 (*4th Cir.* 1985)；*Bumpus v. Gunter*，452 *F. Supp.* 1060 (*D. Mass.* 1978).

[220] *Cal. Penal Code section* 1096 (West 1985).

“对于外行陪审员而言，是不证自明的”[221]。然而，由于该表述是一个法律专用名词，外行人在日常社会话语中很少使用，难以把这种异议当回事。感到外行陪审员需要帮助来理解该表述，许多司法辖区允许法官或者律师进一步阐述该定义。[222]

根本的问题是，Shaw 的定义和许多常见的阐释的措辞会误导陪审团，因为在某种程度上，它们反映的是现在不足为信的流行的科学概念。例如，当我们分析 Shaw 的定义，特别是“达到伦理确定性”时，这一问题变得显而易见。在也许是解释 Shaw 的定义的关键文章中，作证是这样为“伦理确定性”这样的说法辩护的，即主张这一说法为普通陪审员提供了有用的对比，即与科学确定性的对比。[223] 与“化学家和物理学家”不同[224]，不能指望陪审员对“被告的罪行”“绝对确定”[225]。在法庭，陪审员不能达到“物理科学”中可能存在的确定性。[226]

许多常见的阐释同样反映了关于科学事业的传统的、简单化的概念。在某些司法管辖区，法官通过引用 Shaw 定义中的另一段文字——提到了“伦理证据”——来进行阐释。[227] 正如“伦理确定性”这一表达暗示了与科学确定性的对比，“伦理证据”这一表达意味着与科学证据的对照。在一个案件中，审判法官通过将其与“数学证明和确定性”进行比较，扩展了定义的语言。[228] 尽管上诉法院判定增加的语言是错误的，法院并没有判定这是有害错误。在另一起案件中，

[221] *United States v. Headspeth*, 852 *F. 2d* 753, 755－56 (*4th Cir*. 1988); see also, *Harvell v. Nagle*, 58 *F. 3d* 1541 (*11th Cir*. 1995)（说法院可以解释“排除合理怀疑”的含义，以便理性陪审团能够理解所要达到的证明程度）。

[222] See, e.g., *United States v. Smith Grading & Paving, Inc.*, 760 *F. 2d* 527, 533 *n.* 7 (*4th Cir*. 1985).

[223] J.P. McBaine, Burden of Proof: Degrees of Belief, 32 *Cal. L. Rev.* 242, 246, 257－58 (1944).

[224] *Id.* at 246.

[225] *Id.* at 257－58.

[226] *Id.* at 246.

[227] 1 Wharton's Criminal Evidence section 12, at 31 (12th ed. 1955).

[228] *United States v. Shaffner*, 524 *F. 2d* 1021, 1023 *n.* 2 (*7th Cir*. 1975), cert. denied, 424 *U. S.* 920 (1976).

审判法官告诉陪审团，他们对罪与非罪的决定，不是“要达到数学确定……的数学问题”[229]。就像其他案件一样，上诉法院判定任何错误都不是要发回重审的错误。

具有讽刺意味的是，当陪审员在科学上最为精通的时候，陪审员贬值排除合理怀疑的证明标准的风险是最大的。当陪审员天真地认同科学的传统的、流行的概念时，风险是最小的。这种陪审员可能认为科学能够达到绝对的确定性。根据这个错误的假设，陪审员可能认为排除合理怀疑的证明，要求极高的概率——恰恰达不到虚构的科学确定性的东西。然而，假定有关的陪审员具有复杂的科学背景，该陪审员将意识到，即使是最仔细地进行的科学研究，也存在不确定性因素。当陪审员听到法官或者律师将科学确定性与伦理确定性进行对比时，陪审员可能会对伦理确定性标准打折扣。毕竟，法官或者律师实际上告诉陪审员，伦理确定性是低于科学界可接受的某种程度的类型，富有经验的陪审员认识到，在科学研究中，不确定因素是不可避免的。

法官或者律师告知陪审团，排除合理怀疑的证明并不要求这种命题达到诸如 2 加 2 等于 4 或者太阳会在第二天早上升起的陈述这样的概率或者确实程度，这当然不具有误导性。然而，明确提到“伦理确定性”或者更糟的是，与“数学”或者“科学”确定性进行一般对比将是危险的，特别是当陪审团包括受过科学训练的人的时候。

已经有了这样的司法趋势，即将“伦理确定性”这句话从界定合理怀疑的指示中删除。[230] 1994 年，美国最高法院质疑将这句话包括在指示中是否有着继续的明智性。[231] 希望有越来越多的法官能够理解

[229] *United States v. Magnano*, 543 *F. 2d* 431, 436 *n.* 4 (2*d Cir.* 1976), cert. denied sub nom., *De Lutro v. United States*, 429 *U. S.* 1091 (1977); see also *Gilday v. Callahan*, 59 *F. 3d* 257 (1*st Cir.* 1995); *United States v. Jacobs*, 44 *F. 3d* 1219 (3*d Cir.* 1995); *People v. Stanley*, 897 *P. 2d* 481 (*Cal.* 1995).

[230] *Smith v. Butler*, 696 *F. Supp.* 748, 753 (*D. Mass.* 1988).

[231] *Victor v. Nebraska*, 114 *S. Ct.* 1239, 1245-48 (1994). 该年后期，加利福尼亚州最高法院建议该州所有审判法官删除该说法。*People v. Freeman*, 882 *P. 2d* 249, 280 (*Cal.* 1994). 加利福尼亚的示范指示——CALJIC 2.90——接着修改，删去了该说法。

Blackmun 大法官关于科学事业的概念的意义，这将加速这种趋势。

四、结论

在这个时候，试图预测 Daubert 案件判决的所有长期影响为时过早，也很冒昧。在这个尚早的时期，我们不能确定将受到影响的证据学说的所有领域。即使就可能受到影响的学说，例如排除合理怀疑的证明要求而言，我们也不能预测最终的结局。然而，迄今为止，许多关于 Daubert 案件的解说显然是目光短浅的。本文的目的之一是发出信号，说明证据法的许多领域，包括许多乍一看与专家证言没有什么关系的领域，将会受到影响。另一个目的是强调，Daubert 案件的一些最重要的长期结果，可能不是源于该案的正式裁决，而是来自 Blackmun 大法官对科学研究局限性的现代概念的采纳。

苏格拉底教导我们说，智慧的开始是我们认识到我们不知道的事情。[232] Malcolm——Crichton 的当代苏格拉底——增加了这样的洞察，即科学不会——也不能——制定确定性法则来调整宇宙中发生的所有自然现象。诉讼的催化剂通常是事件，现象学世界中的一些事件，证据规则调整证明这些事件的方式。作为一个一般命题，构建这些规则时，要确保把最好的证据提交给事实审判者。[233] 就像本文第三部分所说明的那样，许多证据规则立足于这样的隐式假设，即最好的证据是至少可能产生确定性的科学证言。然而，20 世纪已经见证了在不确定性原则、哥德尔定理和混沌理论的到来中，这种假设的破灭。证据法必须把握这样的现实，即其许多规则的范围超出了法律和科学的把握范围。

---

[232] See *supra* note 1 and accompanying text; see also Walker, *supra* note 87, at 570 - 71 n. 15.

[233] Dale A. Nance, The Best Evidence Principle, 73 *Iowa L. Rev.* 227, 233 - 34 (1988).

《联邦证据规则》703 中“事实或者数据”的含义*

林子里有两条路，
而我
选择了人迹更少的一条，
从此决定了我一生的道路。

——罗伯特·弗罗斯特：《未选择的路》

引　言

在对 *Daubert v. Merrell Dow Pharmaceuticals, Inc.* 案①的判决中，美国联邦最高法院加入围绕科学证据可采性的争论之中。该争论系两种现象的产物。一方面，科学证据已经日益成为解决由法律争议引发之事实性问题的重要方法。若问题在于 O. J. Simpson 是否参与杀害其前妻 Nicole Simpson 及后者之好友 Ronald Goldman，我们

* 本文原载 Maryland Law Review，1995。刘孟尧译。

① 113 S. Ct. 2786 (1993).

便会求助于分子生物学家并诉诸 DNA 分型。[②] 若争点是 Lyle Menendez 枪击其父母时是否具有谋杀之犯意，则我们将听取心理健康专家之证言。[③] 在汽车碰撞案件中，事故重建专家被要求将物理定律应用其中。[④] 当雇主涉嫌在雇佣活动中因种族或性别行歧视之举时，法院可能会听取统计学家关于回归分析的证言。[⑤]

但另一方面，越来越多的证据表明，科学证言常常出错。曼哈顿研究所的 Peter Huber 直言不讳地指责道，美国法院采纳的许多专家证言系基于虚假且未经证实之理论的“垃圾科学”[⑥]。此种指摘得到了诸多实例的支持，这些实例令人触目惊心：其中专家或夸大其资质[⑦]，或伪造试验结果。[⑧] 此外，大量成熟的研究证明，科学分析中存在着大量的边际误差。[⑨]

在 *Daubert* 案中，最高法院所面临的问题便是上述争论的缩影。案件原告包括 Jason Daubert 及其父母 William 以及 Joyce Daubert。[⑩]

② *See* Bill Kisliuk, *Admissibility Rift Clouds DNA Use in Simpson Case*, THE RECORDER, June 24, 1994, at 1.

③ *See* Menendez v. Superior Court, 834 P. 2d 786 (Cal. 1992)（讨论关于被告在从事相关犯罪时心理状态的科学专家证言）。

④ *See* RUDOLF LIMPERT, MOTOR VEHICLE ACCIDENT RECONSTRUCTION AND CAUSE ANALYSIS (3d ed. 1989).

⑤ *See* Franklin M. Fisher, *Multiple Regression in Legal Proceedings*, 80 COLUM. L. REV. 702 (1980).

⑥ PETER W. HUBER, GALILEO'S REVENGE: JUNK SCIENCE IN THE COURTROOM (1991).

⑦ *See* Carol Henderson Garcia, *Expert Witness Malpractice: A Solution to the Problem of the Negligent Expert Witness*, 12 MISS. C. L. REV. 39 (1991).

⑧ *See* Lawrence I. Shulruff, *Lab Evidence Questioned*, 80 A. B. A. J. 16 (July 1994); *Corrupt Forensic Scientist Contaminates Hundreds of Convictions in West Virginia and Texas*, 18 THE CHAMPION 56 (June 1994).

⑨ *See* Paul C. Giannelli, *The Admissibility of Laboratory Reports in Criminal Trials: The Reliability of Scientific Proof*, 49 Ohio ST. L. J. 671 (1988)（汇集并分析这种研究）; D. Michael Risinger et al., *Exorcism of Ignorance as a Proxy for Rational Knowledge: The Lessons of Handwriting Identification Expertise*, 137 U. PA. L. REV. 731, 738-61 (1989)（关于受到质疑的文件检验者业务能力的回顾性研究）。

⑩ Daubert v. Merrell Dow Pharmaceuticals, Inc., 727 F. Supp. 570 (S. D. Cal. 1989).

Jason 患有严重的先天性四肢缺陷，原告诉称，这些缺陷是 Jason 的母亲在怀孕期间服用了被告生产的抗呕吐处方药盐酸双环胺所致。[11]原告在一定程度上依赖流行病学家——精于运用统计技术的专家——的证言，来说明接触某种物质和更高致病风险之间的关系。[12]

经简化，该证言具有三段论结构。[13] 为了构建其大前提，原告的专家依赖关于数学、统计学以及流行病学有效性的一般性假定。[14] 专家们承认，已经发表的关于盐酸双环胺的流行病学研究并未表明，该药品的应用与先天性四肢缺陷之间具有显著的统计学关联。[15] 然而他们声称，将过去研究中的数据汇集起来并进行再分析，是一种在科学上行之有效的手段。[16] 专家们断言，对于服用盐酸双环胺与 Jason 罹患四肢缺陷而言，再分析在二者之间建立起了具有统计学显著性的——因此可能是因果性的——关联。[17]

原告的专家继而将这种因果关系理论运用于小前提，该小前提包括这样的报告，即 Joyce Daubert 在妊娠期的前三个月曾服用盐酸双环胺，以及 Jason 患有某种先天性四肢缺陷。[18] 将大前提用于小前提得出了这样的结论，即被告的产品造成了 Jason 的四肢缺陷。[19] 通过质疑流行病再分析技术的有效性以及母亲服用盐酸双环胺将导致四肢

---

⑪ Daubert v. Merrell Dow Pharmaceuticals, Inc., 113 S. Ct 2786, 2791 (1993).

⑫ *Id.* 除了依赖流行病学证据之外，原告还提出了关于“体外”（试管）和体内（活体）动物研究的证言，以及将盐酸双环胺和已知能够引起先天缺陷的其他物质的生物结构进行比较的药理学研究。*Id.* at 2791 - 92.

⑬ *See generally* Edward J. Imwinkelried, *The Educational Significance of the Syllogistic Structure of Expert Testimony*, 87 Nw. U. L. Rev. 1148 (1993)（解释了三段论在科学专家证言中的运用）；Edward J. Imwinkelried, *The "Bases" of Expert Testimony: The Syllogistic Structure of Scientific Testimony*, 67 N. C. L. REV. 1 (1988) (same) [hereinafter *"Bases" of Expert Testimony*]. *Daubert* 案法院在多数意见的脚注 4 中援引了后面的文章。*Daubert*, 113 S. Ct. at 2793 n. 4.

⑭ *See* Edward J. Imwinkelried, *The* Daubert *Standard for Validating Scientific Evidence: Linking Us to the Scientific Past*, 1 SHEPARD'S EXPERT & SCI. EVID. Q. 493, 497 (1994).

⑮ *Daubert*, 113 S. Ct. at 2791.

⑯ *Id.* at 2792.

⑰ *Id.*

⑱ *Id.*

⑲ *Id.*

缺陷这一假设，被告对该结论进行了攻击。[20]

尽管原告最初在加州法院提起诉讼，但被告基于公民身份多样性理由将案件移送到联邦法院。[21] 在联邦法院，Merrell Dow 提出了审前简易判决动议。[22] 该动议得到了 Lamm 医生签署的宣誓陈述书的支持。在其宣誓陈述书中，Lamm 医生断言，他已遍查已经发表的关于盐酸双环胺的流行病学研究。[23] 根据该宣誓陈述书所述，其中没有研究表明，先天缺陷的产生与使用盐酸双环胺之间具有统计上的显著关联。[24] 在其简易判决动议中，Merrell Dow 援引 Lamm 医生的宣誓陈述书，来证明以下假设并未在科学界内被普遍接受，即盐酸双环胺会导致四肢缺陷。[25] 原告反对上述动议。在反宣誓陈述书中，原告对其专家进行的流行病学再分析进行了描述。[26]

地区法院批准了 Merrell Dow 的简易判决动议。[27] 地区法官的这种做法表明，其在很大程度上依赖于《联邦证据规则》703。该规则规定：

> 规则 703. 专家意见的基础
>
> 专家意见或推论所依据的特定案件中的事实或者数据，可以是该专家在听审时或听审前意识到或者知晓的事实或者数据。如果特定领域的专家就某事项形成意见时将合理依赖那类事实或者数据，则该事实或者数据不需要具有证据可采性。[28]

审判法官重点强调了这样的制定法表述，即“（事实或者数据）

[20] *Id.*

[21] *Id.* at 2791.

[22] Daubert v. Merrell Dow Pharmaceuticals, Inc., 727 F. Supp. 570, 571 (S.D. Cal. 1989).

[23] *Id.* at 575.

[24] *Id.*

[25] *Id.*

[26] *Id.* at 571.

[27] *Id.* at 570.

[28] FED. R. EVID. 703.

是特定领域的专家合理依赖的”[29]。地区法官认为，该表述是对 1923 年 *Frye v. United States* 案[30]所宣称之标准的法典化。该标准要求，科学证据的基础铺垫应包括对下列事项的证明，即“其依据的原理得到了充分确立，在其所属特定领域获得了普遍接受”[31]。地区法官解释称，过去的联邦判例表明，就“本领域因果关系”的认定而言，只有当其基于那种发现了统计学上显著关联的流行病学研究时，才能被认为获得了“普遍接受”[32]。法官之所以批准了简易判决动议，是因为没有已经发表的研究能够发现这种必要的关联。

原告上诉至联邦第九巡回区上诉法院。尽管上诉法院维持了地区法院的判决，但该结论是基于不同的原理。[33] 法院并没有将《联邦证据规则》中的任何规定作为典据加以援引。相反，法院明确依赖 *Frye* 案中宣布的普通法“普遍接受”标准。[34] 尽管法院承认，流行病学再分析能够在某种程度上支持原告的主张，但其指出，这种再分析技术并未在经过同行评议的科学杂志上发表。[35] 法院宣称，“仅当”再分析结果“受到……本研究领域其他同行检视”之后，其才能被接受。[36] 因此，再分析技术并不满足 *Frye* 标准，且不能被认为获得了“普遍接受”[37]。

原告在其于地区法院和上诉法院双双败诉以后，向联邦最高法院申请发出调卷令。后者同意发出调卷令[38]，并撤销原判。[39] Blackmun 大法官在撰写多数意见时指出，1975 年《联邦证据规则》的颁布已

[29] *Daubert*, 727 F. Supp. at 572.

[30] 293 F. 1013 (D. C. Cir. 1923). 关于对 *Frye* 标准的全面讨论，see Paul C. Giannelli, *The Admissibility of Navel Scientific Evidence*: Frye v. United States, *a Half-Century Later*, 80 COLUM. L. REV. 1197 (1980)。

[31] *Frye*, 293 F. at 1014.

[32] *Daubert*, 727 F. Supp. at 575.

[33] Daubert v. Merrell Dow Pharmaceuticals, Inc., 951 F. 2d 1128 (9th Cir. 1991).

[34] *Id.* at 1129 – 30.

[35] *Id.* at 1130.

[36] *Id.* at 1131.

[37] *Id.*

[38] Daubert v. Merrell Dow Pharmaceuticals, Inc., 113 S. Ct. 320 (1992).

[39] Daubert v. Merrell Dow Pharmaceuticals, Inc., 113 S. Ct. 2786 (1993).

经废止了 *Frye* 标准。[40] 他同时指出，第九巡回法庭错误地诉诸普通法，而非在《联邦证据规则》的条文中寻求具有规制力的标准。[41]

《联邦证据规则》中的一个重要条款是规则 402。该规则声称，“除《合众国宪法》、联邦制定法、本证据规则或者最高法院依制定法授权制定的其他规则另有规定外”，所有在逻辑上相关的证据皆具有可采性。[42] 该规则对判例或者判例法只字未提。这表明，联邦法院将不得再援引非法典化的证据排除规则，来阻止逻辑上相关之证据的提出。Blackmun 大法官赞许地引用了已故《联邦证据规则》报告人 Edward Cleary 教授文章中的一段话：“从原则上讲，根据《联邦证据规则》，没有任何关于证据的普通法得以保留。”[43] 多数意见并没有在《联邦证据规则》的任何条文中找到允许以下解释的表述，即起草者已经将“普遍接受”标准法典化。[44] *Frye* 标准已不再适用，这似乎为法院将新型科学技术用作解决事实争议的可用手段扫清了道路。

然而，*Daubert* 案的多数意见承认，越来越多的证据证明，大多数科学证言并不准确。Blackmun 大法官强调，推翻 *Frye* 标准并不意味着联邦法院可以随意采纳所称科学证言。[45] 相反，Blackmun 大法官强调，根据《联邦证据规则》，审判法官需要履行至关重要的守门人职责。[46] 然而，不同于 *Daubert* 案审判法官的做法，多数意见并未依赖《联邦证据规则》703 来界定这种职责。相反，多数意见从规则 702 中推断出采纳科学证据的限制。[47] 该规则规定：

> 规则 702. 专家证言
>
> 如果科学、技术或者其他专门知识将会帮助事实审判者理解

㊵ *Id.* at 2793-95.

㊶ *Id.* at 2794.

㊷ *FED. R. EVID.* 402.

㊸ *Daubert*, 113 S. Ct at 2794 (citing Edward Cleary, *Preliminary Notes on Reading the* Rules of *Evidence*, 57 NEB. L. REV. 908 (1978)).

㊹ *Daubert*, 113 S. Ct. at 2794.

㊺ *Id.* at 2794-95.

㊻ *Id.*

㊼ *Id.*

证据或者确定争议事实，则因知识、技能、经验、训练或者教育而具备专家资格的证人，可以以意见或者其他形式就此作证。[48]

Blackmun 大法官的目光集中在这样的表述上，即"科学……知识"。他解释道，科学是一种过程，而不是一成不变的命题集。[49] 他补充道："为了具有'科学知识'[在对规则 702 进行正当解释的限度内] 之资格，推论或者主张必须源自科学方法。"[50] 根据多数意见，科学方法是一种验证技术，它由构建假设，继而通过观察或者实验对其进行检验构成。[51] 无论诉讼当事人何时主张一项科学理论或者技术是有效的，该主张都是一个需要经验证实的假设。确定专家证言是否满足验证标准，是法官义不容辞的责任。多数意见随后指示审判法官在作出该决定时考虑以下因素，包括但不限于：假设是否得到检验、技术是否受到同行评议并发表、技术是否具有可知的误差率以及用以得出结论的方法是否得到普遍接受。[52] 最后，Blackmun 大法官附加了这样的补充说明，即"关注点……必须完全是原理和方法，而不是它们所产生的结论"[53]。因此，只要结论基于合理的科学方法，其根据规则 702 便是可采的，即使该结论新颖且存在争议。

尽管 *Daubert* 案的判决距今不过一年有余，但该判决已经引发热议。[54] 讨论的主题在于 *Frye* 案确立的"普遍接受"标准和 *Daubert* 案宣布的科学验证标准之间的差异。但总体来看，这些讨论忽视了一个更加基础的问题：*Daubert* 标准适用于科学家推理过程的哪些

---

⑱ *FED. R. EVID.* 702.

⑲ *Daubert*, 113 S. Ct. at 2795.

⑳ *Id.*

㉑ *Id.*; *see* ERNEST E. SNYDER, HISTORY OF THE PHYSICAL SCIENCES ch. 4 (1969)（讨论了证实科学假设的传统方法）。

㉒ *Daubert*, 113 S. Ct. at 2796 - 97.

㉓ *Id.* at 2797.

㉔ *Cardozo Law Review* 曾刊登了关于 *Daubert* 案的专栏。*See* Symposium, *Scientific Evidence After the Death of Frye*, 15 CARDOZO L. Rev. 1745 (1994). *Shepard's Expert and Scientific Evidence Quarterly* 曾经一整期都由关于 *Daubert* 案的文章构成；the Winter 1994 issue, Vol. 1, No. 3, is illustrative。

部分？

细究 *Daubert* 案本身，以下两点似乎显而易见。首先，审判法官应当适用 *Daubert* 标准，来确定流行病学再分析所生成的意见究竟是否具有规则 702 规定之“科学知识”的资格。正如之前所陈述的那样，在 *Daubert* 案中，原告的流行病学专家对业已发表的研究进行了再分析。[55] 专家们假定，对汇集的数据进行的流行病学再分析是一项有效的技术：将该技术应用于之前所报告的一定数量的研究，并由此发现了统计学上的显著关联。[56] 显而易见的是，原告为了证实其证据的可采性，其必须证明，根据规则 702，流行病学再分析是一项有效的科学技术。[57] Blackmun 大法官附加的补充说明提醒审判法官，在运用新的 *Daubert* 标准时，关注点应在于背后的“原理和方法”[58]。无论此处提及的“方法”涵盖何种其他内容，其必然意味着原告有义务证明未经发表的流行病学再分析的一般有效性。

相反，*Daubert* 标准并不适用于专家推理链条的后续阶段，即个案中的假定：Joyce Daubert 曾经服用过盐酸双环胺，而她的儿子罹患先天性四肢缺陷。这种信息无疑构成规则 703 所规定的“特定案件中的事实或者数据”。

这一问题仍悬而未决，即在专家的推理过程中，还有哪些部分将受到 *Daubert* 验证标准的调整。特别是，该标准是否延伸至这样的问题，例如汇集的研究是否足以支持一项荟萃分析；潜在数据库的规模是否足够大；专家是否正确地将统计显著性技术应用于对研究数据的评估。审判法官是否应将解决这些问题作为以下活动的一部分，即根据规则 702 确定原告是否提供了具有“科学知识”资格的证言，或者这些问题是否属于根据规则 703 判定专家是否“合理依赖”适当“事实或者数据”的一部分？归根结底，这些问题的答案取决于对“事实或者数据”的恰当解释。“特定案件中的事实或者数据”是否限于个

[55] *See supra* text accompanying notes 16 - 17.

[56] *Id.*

[57] *Daubert*, 113 S. Ct at 2795; *see supra* text accompanying note 47.

[58] *See supra* text accompanying note 53.

案中的信息，例如 Daubert 夫人服用了盐酸双环胺，或者更广泛地说，它们是否包括原告的流行病学家再分析的潜在研究数据？如本文第一部分所述，规则 703 所规定的标准与 *Daubert* 案宣布的规则 702 中的标准具有天壤之别。基于这一原因，将有关数据运用及其质量的问题交由规则 702 还是 703 调整，无疑将决定案件的结果。

本文的论点是，规则 702 规制这些问题；它们是应受 *Daubert* 案规定之验证标准规制的科学问题。本文的第一部分描述了当前典据之间围绕这一问题存在的强烈分歧，即如何对待支持科学意见的研究数据。第二部分解释了典据之间存在分歧的重要性，并将 *Daubert* 标准同不同司法辖区根据规则 703 适用的标准进行了比较。第三也是最后一部分主张，应当狭义地解释规则 703 规定的“事实或者数据”，与科学数据之质量和数量相关的问题应遵从规则 702 之规定。

在 *Daubert* 案中，地区法院法官的判决在很大程度上是以规则 703 为前提的。[59] 在提交给最高法院的反驳诉状中，原告恳请法院从规则 702 而非 703 中推导可采性标准。[60] 原告指出，过去在这一问题上，大多数下级法院关注规则 703。[61] 面对地区法院的意见和原告的请求，最高法院选择了规则 702，一条通向可采性标准的“更加人迹罕至的道路”。本文主张，法院的选择是合理的，且这种选择将改变对规则 703 的解释。

一、典据在关于支持科学意见之研究数据的质量或者数量的分类问题上存在的分歧

许多法院曾对规则 703 进行扩大解读，不仅将其适用于诸如 Joyce Daubert 是否服用盐酸双环胺（而不是其他药物）等个案中的

---

[59] Daubert v. Merrell Dow Pharmaceuticals, Inc., 727 F. Supp. 570, 572 (S.D. Cal. 1989).

[60] Petitioner's Reply Brief at 5－13, Daubert v. Merrell Dow Pharmaceuticals, Inc., 113 S. Ct. 2786 (1993) (No. 92－102).

[61] *Id.*

数据，而且将其适用于研究数据——例如已发表的关于盐酸双环胺的流行病学研究所收集的关于患者的事实性信息。[62] 例如，在另一个关于盐酸双环胺的案件——*Richardson v. Richardson-Merrell Inc.*——案[63]中，哥伦比亚特区联邦巡回上诉法院根据规则 703 对原告的动物体外流行病学研究进行了评估。[64] 许多法院已将规则 703 视为为分析文献[65]、科学研究[66]、统计分析[67]、实验室试验[68]以及支持科学家意见的其他研究[69]提供了分析性参照系。

然而，一些法院将规则 703 的适用范围限于个案信息。在 1991 年阿拉斯加州的一起案件——涉及一部以《联邦证据规则》为范本制定的州证据法典——中，对方质疑支持专家意见之科学理论的普遍接受性和有效性。[70] 他们根据规则 703 竭力提出该质疑。[71] 法院对这种观点进行了驳斥，其重申道，尽管该质疑“从规则 703 的角度表

---

[62] *See* Mendes-Silva v. United States，980 F. 2d 1482 (D. C. Cir. 1993)；Viterbo v. Dow Chem. Co.，826 F. 2d 420 (5th Cir. 1987)；2 GREGORY JOSEPH & STEPHEN SALTZBURG，EVIDENCE IN AMERICA：THE FEDERAL RULES IN THE STATES § 52. 3，at 103 (1992 Cum. Supp.).

[63] 857 F. 2d 823 (D. C. Cir. 1988)，*cert*，*denied*，493 U. S. 882 (1989).

[64] *Richardson*，857 F. 2d at 829.

[65] *See* Bauman v. Centex Corp.，611 F. 2d 1115，1120 n. 6 (5th Cir. 1980)；State v. Valley，571 A. 2d 579，582 n. 3 (Vt. 1989)（声称与《联邦证据规则》703 对应的州规则将对评价基于文献的专家证言提出铺垫性要求）。

[66] *See* Capps v. Manhart，458 N. W. 2d 742，746 (Neb. 1990)（根据《联邦证据规则》703 对应的州规则评价用作专家意见基础的研究）。

[67] *See* State v. Rolls，389 A. 2d 824，829 (Me. 1978)（适用了与《联邦证据规则》703 对应的缅因州规则）；State v. Payne，402 S. E. 2d 582，594 (N. C. 1991)（认为统计分析足以构成规则 703 所规定的专家证言的基础）。

[68] *See In re* Swine Flu Immunization Prods. Liab. Litig. (Bean)，533 F. Supp. 567，578 (D. Colo. 1980)（认为医生可以恰当地将实验室进行的试验作为其意见的依据）。

[69] *See* Soden v. Freightliner Corp.，714 F. 2d 498 (5th Cir. 1983)；Mannino v. International Mfg. Co.，650 F. 2d 846，853 (6th Cir. 1981)；Hagen v. Richardson-Merrell，Inc.，697 F. Supp. 334，337 (N. D. Ⅲ. 1988)；Prechtel v. Gonse，396 N. W. 2d 837，839 (Minn. Ct. App. 1986)（认为根据《联邦证据规则》703 对应的州规则，多种研究可以为专家证言提供基础）。

[70] Broderick v. King's Way Assembly of God Church，808 P. 2d 1211 (Alaska 1991).

[71] *Id.* at 1216.

述……但恰当的质疑……应归入规则702之类"[72]。法院表示，尽管其可以考虑一项根据规则703提出的针对个案数据的异议，但认定针对科学数据的异议必须根据规则702进行。[73]

在 *Christophersen v. Allied-Signal Corp* 案[74]——最为著名的毒物侵权案件之一——中，一些联邦法官进行了同样的区分。在该案中，原告是马拉松制造公司一名已故员工的家属。死者的死亡系小细胞癌所致，其原发于结肠，继而转移至肝脏。在任职于马拉松公司期间，死者曾接触过镉镍烟尘。[75] 原告诉称，正是这种接触引发了死者的癌症。[76] 面对旨在表明接触这种烟尘能够引发小细胞结肠癌的科学证据，被告对其可采性提出了质疑。[77] 首席法官Clark在其并行意见中竭力主张对规则703进行限缩解释[78]。他认为，规则703"并没有涉及（科学）'方法论'"[79]。法官Reavley、King、Johnson以及Weiner在他们的反对意见中认同这样的观点。[80]

简言之，尽管相当数量的典据认为规则703仅适用于个案信息，但这样的说法亦不失公允，即这些典据代表了一种截然不同的少数观

---

[72] *Id.*

[73] *Id.*

[74] 939 F. 2d 1106 (5th Cir. 1991) (per curiam)（上诉法院的专门问题小组推翻了地区法院判决；全院再审被批准，914 F. 2d 66），*cert, denied*, 112 S. Ct. 1280 (1992)。关于围绕 *Christophersen* 案的讨论，*see generally* Richard O. Faulk, *The Unanswered Questions of* Christophersen v. Allied-Signal Corp., 4 VILL. ENVTL. L. J. 21 (1993); Bruce L. James, *Fryed Expert Witnesses: The 5th Circuit Takes Charge of Scientific Testimony*, 12 REV. LITIG. 171 (1992); BarryJ. Nace 8c Thomas H. Bleakley, *How Much Evidence Is Enough?*, TRIAL, Aug. 1990, at 38; Kimberly M. Skaggs' Comment, *Limiting the Admissibility of Expert Testimony*: Christophersen v. Allied Signal Corp., 53 OHIO St. L. J. 1185 (1992)。

[75] *Christophersen*, 939 F. 2d at 1108.

[76] *Id.*

[77] *Id.* at 1109.

[78] *Id.* at 1117-19 (Clark, CJ., concurring).

[79] *Id.* at 1118.

[80] *Id.* at 1129-32 (Reavley, J., dissenting); *see also* Claar v. Burlington N. R. R. Co., 29 F. 3d 499 (9th Cir. 1994)（否定了审判法官的这种做法，即依赖规则703审查原告专家所运用的推理和方法论）。

点。对于将规则 703 用于评估科学数据的案件而言，相比那些认为该规则之范围应限于个案信息的案件，前者在数量上相形见绌。然而，正如第二部分将要解释的那样，在 *Daubert* 案判决之前，解决典据之间的这种分歧相对而言是无关紧要的。

二、解决典据之间分歧的重要性骤增

在联邦最高法院宣布其对 *Daubert* 案的判决之前，围绕规则 703 适用范围的争议或许被认为不过是“庸人自扰”，从而被弃置一旁。似乎没有必要对规则 703 的范围加以限定，因为该规则所规定的标准与基于某种科学理论或技术之证言的可采性标准几乎一致。[81]

Daubert 案判决之前，大多数司法辖区适用 *Frye* 标准来确定某种理论或者技术是否可以充当科学证言的基础。[82] 该标准不仅是最重要的普通法标准，而且是联邦法院以及效仿《联邦证据规则》制定证据法典之各州的普遍观点。[83] 在 *Frye* 案中，法院排除了关于血液收缩压测试——测谎的前身——的证言。[84] 法院写道：

> 科学原理或者发现究竟在何时跨越了试验和证实阶段之间的界限，很难界定。在这一过渡区域的某一点上，科学原理的证据力必然会得到认可。虽然在采纳从公认的科学原理或者发现中推演出的专家证言方面，法院将发挥很大作用，但是据以进行推演的事情必须得到了充分确立，在其所属特定领域获得了普遍接受。[85]

---

[81] *See generally* Edward J. Imwinkelried, *Science Takes the Stand*, *The SCIENCES*, *Nov.* / Dec. 1986, at 22 - 24（讨论了 *Daubert* 案之前的科学证言采纳标准）。

[82] *See* 1 *PAUL* C. GIANNELU & EDWARD J. IMWINKELRIED, SCIENTIFIC EVIDENCE § 1 - 5 (2d ed. 1993)（表明多数联邦和州法院已经接受了 *Frye* 案所确立的普遍接受性标准）。

[83] *Id.*

[84] Frye v. United States, 293 F. 1013, 1014 (D.C. Cir. 1923).

[85] *Id.*

正如第九巡回法庭在 *Daubert* 案的判决意见中所评述的那样，对于审判法官而言，根据 *Frye* 标准，关键性的探究在于专业领域内是否形成了这样的一致意见，即相关理论或技术准确无误。[86] 审判法官必须确定该理论或者技术是否“在相关科学领域内得到某种程度的普及”[87]。如果这样的共识存在，则该理论或技术便可以充当专家得出某种可采最终意见之推理的前提。

同样，大多数司法辖区认为，根据规则 703，一致意见的存在完全或者在很大程度上具有决定性。[88] 该规则的措辞允许专家依赖某种信息，将其作为“事实或者数据”，如果“特定领域的专家”“合理依赖这种数据”[89]。法院的注意力集中在“合理依赖”这一措辞上。有些法院事实上将“合理”与“惯常”等量齐观。[90] 这些法院要求审判法官遵从专业领域内的惯常做法。[91] 根据《联邦证据规则》104（a），法官需就学科内的专家是否达成一致作出事实性的决断。[92] 如果审判法官发现这种合意存在，则必须允许专家依赖所涉及的那种信息；法官不得揣测专业内惯例的合理性。[93] 在其他司法辖区，尽管惯例或者

---

[86] Daubert v. Merrell Dow Pharmaceuticals, Inc., 951 F. 2d 1128, 1129 (9th Cir. 1991).

[87] Edward J. Imwinkelried, *Evidence Law and Tactics for the Proponents of Scientific Evidence*, in SCIENTIFIC AND EXPERT EVIDENCE 33, 43 (2d ed. 1981).

[88] See Imwinkelried, *“Bases” of Expert Testimony*, *supra* note 13., at 6.

[89] FED. R. EVID. 703.

[90] *See In re* Japanese Elec. Prods. Antitrust Litig., 723 F. 2d 238, 276 – 77 (3d Cir. 1983), *rev'd on other grounds*, 475 U. S. 574 (1986)（声称规则 703 所规定的可采性标准旨在探究这样的问题，即对于特定领域的专家而言，依赖相关类型的信息是否是“惯常的”）。当时，地区法院法官 Edward Becker 撰写了下级法院意见，但被 1983 年的判决推翻。Becker 法官此后于 1994 年 8 月 31 日升任至第三巡回上诉法院，他在 Paoli R. R. Yard PCB Litig., 35 F. 3d 717 (3d Cir. 1994) 案作出的判决推翻了 1983 年的判决。

[91] *See* Greenwood Utils. Comm' n v. Mississippi Power Co., 751 F. 2d 1484, 1495 (5th Cir. 1985); Jerome F. Page III, *Evidence*-State v. Wade-*Expert Testimony and the Dual Reliability Test*, 58 N. C. L. REV. 1161, 1175 (1980); Note, *The United States Courts of Appeals*: 1971 – 72 *Term. Criminal Law and Procedure*, 61 GEO. L. J. 275, 446 (1972)（声称某领域的惯常做法确立了合理可靠性的充分基础）。

[92] 《联邦证据规则》104（a）在相关部分规定：“关于……证据可采性的预备性问题应由法院决断。”

[93] JOSEPH & SALTZBURG, supra note 62, at 107 (1992 Cum. Supp.).

合意的存在并不是决定性的，但对于合意的证明却能引发这样一种可反驳的推定，即依赖这种信息是合理的。[94] 在其他一些司法辖区，尽管法院并未正式宣布存在合意是决定性的，但法院的意见却完全或者在很大程度上关注专家是否“普遍”[95]、“约定俗成地”[96]、“惯常地”[97]、“通常”[98]、“常常”[99] 或者“往往”[100] 考虑来自这种来源的信息。

虑及这些法律的一致性，法院发现几乎没有或者毫无必要对规则703加以限制。无论法院根据规则703将科学研究数据描绘为“事实或者数据”，还是根据 *Frye* 标准将其作为评估科学理论的一部分，证据有效性问题都是相同的。其结果通常取决于证据提出者证明相关科学共同体中存在合意的能力。

然而，联邦最高法院对 *Daubert* 案的判决打破了这种一致性。在提及普遍接受时，多数意见将其作为法官在从事下列活动时应当考虑的一项因素，即决定所提出的证言是否依赖于规则702所规定的“科学知识”[101]，但与此同时，该意见又贬低了普遍接受和合意的重要性。[102] 根据 *Daubert* 标准，对合意的证明既非必要，也不是充分的。

---

[94] *See* Ryan v. KDI Sylvan Pools, Inc., 579 A. 2d 1241, 1248 (N. J. 1990)（认为法院仅在极端情况下可以推翻关于可靠性的推定）。

[95] Joiner v. State, 825 S. W. 2d 701, 707 - 08 (Tex. Crim. App. 1992), *cert denied*, 113 S. Ct. 3044 (1993).

[96] State v. Henze, 356 N. W. 2d 538 540 (Iowa 1984); Socorro v. Orleans Levee Bd., 561 So. 2d 739, 766 (La. Ct. App. 1990), *aff'd in part*, *rev'd in part*, 579 So. 2d 931 (La. 1991); State v. Sturmfels Farm Ltd. Partnership, 795 S. W. 2d 581, 590 (Mo. Ct. App. 1990); Moore v. Grantham, 580 S. W. 2d 142, 148 (Tex. Civ. App. 1979), *rev'd on other grounds*, 599 S. W. 2d 287 (Tex. 1980).

[97] Mannino v. International Mfg. Co., 650 F. 2d 846, 851 (6th Cir. 1981); Brown v. Farmers Mut. Ins. Co., 468 N. W. 2d 105, 114 - 15 (Neb. 1991).

[98] Rock v. Pickleman, 574 N. E. 2d 682, 686 (Ⅲ. App. Ct 1991).

[99] Turner v. State, 573 So. 2d 657, 673 (Miss. 1990), *cert. dented*, 500 U. S. 910 (1991).

[100] Peteet v. Dow Chem. Co., 868 F. 2d 1428, 1432 (5th Cir.), *cert. denied*, 493 U. S. 935 (1989); Gaw v. State of Utah*ex rel*. Dep't of Transp., 798 P. 2d 1130, 1137 (Utah 1990).

[101] Daubert v. Merrell Dow Pharmaceuticals, Inc., 113 S. Ct. 2786, 2797 (1993).

[102] *Id*. at 2794.

在将普遍接受列为一项要素以后，Blackmun 法官明确陈述道，这种新的标准"不要求"对"特定接受程度"的证明。[103] 他同时在一项脚注中表明，对广泛接受的证明不足以使证据获得可采性。[104] 他指出，尽管 *Frye* 标准限于新型理论和技术，但新的规则 702 标准并非"特别或者排他地适用于"非传统的证据。[105] 简言之，即使传统上被接受的理论或者技术也将不得不受到新的验证标准的严格规制。[106]

新的科学验证标准不仅表面上有别于传统的"普遍接受"标准，而且对于评价某些无可争议地属于规则 703 之范畴的信息而言明显不当。规则 703 的咨询委员会注释声称，该规则使得医生有权在一定程度上基于患者的陈述发表意见。[107]因此，*Daubert* 案中的医学专家可以考虑 Daubert 夫人作出的以下陈述，即她服用的产品是盐酸双环胺，而非其他同类抗呕吐药物。探究以下问题似乎是合理的，即医生在对患者进行诊断并为其开具处方的时候，是否通常会考虑患者这样的陈述。然而，运用 *Daubert* 案法院所要求的方式，Daubert 夫人的陈述无法在科学上得到证实。咨询委员会注释还提出了这样的可能性，即局外人的陈述有时也可以根据规则 703 充当专家意见的某种基础。[108] 法院有时会允许事故重建专家依赖这种陈述。[109] 因此，专家可以考虑局外人关于其看见原告打手势以示左转的陈述。审判法官可能会举行证据听证会，从而确定考虑这种陈述对于事故重建专家而言是否属于例行做法，但该陈述的内容无法在 *Daubert* 标准的意义上得到验证，此其本质使然。

---

[103] *Id.* at 2797 (quoting United States v. Downing, 753 F. 2d 1224, 1238 (3d Cir. 1985)).

[104] *Daubert*, 113 S. Ct. at 2796 n. 11.

[105] Id.

[106] *Id.*; *see also* Michael J. Saks, *Implications of the* Daubert *Test for Forensic Identification* Science, 1 SHEPARD'S EXPERT & SCI. EVID. Q. 427 (1994).

[107] *FED.* R. *EVID.* 703 advisory committee's note.

[108] *See id.*

[109] 2 *GIANNELLI & IMWINKELRIED*, *supra* note 82, at § 27-10 (C).

结果是，*Daubert* 案推动了关于规则 703 之适用范围的问题。在该案之前，法院可以将科学数据分类的问题一带而过。科学数据应归入规则 703 的适用范围还是应受 *Frye* 标准的规制无关紧要，无论何种情况，探究的焦点都在于科学界的合意是否存在。[110] 这些标准在本质上的一致性使得上述问题失去实践意义。但现在情况有所不同。受到规则 703 还是 702 规制大不一样。这些规则规定了不同的标准，在特定情况下，这种差异对于结果而言可能是决定性的。法院不能再回避对规则 703 的措辞——“特定案件中的事实或者数据”——进行界定的工作。本文的第三部分将着手于这项工作。

三、典据之间分歧的解决

本文的第一部分指出，在 *Daubert* 案判决以前，仅有少数法院曾在规则 702 和 703 之间划定边界，将规则 703 的适用范围限于个案信息。尽管关于规则 703 的这种狭义观点始终是少数观点，但其仍不失为对规则 702 和 703 的合理解释。规则 703 的条文、语境、立法史以及法官在 *Daubert* 案中的解释皆指向这一结论。

（一）规则 703 的条文

规则 703 并非仅在一般意义上提及“事实或者数据”。相反，该措辞后附有定语“在特定案件中”。这一定语支持了少数派观点。当一项条款在通常意义上纳入某个术语，法院便假定立法机关旨在使用该用法。[111] 法

[110] *See supra* text accompanying notes 86－100.

[111] *See* United States v. Alvarez-Sanchez，114 S. Ct. 1599，1603－04 (1994)；Copeland v. MBNA America，N. A.，820 F. Supp. 537，540 (D. Colo. 1993)；General Eng’g Corp. v. Virgin Islands Water & Power Auth.，636 F. Supp. 22，45 (D. V. I. 1985)，*aff'd*，805 F. 2d 88 (3d Cir. 1986)；Taylor v. Forte Hotels Int’l，1 Cal. Rptr. 2d 189，192 (Cal. Ct. App. 1991)；*In re* David L.，286 Cal. Rptr. 398，400 (Cal. Ct. App. 1991)；City of Santa Cruz v. Municipal Court，776 P. 2d 222，231 (Cal. 1989)；People v. Young，237 Cal. Rptr. 703，706 (Cal. Ct. App. 1987)；Poppers v. Tamalpais Union High Sch. Dist.，229 Cal. Rptr. 77，80 (Cal. Ct. App. 1986).

院假定，立法机关计划使用的就是该词在字典中的含义。[112]“特定”的字典含义是“涉及特定人或事”或者“独特的”[113]。

引用 Kenneth Culp Davis 教授对“裁判性事实”的经典定义，“特定案件中的事实”是指那些“涉及直接关系人的事实——谁做了什么、何地、何时、如何进行以及具有怎样的动机或意图”[114]。关于 Jason Daubert 所受损害以及 Joyce Daubert 服药的信息皆属此类。然而，当专家证人引用科学数据来支持其运用之理论或技术的有效性时，便不能说这种信息对于案件而言是“特定的”。举例而言，我们看看 *Daubert* 案中关于流行病学再分析的证言。尽管关于 Jason Daubert 四肢缺陷以及 Daubert 夫人服用盐酸双环胺的信息对于 *Daubert* 案来说是“特定的”，但关于再分析的证言却不然。关于盐酸双环胺的诉讼已逾 2 000 件。[115] 任何这些诉讼中的再分析都同 *Daubert* 案中的再分析具有同样的相关性和可采性。关于再分析的证言可以在任何这样的案件中被提出，即原告的家庭成员诉称，盐酸双环胺曾致使其家庭的新生儿罹患先天四肢缺损。无论如何，这样的证言对于 *Daubert* 案而言都不是“独特”或者特有的。该证言旨在证实一种广泛适用的一般性科学理论。

（二）规则 703 的语境——规则 702 以及 705

美国法院早已意识到在相关语境中解释制定法之必要。[116] 最高法

[112] *See* General Motors Corp. v. United States, 770 F. Supp. 641, 647 (Ct. Int' l Trade 1991), *rev'd on other grounds*, 976 F. 2d 716 (Fed. Cir. 1992); Lyons v. United States, 794 F. Supp. 238, 239 n. 2 (E. D. Mich. 1992); Bahnmiller v. Derwinski, 724 F. Supp. 1208, 1213 (E. D. Va. 1989), *affd in part*, *vacated in part*, 923 F. 2d 1085 (4th Cir. 1991).

[113] WEBSTER'S SEVENTH NEW COLLEGIATE DICTIONARY 614 (1972).

[114] 2 KENNETH F. DAVIS, ADMINISTRATIVE LAW TREATISE § 15.03 (1958), quoted in FED. R. EVID. 201 (a) advisory committee's note.

[115] Peter W. Huber, Science on Trial, CHEMISTRY & INDUSTRY, Aug. 2, 1993, at 604.

[116] *See* Homeland Stores, Inc. v. Resolution Trust Corp., 17 F. 3d 1269, 1273 - 75 (10th Cir. 1994); Sundstrand Corp. v. Commissioner of Internal Revenue, 17 F. 3d 965, 967 (7th Cir. 1994); 2255 New York Avenue, Ltd. v. Cisneros, 842 F. Supp. 924, 931 (N. D. Tex. 1994); Rourke v. Troy, 21 Cal. Rptr. 2d 660, 662 (Cal. Ct. App. 1993); Squaw Valley Ski Corp. v. Superior Court, 3 Cal. Rptr. 2d 897, 902 - 04 (Cal. Ct. App. 1992).

院自己曾强调了对制定法进行语境解释的重要性。[117] 文理解释是制定法解释的一项古老教条。[118] 单个术语可能从其上下文中获得某种含义[119]；类似地，某制定法框架的一部分亦能为解释另一部分提供启示。[120] 因此，必须从规则 702 和 705 来对规则 703 进行解读。这些条款不仅是《联邦证据规则》中的一部分，而且更重要的是，第七章中的所有内容都调整专家证言的可采性。为了保证第七章的连贯性，它们必须协调统一。[121]

与规则 703 不同，规则 702 中并没有这样的措辞，即将其任务限于规制“特定案件中”的信息。就像文理解释那样，明示排除默示亦是一种公认的制定法解释原则。[122] 如果立法机关将某种限制纳入一项条款，但在另一相关条款中省略该限制，则法院便假定该省略是有意为之[123]；法院推断，立法机关的意图是，这种限制不适用于后者。[124]

[117] *See* King v. St. Vincent's Hosp., 112 S. Ct 570, 574 (1991)（声称“就制定法语句的含义而言，无论其是否清晰，皆依赖于上下文”）。

[118] *See* Smith v. City of Chester, 842 F. Supp. 147, 151 (E. D. Pa. 1994)（将文理解释解释为“某种措辞的含义源自其周边的措辞”）。

[119] *Id.*

[120] *See In re* BDT Farms, Inc., 21 F. 3d 1019 (10th Cir. 1994); Lambert Steel v. Heller Fin., 20 Cal. Rptr. 2d 453, 457 (Cal. Ct. App. 1993)（推理称，根据其他条款，“住宅单元或者其他建筑”这一语句是指非居住性建筑）；People v. Jimenez, 10 Cal. Rptr. 2d 281, 283-84 (Cal. Ct. App. 1992)。

[121] *See William N. Eskridge, Jr., Overriding Supreme Court Statutory Interpretation Decisions*, 101 *YALE* L. J. 331, 373-74 (1991)（强调制定法解释连贯性的重要性和优先性）。

[122] *See* United States v. Crane, 979 F. 2d 687, 690 (9th Cir. 1992); Bouker v. Cigna Corp., 847 F. Supp. 337, 340 (E. D. Pa. 1994); United States v. Local 6A, 832 F. Supp. 674 (S. D. N. Y. 1993); Gikas v. Zolin, 863 P. 2d 745 (Cal. 1993); WILLIAM N. ESKRIDGE, JR. & *PHILIP P. FRICKEY, CASES AND MATERIALS ON LEGISLATION: STATUTES AND THE CREATION OF* PUBLIC POLICY 641 (1988).

[123] *See* BFP v. Resolution Trust Corp., 114 S. Ct. 1757, 1761 (1994); United States v. Espinoza-Leon, 873 F. 2d 743, 746 (4th Cir.), *cert. denied*, 492 U. S. 924 (1989); West Coast Truck Lines, Inc. v. Arcata Community Recycling Ctr., Inc., 846 F. 2d 1239, 1244 (9th Cir.), *cert, denied*, 488 U. S. 856 (1988); B. F. Goodrich Co. v. United States, 794 F. Supp. 1148 (Ct. Int'l Trade 1992); Schering Corp. v. Sullivan, 782 F. Supp. 645, 649 (D. D. C. 1992), *vacated on other grounds*, 995 F. 2d 1103 (D. C. Cir. 1993); Miller v. Carlson, 768 F. Supp. 1331, 1335-36 (N. D. Cal. 1991).

[124] *See In re* Khalid H., 8 Cal. Rptr. 2d 414, 415 (Cal. Ct. App. 1992); *In re* Jose A., 7 Cal. Rptr. 2d 44, 46 (Cal. Ct. App. 1992).

这一原则是逻辑和常识的产物[125]，当制定法体系被严谨周密地构建起来的时候，它便能发挥奇效。[126]《联邦证据规则》的制定是精雕细琢的；该法是司法和立法起草程序的产物，这一程序始于 1961 年，直至 1975 年才告结束。[127]

当人们思考专家证言在审判中的功能时，会发现起草者在规则 703 中使用了“在特定案件中”的表述，但在规则 702 中未使用这一表述，这种做法是有其含义的。在大多数案件中，若诉讼当事人传唤科学家出庭作证，则其希望后者能够帮助陪审团洞悉案件中某些事实的重要性。[128] 诉讼当事人之所以将科学家传唤为证人，正是因为后者能够进行外行陪审员能力之外的推论。[129] 科学家通过将一般解释性理论适用于待决案件中的具体事实，得出这些推论。[130] 尽管规则 703 包含“在特定案件中”这一定语，但在规则 702 中找不到类似表述。[131] 该限制在规则 702 中阙如，却被包含于规则 703 之中，这意味着规则 702 调整一般解释性理论的方方面面，而规则 703 则规制将待决案件中的具体事实融入专家之推理的方法。

规则 705 强化了这种含义，即规则 703 的适用范围限于个案信息。[132] 规则 705 规定：

规则 705. 对专家意见所依据的事实或者数据的披露

---

[125] *Crane*, 979 *F. 2d* at 690 - 91.

[126] *See* Foy v. First Nat' l Bank of Elkhart, 868 F. 2d 251, 256 (7th Cir. 1989); Bryant v. Food Lion, Inc., 774 F. Supp. 1484, 1490 - 91 (D. S. C. 1991).

[127] RONALD L. CARLSON ET AL., EVIDENCE IN THE NINETIES 23 - 26 (3d ed. 1991).

[128] *Id.* at 519 - 20.

[129] *Id.* at 520 - 26.

[130] *See* United States v. Christophe, 833 F. 2d 1296, 1299 (9th Cir. 1987); United States v. Luschen, 614 F. 2d 1164, 1169 n. 3 (8th Cir.), *cert. denied sub nom.* King v. United States, 446 U. S. 939 (1980); United States v. Brady, 595 F. 2d 359, 362 (6th Cir.), *cert. denied*, 444 U. S. 862 (1979); United States v. Brown, 557 F. 2d 541, 556 (6th Cir. 1977); United States v. Green, 548 F. 2d 1261, 1268 (6th Cir. 1977); United States v. Amaral, 488 F. 2d 1148, 1153 (9th Cir. 1973).

[131] *See supra* text accompanying notes 28, 48.

[132] Imwinkelried, "*Bases*" *of Expert Testimony*, *supra* note 13, at 17.

> 除非法院另有命令，专家可以以意见或者推论的形式作证并说明理由，而不需要首先就所依据的事实或者数据作证。但在交叉询问中，任何情况下都可以要求专家披露这些事实或者数据。[133]

规则 705 使用了与规则 703 相同的表述——“事实或者数据”。当立法机关在两个条款中使用了相同的语句时，法院便假定立法机关的意图是，该语句在两个条款中含义相同。[134] 根据这种假定，规则 705 的措辞有力地支持了这样的结论，即规则 703 仅适用于个案数据。

从表面上看，规则 705 的条文对意见所“依据”的“事实或者数据”和意见的“理由”进行了区分。该规则的首句要求直接询问者引出意见及意见的“理由”，但允许省略“所依据的事实或者数据”。将“事实或者数据”解释为既包括科学数据，亦包括个案信息的做法将使规则 705 变得荒谬。该规则明确要求直接询问者引出意见的“理由”，若将“事实或者数据”进行扩大解释，这种要求就变得毫无意义。如果“事实或者数据”既包括专家的理论或者技术所依据的科学研究，也包括个案信息，则“理由”一词实际上便不能再对应任何信息。作为一个实践性问题，对“事实或者数据”的广义解释将使规则 705 明显试图进行的区分荡然无存。如果“事实或者数据”仅指个案信息——“谁做了什么、何地、何时、如何进行以及具有怎样的动机或意图”[135]，则规则 705 便更说得通；对“事实或者数据”的一种狭义解释使得对信息和“理由”的区分具有意义。作为同一制定法框架下的不同部分，规则 703 和规则 705 必须协调一致。对“事实或者数据”这一表述的广义解释将无法调和这两项规则，而使规则 705 变得

[133] FED. R. EVID. 705.

[134] *See* Banson v. United States, 816 F. 2d 549, 554 (10th Cir.), *cert. denied*, 484 U. S. 896 (1987); Doctors Hosp., Inc. v. Bowen, 811 F. 2d 1448, 1452 (11th Cir. 1987).

[135] FED. R. EVID. 201 (a) advisory committee's note; *see also* text accompanying note.

荒谬不堪。法院应避免导致荒谬结果的解释。[136]

(三) 规则 703 的同期立法史——规则 703 的咨询委员会注释

在制定法——包括《联邦证据规则》[137] ——解释方面，尽管联邦最高法院的大多数法官偏爱文本或者平义解释的进路，最高法院却信奉着一种温和的文本主义解释进路，并常常将外部立法资料考虑在内。[138] 特别是，最高法院对《联邦证据规则》起草者编写的咨询委员会注释颇为重视。[139]

规则 703 附有官方注释。显而易见的是，对该注释的解释并非确定无疑。[140]

---

[136] *See* Green v. Bock Laundry Mach. Co., 490 U.S. 504, 527 (1989) (Scalia, J., concurring); Gibraltar Fin. Corp. of California v. United States, 825 F. 2d 1568, 1576 (Fed. Cir. 1987); Union Asphalt, Inc. v. Planet Ins. Co., 27 Cal. Rptr. 2d 371, 374 (Cal. Ct. App. 1994); Fremont Union High Sch. Dist. v. Board of Educ., 286 Cal. Rptr. 915, 917 (Cal. Ct. App. 1991); Clavell v. North Coast Business Park, 283 Cal. Rptr. 419, 421 (Cal. Ct. App. 1991); Professional Career Colleges, Magna Inst. Inc. v. Superior Court, 255 Cal. Rptr. 5, 7 (Cal. Ct. App. 1989).

[137] Edward R. Becker & Aviva Orenstein, *The Federal Rules of Evidence After Sixteen Years-The Effect of "Plain Meaning" Jurisprudence, the Need for an Advisory Committee on the Rules of Evidence, and Suggestions for Selective Revision of the Rules*, 60 GEO. WASH. L. REV. 857, 864-68 (1992); Randolph N. Jonakait, *The Supreme Court, Plain Meaning, and the Changed Rules* of *Evidence*, 68 TEX. L. REV. 745 (1990); Glen Weissenberger, Are the *Federal Rules* of *Evidence a Statute?*, 55 OHIO ST. L.J. 393, 393-97 (1994); Glen Weissenberger, *The Supreme Court and the Interpretation of the Federal Rules of Evidence*, 53 OHIO ST. L.J. 1307, 1324-32 (1992).

[138] Edward J. Imwinkelried, *A Brief Defense of the Supreme Court's Approach to the Interpretation of the Federal Rules of Evidence*, 27 IND. L. REV. 267, 269-71 (1993).

[139] *See, e.g.*, Beech Aircraft Corp. v. Rainey, 488 U.S. 153 (1988) (强烈依赖咨询委员会对《联邦证据规则》803 (8) 的注释); *see also* Williamson v. United States, 114 S. Ct. 2431, 2442 (1994) (Kennedy, J., concurring) (在一定程度上依赖咨询委员会对《联邦证据规则》804 (b) (3) 的注释)。

[140] 《联邦证据规则》703 的咨询委员会注释包括以下语段：“就针对民意测验是否具有可采性的裁决而言，本规则亦提供了更加令人满意的基础。注意力应被投于该证据所使用之技术的有效性上，而非投于关于该证据是否涉及传闻的调查上，这种调查相对而言往往得不出什么结果。” *Merrell Dow* 案的摘要利用上述语段来论证，规则 703 调整专家证人所运用之“(科学) 技术的有效性”问题。Brief for Respondent at 33-34, Daubert v. Merrell Dow Pharmaceuticals, Inc., 113 S. Ct. 2786 (1993) (No. 92-102). 然而，相关语段与本文竭力主张的对规则 703 的解释完全一致。假设在侵犯商标专用权的案件中，原告通过进行民意测验来证明，某些民众将原告的商标与被告最近使用的商标相混淆。或者假设为了支持其审判地变更动议，刑事被告进行了民意测验，以证明大多数当地民众已经形成了其有罪的意见。不同于盐酸双环胺能够导致先天缺陷的意见，这些意见对于未决案件而言是“特定的”。研究者将证明，其民意测验表明大多数消费者将被告的商标与特定原告的商标混为一谈，或者大多数潜在的陪审员相信，特定刑事被告就未决指控而言是有罪的。规则 703 的咨询委员会注释并不是说，规则 703 调整关于专家调查方法有效性的问题。相反，该注释想表达的是，只有这种关注才能指向问题本身，因为规则 703 消灭了就被告对民意调查之陈述所提出的异议。规则 703 具有这样的效果，即通过消除曾致使某些法院排除民意调查证据的传闻异议，为法院关注科学调查方法有效性问题扫清了道路。尽管根据 *Daubert* 案，规则 702 应调整什么构成合理调查方法的问题。

但在某些方面，该注释支持对规则 703 中“事实或者数据”进行狭义解释。为了使读者理解规则 703 的预期适用范围，起草者在咨询委员会注释中提供了一些关于专家意见之恰当基础的例证。注释的第一段提及“患者及亲属的陈述，护士、技师或者其他医生的报告、意见，医院记录以及 X 光片”[141]。该段对科学文本或研究只字未提。所有这些例子都是个案数据——患者关于其遭受疼痛的陈述，亲属关于患者因疼痛而呻吟的报告，护士关于患者遭受疼痛的意见，引用患者关于疼痛之抱怨的医院记录，或者揭示引起疼痛潜在原因的 X 光检验结果——的例证。注释的第三段表明，在某些情况下，如果局外人的陈述为“特定领域的专家所合理依赖”，则专家或能以之为其意见的基础。[142] 局外人关于交通事故的陈述必然是某些案件所独有的信息。无论怎样想象，局外人的陈述都无法被描述为科学数据的一部分。

除了提供规则 703 预期适用范围的例证之外，咨询委员会注释还对制定该规则的目的进行了解释。注释的首段非常清晰地表明，制定规则 703 的首要目的是为运用假设性问题提供一种替代方案。[143] 我们看看 *Daubert* 案中的两种潜在假设性问题。在对原告其中一个流行病学专家进行直接询问时，原告律师可能会问道：

> 教授，我希望你假定以下事实。(1) Daubert 夫人在其妊娠期的头三个月定期服用一种抗恶心药物。(2) 该药物为盐酸双环胺。(3) Jason Daubert 在这段孕期结束后降生。且 (4) Jason 降生时，其四肢存在缺陷。基于上述事实，你就造成 Jason 四肢缺陷的原因有什么意见?

以上措辞无疑是恰当的。假设中列举的所有事实皆属个案信息，且问题的形式不会受到反对。或者，如果证人系拥有关于上述事实之

[141] FED. R. EVID. 703 advisory committee's note.

[142] *Id.*

[143] *Id. Merrell Dow Pharmaceuticals* 案在其摘要中切中要害。Brief for Respondent at 18，*Daubert* (No. 92-102).

亲身知识的诊治医师——他为 Daubert 夫人开了盐酸双环胺，并曾为 Jason 接生——则规则 703 便得到满足。正如注释首段所表明的那样，专家可以依赖患者、亲属以及其他医师传闻性的报告，并以之为基础假定这些事实。根据规则 703，亲身知晓的事实、可靠的传闻性报告以及基于假设而被假定的事实皆是专家意见证言的可采基础。

然而，若改变假设的措辞则会产生不同结果。现在假定原告律师以下列方式发问：

> 教授，我希望你假定以下事实。(1) Daubert 夫人在其妊娠期的头三个月定期服用一种抗恶心药物。(2) 该药物为盐酸双环胺。(3) Jason Daubert 在这段孕期结束后降生。(4) Jason 降生时，其四肢存在缺陷。且(5) 流行病学研究表明，在孕妇服用盐酸双环胺和先天缺陷之间存在统计学上的显著关联。基于上述事实，你就造成 Jason 四肢缺陷的原因有什么意见?

常识告诉我们，以上措辞是不恰当的。专家对于事实认定过程的贡献正是在于其科学知识。原告的假设明确指出了“特定案件中的事实或者数据”，以及专家应当用以评估事实之含义的“科学知识”。就律师的假设而言，告知专家应假定何种科学数据，这是错误的。选择科学数据是专家的职责，这种假设的措辞颠倒了专家证人与发问律师的角色。

规则 703 仅提出三种向专家提供同类信息的方法。如果在使用其中某种方法时，明确指出专家可能依赖的科学命题对于发问者而言并不适当，则在使用其他任何方法时，这样的做法都将是不当的。规则 703 从未旨在作为一种提供并规制科学意见背后科学数据的机制；其有限功能在于对要求专家评估的个案信息的输入进行规制。

（四）对第七章的后续注解——*Daubert* 案判决

时至今日，我们仍受惠于最高法院在 *Daubert* 案中就第七章发表的判决。[144] 正如之前所指出的那样，在描述了新的验证标准以后，Blackmun 大法官解说道："关注点……必须完全是原理和方法，而不是它们所产生的结论。"[145] 至少在这一点上存在共识，即这一关注点包括未经发表流行病学再分析之"方法"的一般有效性问题。该方法的有效性或许是原告专家推理的起点，但科学推理不止于此。原告的专家建议将该方法用于之前报告的关于盐酸双环胺的流行病学研究数据。[146] 分歧之处在于，*Daubert* 验证标准的"关注点"是否不仅适用于流行病学再分析的一般有效性，而且适用于对专家科学推理的平衡。为了得出母亲使用盐酸双环胺将导致子女四肢缺陷的最终结论，专家必须依赖关于所收集研究数据的有效性、数量的充分性以及统计显著性推论之强度等这些中间结论。*Daubert* 案宣布的规则 702 标准是否适用于这些问题，或者它们是否属于规则 703 中的"数据"？

如果规则 702 调整起点的有效性，由此类推，其必然同样调整中间推理步骤的有效性。同起点一样，这样的步骤是专家科学推理链条中必不可少的技术成分。

作为一个科学逻辑问题，对于最终结论——妊娠期头三个月服用盐酸双环胺将导致先天四肢缺陷——的有效性而言，中间推理步骤的真实性就像关于流行病学再分析之初始假定的真实性那样必不可少。[147] 如果该推理链条中的任何联结存在缺陷，最终结论便不能成立。

此外，就中间问题而言，其性质很难与关于流行病学再分析之有效性的初始问题的性质相区别。这些问题皆不在外行的知识范围之内；它们与对无疑属于规则 703 范围内的个案信息的担忧有质的差异。对每个问题的回答都需要专门知识。*Daubert* 标准无疑要求原告证实流行病学再分析的科学有效性。[148] 然而，以下事项也受到某些科

[144] Daubert v. Merrell Dow Pharmaceuticals, Inc., 113 S. Ct. 2786 (1993).

[145] *Id.* at 2797.

[146] *Id.*

[147] Imwinkelried, *supra* note 14, at 496 - 99.

[148] *Id.* at 500.

学标准的调整：研究数据的收集[149]、支持特定推论的数据库的必要规模[150]以及就关联进行推论的恰当统计学方法。[151] 再分析有效性问题与中间推理步骤具有相同的特点。如果 *Daubert* 案提供了回答前面问题的标准，则其验证标准应当同样适用于后面的问题。

四、结论

在 *Daubert* 案中，最高法院选择了一条“更加人迹罕至”的道路。在该案之前，大多数下级法院或适用普通法中的 *Frye* 标准来评价科学证据的可采性，或试图从规则 703 中获取可采性标准。在答辩诉状中，原告敦促最高法院走那条从者更众的道路。[152] 然而，*Daubert*案的审判者最终决定从规则 702“科学知识”的表述中提取有效性标准。就制定法解释和证据性政策而言，该判决必将带来“翻天覆地的变化”。

作为一个制定法解释问题，*Daubert* 案法院根据规则 702，选择至少将流行病学再分析的一般有效性作为其判决的基础。[153] 相应地，该判决有望使下级法院将其他适切判决——流行病学研究数据的质量和数量以及统计显著性的推论的可采性——归入规则 702 的范畴。一旦进行这种归属，第七章便会成为环环相扣的整体。规则 702 将调整证人是否具有科学专家资格，以及证人科学推理过程中的所有必要步骤是否得到了验证的问题；规则 703 将仅规制这样的问题，即证人据以适用一般理论的具体数据是否具有恰当来源。规则 704 将规制最终意见的措辞。对规则 703 中“事实或者数据”的狭义解释将使法院得以把第七章中的合理概念拼合起来。

---

[149] 1 GIANNELLI & IMWINKELRIED, *supra* note 82, § 15-4.

[150] *Id.* at § 15-4 (B).

[151] *Id.* at § 15-6 (A).

[152] Brief for Petitioner at 30-33, *Daubert* (No. 92-102).

[153] Daubert v. Merrell Dow Pharmaceuticals, Inc., 113 S. Ct. 2786, 2794-99 (1993).

相比之下，对规则703中措辞的扩大解释使得第七章的结构杂乱无章。如果“事实或者数据”包含科学数据，则几乎无法在规则702和703之间划分出合理界限。尽管规则702将规制专家起点的有效性问题（即流行病学再分析的可靠性），但所有相关问题——诸如研究数据库的质量和数量——将归入规则703的范畴。所有这些问题皆适用*Daubert*案宣布的科学验证标准。对这些问题的肯定回答对于确保专家的最终结论无愧于“科学知识”的称谓，同样必不可少。但有些人会武断地将这些问题归入规则703的范畴。此外，对该规则的广义解释严重破坏了对规则705的解释。对规则705中“事实或者数据”的广义解释几乎剥夺了该规则中“理由”一词的所有含义。在规则705中，该表述必须作狭义解释，且没有明显理由对其进行不同于规则703的解释。

将这些问题归于规则702，对于确保关于专家证言的法律能够基于合理的证据性政策至关重要。在*Daubert*案中，法院摒弃了传统的“普遍接受”标准。[154] *Frye*标准是“衡量科学证言的一种粗糙、不科学的标准；它意味着以数人头的方式评价有效性。为了证明某种假设，研究者绝不能仅仅要求同行进行投票，或者在科学会议上要求举手表决”[155]。*Daubert*案的判决之所以代表了进步，正是因为其要求审判法官关注于“对科学有效性”的“量度”上，例如“对提出的理论或者技术进行实验验证的程度和质量”[156]。同流行病学再分析的有效性类似，关于盐酸双环胺研究数据的问题是原告主张——盐酸双环胺能够导致四肢缺陷——之科学价值的“直接”决定因素。对规则703的狭义解释将促使审判法官根据规则702来分析这些问题。

在*Daubert*案中，法院选择从规则702中提取验证标准，从而走上了正确的道路。然而，除非规则703受到限制，且科学大前提的所有必要因素都受到*Daubert*验证标准的检验，否则这种选择的利益便

[154] *Id.* at 2793.

[155] Edward J. Imwinkelried, *Abolish the Frye Test: Relevancy is a Better Standard for Admissibility of Scientific Evidence*, 12 GAL. LAWYER 63 (Apr. 1992).

[156] *Id.*

不会被最大化——它不会引起“翻天覆地的变化”[157]。根据规则 703 的广义解释，法院可能继续将科学推理过程中的这些要素置于 *Fyre* 案普遍标准的规制之下。如果合意和普遍性不再是表明流行病学再分析之一般有效性的标准，它们也不应成为其他要素的试金石。对规则 703 的狭义解读在法律和科学上皆势在必行。

[157] Chappie v. Ganger，851 F. Supp. 1481，1496 n. 14 (E. D. Wash. 1994)（法院援引 *Daubert* 案声称“整个（科学）推理过程都必须是有效的”）。

根据广义的理性主义传统，而非狭义的科学传统*

> 我们已经摈弃了这个天真的教义，即：所有的科学都必然为真，并且所有真知识都必然是科学的……①

根据《联邦证据规则》702，最高法院已经作出三个判例，来解释调整专家证言可采性的规则。1993年，在*Daubert v. Merrell Dow Pharmaceuticals, Inc.*②这个具有分水岭意义的案件中，法院首先作出判决，认为传统的普通法，即普遍接受这一科学证据的可采性标准，已不再是有效法律。法院说："一个严格的'普遍接受'要求将与《联邦证据规则》的'自由趋向'和它们'放宽对意见证言之传统限制的一般方法'相悖。"③ 法院指出，《联邦证据规则》调整意见证言的第七章，省略了可能合理地支持如下解释的任何措辞，即该条规定了"普遍接受"要求。用法院的话来说，"虑及《联邦证据规则》

---

* 本文原载 Florida State University Law Review，2003。王星译、刘孟尧译。

① JOHN ZIMAN, RELIABLE KNOWLEDGE: AN EXPLORATION OF THE GROUNDS FOR BELIEF IN SCIENCE 2 (1978)（着重号已略）。

② 509 U.S. 579 (1993).

③ *Id.* at 588 (quoting Beech Aircraft Corp. v. Rainey, 488 U.S. 153, 169 (1988)).

的容许性背景”[4]，该省略具有废除这种传统性要求的效果。

接着，*Daubert* 法院进而从规则 702 的法律条文中发展出一项新标准。[5] Blackmun 大法官指出，该法律提到了“科学……知识”，并为“科学知识”挑选了一个方法论意义上的定义。[6] 他作出如下裁决：提出的科学命题如果要因充分可靠而具有可采性，则必须得到“适当验证”的支持。[7] 为了给审判法官提供指引，Blackmun 大法官列出了几项因素，审判法官在评估有关科学方法合理性时可以据以参考。这些因素包括：专家假设是否得到检验[8]；相关理论是否进行了同行评议[9]；“已知或潜在的错误率”[10]；以及“控制技术操作的标准的存在及维护”[11]。然而，大法官强调上述列举并非“确定性的”[12]，并且“规则 702 所设想的探究是……一种灵活的探究”[13]。

1997 年，法院再次探讨了科学证言这个主题，并且作出了 *General Electric Co. v. Joiner* 案的判决。[14] *Joiner* 案的正式判决是：在上诉中，对审判法官判决审查的适当范围是，法官是否滥用了其自由裁量权。[15] 法院利用这个机会详细阐述了 *Daubert* 案所确立的验证标准。在 *Joiner* 案的多数意见中，首席大法官 Rehnquist 宣布：

> *Daubert* 案和《联邦证据规则》都没有要求地区法院采纳仅仅根据专家一家之言而与存在的数据联系在一起的意见证据。法

④ *Id.* at 589.

⑤ FED. R. EVID. 702.

⑥ *Daubert*, 509 U.S. at 593, 593-95; *see* Werner v. Pittway Corp., 90 F. Supp. 2d 1018, 1031 (W.D. Wis. 2000) (“科学本质上就是方法”) (着重号已略)。

⑦ *Daubert*, 509 U.S. at 590.

⑧ *Id.* at 593.

⑨ *Id.*

⑩ *Id.* at 594.

⑪ *Id.*

⑫ *Id.* at 593.

⑬ *Id.* at 594.

⑭ 522 U.S. 136 (1997).

⑮ *Id.* at 143.

院可以得出结论认为，在数据和提出的意见之间存在的分析罅隙过大。[16]

1999年，联邦最高法院对 *Kumho Tire Co. v. Carmichael* 案[17]作出判决，进而完成了（专家意见可采性标准的）判例三部曲。在 *Daubert* 案与 *Joiner* 案中，提出专家证言的一方将其证据定性为“科学证据”，而 *Kumho* 案中的证据提出方则主张其提出的证言属于非科学性专家证据。正如 *Kumho* 案中证据提出方正确地指出的那样，规则702提供了有选择余地的表述，即“科学、技术或者其他专门知识”[18]。所提出的问题是程度问题——如果有的话——即 *Daubert* 案可以在多大程度上扩大适用于非科学性专门知识。一方面，Breyer 大法官代表多数意见撰写判决，承认强制要求审判法官仅仅根据 *Daubert* 案所列因素判断非科学专门知识可采性的做法，过于严苛。[19]毕竟，在列写该清单时，法官头脑中想到的是科学方法。非科学性专业知识的种类如此纷繁复杂，以至于法院“在任何情况下、无论何时都不能排除，也不能考虑 *Daubert* 案所列因素的适用”[20]。另一方面，法院强烈反对任何建议，即非科学性专业知识的可靠性完全豁免“*Daubert* 式审查”[21]。Breyer 大法官解释道：

> 在 *Daubert* 案中，法院明确说明是该规则中的“知识”而不是修饰该词的词（例如“科学”），“确立了证据可靠性标准”。因此，作为一个语言问题，该规则（规则702）将其可靠性标准适用于所有处于其范围内的“科学”、“技术”或者“其他专门”事项。[22]

⑯ *Id.* at 146.

⑰ 526 U.S. 137 (1999).

⑱ FED. R. EVID. 702.

⑲ *Kumho*, 526 U.S. at 145-46.

⑳ *Id.* at 150.

㉑ *Id.* at 158.

㉒ *Id.* at 147 (quoting Daubert v. Merrell Dow Pharms., Inc., 509 U.S. 579, 589-90 (1993))（引述已略）。

法院重申了其在 *Joiner* 案中所秉持的立场，即审判法官不应当接受某专家的一家之言。[23] 尽管 *Joiner* 案判决承认，审判法官在适用 *Daubert* 要素判断科学证言可采性时享有自由裁量权，*Kumho* 案判决却赋予法官另一个更深层次的自由裁量权，即这样的自由度[24]：选择其认为可作为相关非科学性专门知识可靠性"合理量度"的因素。[25]

人们可能会认为，在如此短的时间里，法院在此教义领域内作出三个意见，将为其带来格外的明确性，并将解决诸多——即使不是大多数——争议。此外，该领域内的学术评论争鸣繁多，而且通常颇有见地。[26] 然而，尽管该领域内学术评论众多且法院频繁就此发声，大量不确定性依然存在。这些不确定性涉及两个基本问题：什么必须被验证？其何以得到验证？

针对这两个问题，判决意见中的这些语段可以被解释为，法院已经就专家证言的提出确立了繁重的要求。例如，就第一个问题而言，*Kumho* 案判决中的某些措辞表明，至少在某些情况下，审判法官应对以下"总括性"[27] 问题进行审核，即专家学科本身的可靠性。Breyer 大法官在其就 *Kumho* 案发表的意见中曾提及这样一类情况，在这种情况中，"学科本身缺乏可靠性，例如那些基于占星术或者通灵术的所谓普遍接受的原理的理论就是这样"[28]。

进一步加重了证据提出者负担的是，就第二个问题——应当如何被验证——*Daubert* 案判决意见表明，"实验"验证是证实专家证言

---

[23] *Id.* at 157.

[24] *Id.* at 152.

[25] *Id.* at 150 – 52.

[26] *E.g.*, DAVID L. FAIGMAN ET AL., SCIENCE IN THE LAW: STANDARDS, STATISTICS AND RESEARCH ISSUES Ch. 1 (2002); D. Michael Risinger, *Defining the "Task at Hand" -Non-Science Forensic Science After* Kumho Tire Co. v. Carmichael, 57 WASH. & LEE L. REV. 767 (2000).

[27] Risinger, *supra* note 26, at 773.

[28] *Kumho*, 526 U.S. at 151.

可靠性的“权威”要求。[29] 多数意见赞同地援引了已故 Karl Popper 爵士的如下观点：“一个理论的科学地位标准，是它的可证伪性、可反驳性，或者［经验上的］可检验性。”[30] 绝非偶然的是，Blackmun 大法官在其列出的相关因素清单的最开始便指出：

> 通常情况下，在确定一项理论和技术是否属于……［可靠的］科学知识时，要回答的一个关键问题是，它是否能被（并且已被）［在经验上］检验。[31]

该因素被置于清单之首，以及大法官对该因素的强调，总的来看，表明该考量或许并非仅仅是一项因素。可以说，根据 *Daubert* 判决，对命题的经验检验是关于可采性的全面要求。[32]

尽管三部曲中的意见可以被解释为蕴含上述两种含义，但本文认为，这两种含义都是站不住脚的。本文第Ⅰ部分提出如下反对性主张，即判例三部曲并不应当被解释为认同上述任何一种含义。

本文第Ⅱ部分转向一个更困难、更实际的问题，即就“是什么”以及“如何”这两个根本性问题，找出对上述三部曲的适当解释。本文第Ⅱ部分之一支持 D. Michael Risinger 教授最近提出的观点[33]，即应当被验证的是这样的假设，即专家能够完成特定的“当前任务”，不是诸如法证文件检验是否为有效学科这样的广义问题，相反，是这种更为狭义的问题，即文件检验人员所称能够识别手写日本字体之作

---

[29] Sheila Jasanoff, *Judging Science: Issues, Assumptions, Models*, *in* ROSCOE POUND FOUND., SCIENTIFIC EVIDENCE IN THE COURTS: CONCEPTS AND CONTROVERSIES 9, 11－12 (1997); Adina Schwartz, *A "Dogma of Empiricism" Revisited:* Daubert v. Merrell Dow Pharmaceuticals, Inc. *and the Need to Resurrect the Philosophical Insight of* Frye v. United States, 10 HARV. J. L. & TECH. 149 (1997); *see also* David Crump, *The Trouble with* Daubert-Kumho: *Reconsidering the Supreme Court's Philosophy of Science*, 68 MO. L. REV. 1 (forthcoming Apr. 2003).

[30] Daubert v. Merrell Dow Pharms., Inc., 509 U. S. 579, 593 (1993).

[31] *Id.* at 593.

[32] See sources cited *supra* note 29.

[33] Risinger, *supra* note 26.

者的能力。[34] 证据提出者并不需要证实专家所从事之学科的有效性，其唯一的义务在于说明，相关理论或技术能够让专家准确地作出其准备就此作证的判定。

第Ⅱ部分之二继而主张，法院把经验验证奉为唯一的、甚至根本的验证方法加以强调，将是固守谬误。法院应当接受多种验证方法，包括但不限于经验归纳和数学推演。法官应当以怀疑的理性主义态度，探究运用相关技术所得结果是否证实该技术“奏效”；换言之，该技术是否能让专家准确地遂行当前的具体任务。根据任务之不同，如专家将该技术用于不同应用和用途，所要求的验证也必须随之改变。

因此，本文把“适当验证”视为一种灵活、相对的概念。并不存在这种固定不变的要求，即专家证言提出者通过经验检验和归纳，来证实其理论已经被验证。当今，理性主义者、怀疑论决策者通常依赖其他验证模式。这些模式在法庭上也应当是可接受的。此外，“如何”和“是什么”问题之间存在密切关联。除非法官将关注点置于专家提出的确切主张之上，否则其不能理智地决定哪种验证模式是可接受的。除非法官已经识别了必须被验证的确切主张和任务，否则其不能判定哪种验证方式是适当的。

一、三部曲不支持什么：关于 *Daubert*、*Joiner* 和 *Kumho* 案含义的错误主张

如前文所述，*Kumho* 案判决中有段落指出，证据提出者有证明己方专家学科一般可靠性的负担。[35] Breyer 大法官在主导意见中评论说，有时“学科本身缺乏可靠性”[36]。Breyer 大法官列举了两个例证，

---

[34] *Id.* at 798－800（讨论了 *United States v. Fujii* 案，No. 00 CR 17，slip op. at 3－4（N. D. Ill. Sept. 25，2000）案）. 对 *Fujii* 案的正式引用可见于 152 F. Supp. 2d 939（N. D. Ill. 2000）。

[35] See *supra* notes 21 & 22.

[36] Kumho Tire Co. v. Carmichael，526 U. S. 137，151（1999）.

即占星术与通灵术。[37] 然而，三部曲中的其他措辞还预示着一个更加合理的结论，即证据提出方仅需要证实，专家的理论或技术使其能够准确地作出其准备就此作证的判断。[38]

（一）三部曲判决意见的措辞

正如 Risinger 教授所强调的那样[39]，Blackmun 大法官在 *Daubert* 案判决意见结尾的正式总结中说，证据提出方的铺垫必须使审判法官确信，专家的理论或技术对于遂行“当前的任务”是充分“可靠的”[40]。在该意见前面部分，Blackmun 大法官在解释某理论或技术“适切”于本案这一要求时[41]，还补充道，该理论或技术需要“与相关探究的有效科学关系”[42]。

Joiner 案[43]作出了与 *Daubert* 案相同的解释。在 *Joiner* 案中，首席大法官 Rehnquist 分析了如下问题，即原告援引的动物研究是否是专家就 Joiner 患小细胞肺癌的诱因所作意见的适当基础。首席大法官首先列举了动物研究所遭受的批评。[44] 随后，他写道：

> 答辩人［原告］未能就这一批评做出回应。他没有解释这些专家是如何以及为什么从这些似乎相去甚远的动物研究中推测出

㊲ *Id.*

㊳ *See generally* D. Michael Risinger, *Preliminary Thoughts on a Functional Taxonomy of Expertise for the* Post-Kumho *World*, *in* SCIENCE IN THE LAW, *supra* note 26, § 2-4.0, at 88 [hereinafter Risinger, *Preliminary Thoughts*]; Risinger, *supra* note 26; D. Michael Risinger et al., *The* Daubert/Kumho *Implications of Observer Effects in Forensic Science: Hidden Problems of Expectation and Suggestion*, 90 CAL. L. REV. 3, 4 (2002); *see also* Teska v. Potlatch Corp., 184 F. Supp. 2d 913, 920 (D. Minn. 2002) (“我们面临的起点问题是‘具体的而非一般的’…… ”) (citing *Kumho*, 526 U.S. at 156)。

㊴ Risinger, *supra* note 26, at 772.

㊵ Daubert v. Merrell Dow Pharms., Inc., 509 U.S. 579, 597 (1993).

㊶ *Id.* at 591-92.

㊷ *Id.* at 592.

㊸ Gen. Elec. Co. v. Joiner, 522 U.S. 136, 144 (1997).

㊹ *Id.*

> 其结论的，而是选择“继续进行，好像唯一的问题是动物研究是否可能是专家意见的适当基础”。864 F. Supp. at 1324. 当然，动物研究是否可以作为专家意见的适当基础并不是争议点。争议点是，这些专家的意见是否能够得到其宣称依据的动物实验的充分支持。[45]

具有重要意义的是，在首席大法官最初的意见中，强调了上述加着重号的词语。

Kumho 案意见与此如出一辙。[46] 首先，*Kumho* 案附和了*Daubert* 案中的某些关键措辞。例如，*Kumho* 案法院提到“当前的任务”[47]和证实专家理论与“相关探究”之间关系的要求。[48] 然而，更重要的是，Breyer 大法官在审查原告为 Carlson 的专家意见所作铺垫时，进行了极为特别的分析：

> 首先，与［原告的］建议相反，［审判］法院所面临的具体问题，不是轮胎专家使用目视和触摸检查，来确定过度变形造成了轮胎胎面与钢丝环带胎体分离开来的一般合理性。相反，它是使用这样的方法，以及 Carlson 分析如此获得的数据时使用的特定方法，就与专家证言直接相关的特定事项得出结论的合理性问题。[49]

同样，着重部分是 Breyer 大法官在判决意见中标示的。Breyer 大法官承认：“作为一般事项，轮胎过度使用，常常可以……通过对轮胎的目视或者触摸检查而认定。”[50] 然而，Carlson 则声称已经开发

---

[45] *Id.*; *see also* Bourne *ex rel*. Bourne v. E. I. DuPont De Nemours & Co., 189 F. Supp. 2d 482, 496-97 (S. D. W. Va. 2002).

[46] Kumho Tire Co. v. Carmichael, 526 U. S. 137 (1999).

[47] *Id.* at 141.

[48] *Id.* at 149.

[49] *Id.* at 153-54.

[50] *Id.* at 156.

出了更为“具体的”方法——即如下理论：轮胎过度使用具有四个典型迹象，至少缺少其中两个则意味着事故由轮胎的制造缺陷所致。[51]随后在判决意见中，Breyer 大法官强调，Carlson 的意见并非仅仅依据以下一般性理论，即在缺少轮胎过度使用证据的情况下，一项缺陷通常会导致轮胎胎面与胎体分离。相反，该专家使用了一个更为具体的理论来证明这种过度使用存在（或不存在）。[52]

接着，Breyer 大法官强调：“审判法院所面临的问题是个具体问题，而不是一般性问题”[53]。在下一段中，Breyer 大法官说：“本案的特定问题涉及” Carlson 使用的具体理论的可靠性。[54]

（二）普遍持有的认识论观点

把验证要求限于专家所依赖的具体理论或技术，这不仅与三部曲判决意见中的大多数措辞一致，还与我们社会普遍持有的认识论观点相符。对三部曲的其他任何阐释将导致垃圾专门知识被采纳，并使得明显可靠的证据被排除。

举例来说，假设某专家属于某个已获认可的科学领域，该领域内有大量记录高质量实验的文献，这些实验验证了散播于该领域内的命题。然而，在任何特定时间内，该领域中的话语无疑将会包括一系列不同类型的命题。在某些情况下，这些命题拥有如此多的支持性数据，以至于我们可以对此相对肯定，即我们“知道”这些命题是真实的，至少在日常生活与行业中可将其作为有效假定。然而，这些话语也有可能包含未经证实的猜想，更有甚者，还可能包括那些之后将被证实为无效的臆测。[55] 在某种极端情况下，仅仅因为某领域内之话语所讨论的许多——若非大多数——命题已经通过经验验证，便容许与在该领域内散播的任何理论相关的证言，将是草率的。由某领域另一

---

[51] *Id*. at 154.

[52] *Id*.

[53] *Id*. at 156.

[54] *Id*. at 157.

[55] ZIMAN，*supra* note 1，at 130 - 33.

个命题为真推论出该领域一项命题为真，这可能是种不合逻辑的推论。例如，我们看看法证病理学这一学科。诚然，在许多问题上，法院通常接受病理学家的证言。[56] 法院在诸如通过骨骸估算身高等许多问题上乐于接受病理学家的意见，这是有理有据的，因为有大量研究评价了这些估算的可靠性。[57] 然而，病理学领域的文献还包含对许多猜想——特别是关于对死亡时间的判定——的讨论。[58] 尽管法证病理学领域居于受人尊崇的地位，但是贸然得出以下结论是错误的，即病理学家应被允许就该领域内获得一定程度关注的任何理论作证。同样，即使人们已经确立了可疑文件检验的一般可靠性，该假定也并不意味着所提出的关于识别手写日文作者的证言具有可采性。[59]

在另一种极端情况下，排除所有证言的做法同样是愚蠢的，即使这些证言关于诸如占星学——所称专门知识的领域之一，Breyer 大法官在 *Kumho* 案中援引其作为"自身缺乏可靠性"[60] 之学科的典型例证——这种饱受诟病的领域。假设遗嘱人以"促进占星学研究"的明确目的，留给某机构一大笔遗产。遗嘱法允许以促进任何合法活动为目的的遗赠。[61] 尽管大多数美国人可能并不相信占星学预言[62]，但占星学研究仍然是完全合法的。进一步假设在遗嘱人死亡后的某一时刻，继承人提出质疑，声称该机构不再将受赠资金用于遗嘱人遗嘱指定之目的。法院除了听取关于该机构资金使用方式的陈述，无疑还可以接受有经验的占星术士就受资助活动是否与"占星学"相关所作的证言，因为公然从事该行业的人通常理解该术语。为了裁决该争议，

---

[56] 2 PAUL C. GIANNELLI & EDWARD J. IMWINKELRIED, SCIENTIFIC EVIDENCE § 19－10 (B) (3d ed. 1999).

[57] *Id.* § 19－4 (B), at 103.

[58] *Id.* § 19－8 (A).

[59] Risinger, *supra* note 26, at 798－800（讨论了 *United States v. Fujii*, 152 F. Supp. 2d 939 (N. D. Ill. 2000) 案）。

[60] Kumho Tire Co. v. Carmichael, 526 U. S. 137, 151 (1999).

[61] 79 AM. JUR. 2D *Wills* § 65 (1975); 95 C. J. S. *Wills* § 72 (2001).

[62] ROPER CENTER FOR PUBLIC OPINION RESEARCH, Question ID: USGALLUP. 96SEP3 RO4H 1999（指出，仅有25%的被调查者表示相信占星学）（在作者的存档中）。

法院并不需要对占星术士所作预测的科学可靠性作出整体上的判定。相反，“当前任务”在于裁决所提出之证人是否足够熟知占星学科的现状，从而能够判断受资助活动是否以任何方式与该学科相关。

结果是，尽管 Breyer 大法官在 *Kumho* 案中对占星术和通灵术作出贬低性的评论，但法官在审核专家证言的可采性时，对专家所在学科的一般可靠性作出整体判断，既非必要，也不充分。即使该领域已有大量研究证实了该领域内专家所依赖的许多命题，证据提出者仍应被要求进行铺垫，证实专家为完成“当前任务”所使用的具体技术的可靠性。相反，即使该领域内鲜有或没有研究验证其首要原理，法官也不能存有偏见，而应当分析如下问题，即证据提出者是否已经进行了铺垫，证实专家为作出特定判断而使用的具体理论或技术的可靠性。简言之，当法官界定必须被验证的对象时，其关注点应当是狭隘和确切的。

二、应当如何被验证：三部曲不应当被解释为把证据提出方的验证方法限于经验检验和归纳法上

就什么必须被验证这一问题而言，三部曲判例中有多个段落指出，证据提出者在第二个问题上负有沉重负担。这些段落表明，所要求的——或者至少是首选的——验证方式是经验检验。[63] Blackmun 大法官在开始列举相关因素清单时首先强调：“关键问题……[是]……它是否能被（并且已经被）检验”[64]。Blackmun 大法官在解释该因素时援引了数个典据，表明其所指的是可控的、经验实验意义上的检验。一项引注源自 Hempel，其主张“构成科学阐释的陈述，必须能够进行经验检验”[65]。紧随其后的引注为 Popper 的陈述，

---

[63] Crump, *supra* note 29; Jasanoff, *supra* note 29, at 9, 11－12.

[64] Daubert v. Merrell Dow Pharms., Inc., 509 U.S. 579, 593 (1993).

[65] *Id.* (citing CARL G. HEMPEL, PHILOSOPHY OF NATURAL SCIENCE 49 (Elizabeth & Monroe Beardsley eds., 1966)).

即："一项理论的科学地位标准，是它的可证伪性、可反驳性或者可检验性。"[66] 首席大法官在其单独意见中明确指出，他认为 Blackmun 大法官所指的正是"经验检验"[67]。

(一) 三部曲判决意见中的措辞

然而，就什么必须被验证这一问题，三部曲的类似处理方式不止于此。三部曲判例中还包含其他措辞，它们相当清晰地表明，法院并未要求将使用可控的经验检验当作验证专家证言的唯一甚或主要方法。

Daubert 法院并未天真地称美经验检验的科学技术，而是承认科学事业具有局限性。[68] 法院拒斥了科学具有绝对可靠性这种错误认识，并声称："可以说，科学中没有确定性。"[69] 经验归纳不能产生绝对的确定性；即使大量实验得出与某项假设为真相符的观察结果，该假设也只能被暂时接受，因为总能想到其他可以被设计出来的实验。[70] 实施另一实验的可能性提高了之后证伪的可能性。如果法院在判决意见中坦承经验归纳这种方法论的限制，同时又在其中要求依赖经验归纳，这是反常的。该要求还将违背 Blackmun 法官在判决意见中的警示："我们强调，规则 702 所设想的这种探究，是一种灵活的探究。"[71] 法院坚持的是"适当验证"[72]，而非控制性的实验验证。

Kumho 案判决意见驳斥了任何这样的主张，即认为经验检验与归纳是验证专家理论和技术的强制性或首选方法。Breyer 大法官附

[66] *Id.* (citing KARL POPPER, CONJECTURES AND REFUTATIONS: THE GROWTH OF SCIENTIFIC KNOWLEDGE 37 (5th ed. 1989)).

[67] *Id.* at 600 (Rehnquist, C. J., 部分持并行意见，部分持反对意见)。

[68] Edward J. Imwinkelried, *Evidence Law Visits Jurassic Park*, *The Far-Reaching Implication of the Daubert Court's Recognition of the Uncertainty of the Scientific Enterprise*, 81 IOWA L. REV. 55 (1995).

[69] *Daubert*, 509 U.S. at 590.

[70] Sean O'Connor, *The Supreme Court's Philosophy of Science*: *Will the Real Karl Popper Please Stand Up?*, 35 JURIMETRICS J. 263, 270, 272 (1995).

[71] *Daubert*, 509 U.S. at 594.

[72] *Id.* at 590.

和了 *Daubert* 案的观点，他在意见的起始部分将 *Daubert* 案解读为：该案认为“可靠性标准是‘灵活的’”[73]。在其意见靠后的部分，Breyer 大法官似乎也认同司法部副部长的意见，他说：

> 正如司法部副部长所指出的，有许多不同种类的专家，有许多不同种类的专门知识。See Brief for United States as *Amicus Curiae* 18－19，and n. 5（引用了涉及毒品术语、笔迹分析、犯罪手法、土地评估、农业活动、铁路程序、律师费评估和其他问题的专家的判例）。[74]

尽管这些领域——如笔迹分析——中的一些命题确实可以由系统的科学实验检验[75]，但是关于诸如毒品交易暗语[76]、刑事犯罪手法[77]，以及律师费评估等主题的其他命题并不适合这种验证模式。[78] 正如2002年12月1日《联邦证据规则》702修正时，咨询委员会在注释中所指出的那样：“某些类型的专家证言并不依赖任何类似于科学方法的东西……”[79] 仍在活动的毒贩不可能有意参与对其暗语和犯罪手法的可控研究，而开展任何这种研究的研究人员则可能面临承担对重

---

[73] Kumho Tire Co. v. Carmichael，526 U.S. 137，141 (1999).

[74] *Id.* at 150.

[75] SCIENCE AND THE LAW，*supra* note 26，§ 4－1.2；*see also* United States v. White Horse，177 F. Supp. 2d 973 (D. S. D. 2001)（探讨了对 Abel 性兴趣评估标准中某些部分的不充分检验）。

[76] Ralph V. Seep，Annotation，*Admissibility of Expert Evidence Concerning Meaning of Narcotics Code Language in Federal Prosecutions for Narcotics Dealing-Modern Cases*，104 A. L. R. FED. 230 (1991).

[77] Phyllis Skloot Bamberger，*The Dangerous Expert Witness*，52 BROOK. L. REV. 855 (1986)；Edward J. Imwinkelried & Ephraim Margolin，*The Case for the Admissibility of Defense Testimony About Customary Political Practices in Official Corruption Prosecutions*，29 AM. GRIM. L. REV. 1，17－21 (1991)；Note，*Criteria for Admissibility of Expert Opinion Testimony on Criminal Modus Operandi*，1978 UTAH L. REV. 547.

[78] Michael C. Mason，Comment，*The Scientific Evidence Problem：A Philosophical Approach*，33 ARIZ. ST. L. J. 887，901 (2001).（“对于许多［专门知识］来说，经验检验是不可能的。”）

[79] FED. R. EVID. 702 Advisory Committee's Note.

罪知情不报的刑事责任的风险。[80]

(二) 通常持有的认识论观点

关于获允验证模式的这种广义观点，不仅与三部曲中的大部分措辞相一致——正如把验证要求的范围限于专家所依据的具体理论或技术上——而且，该观点也符合被广泛接受的认识论观念。诚然，在某些情况下，经验检验与归纳是适当且足够的验证方法。假设某 DNA 分型实验室试图确定，取自同一来源的不同 DNA 样本片段的测量长度可能有多么不同——所谓的“匹配窗口”[81]。这个问题不能先验地或通过演绎回答。相反，为了验证设备与程序的匹配窗口，实验室必须开展经验检验[82]，并采用培根归纳推理法。

然而，此类推理类型只是被认可的逻辑分支之一。[83] 为了判定正方形所有角度之和，人们要求助于经验检验，并且在测量大量正方形的角度之后，归纳出结论。[84] 而另一种替代性选择是，人们可以诉诸几何推理找到答案。在这种情况下，数学推理不仅是一个可行之选，而且在某些方面甚至优于经验检验。经验检验本身不能得出确定性。既然后续检验中总有验证无效的可能性[85]，归纳法就仅能得出概率。[86] 相比之下，如果一项命题是通过严格的数学逻辑推理得出的[87]，则该命题可视作已被证实或证明。[88]

在其他情况下，尤其在医学领域中，广泛、集体的临床经验[89]即

---

[80] WAYNE R. LAFAVE, CRIMINAL LAW § 6.9 (b) (3d ed. 2000).

[81] 2 GIANNELLI & IMWINKELRIED, *supra* note 56, § 18-4 (B), at 30-31.

[82] *Id.* § 18-4 (B), at 30.

[83] SCIENCE IN THE LAW, *supra* note 26, § 4-1.0.

[84] ZIMAN, *supra* note 1, at 163-64.

[85] O'Connor, *supra* note 70, at 270, 272.

[86] ALBUREY CASTELL, AN INTRODUCTION TO MODERN PHILOSOPHY 197 (2d ed. 1963) (讨论了大卫·休谟的著作); *see also* Daubert v. Merrell Dow Pharms., Inc., 509 U.S. 579, 590 (1993) (“可以说，科学中并不存在确定性”)。

[87] ZIMAN, *supra* note 1, at 150, 163.

[88] CASTELL, *supra* note 86, at 176 (讨论了约翰·洛克的认识论观点)。

[89] Kevin Patterson, *What Doctors Don't Know (Almost Everything)*, N.Y. TIMES MAG., May 5, 2002, at 74 (探讨了医学技术水平发展中对临床经验的依赖)。

使未被准确量化，仍然足以验证一项命题。如果数以十计的医生对患有相同症状的数百名患者作出相同的治疗方案，之后注意到病状消失，则可以作出如下合理推论，即该治疗方案可以有效治愈表现为该症候群的疾病。[90] 毫无疑问，与诸如物理学等领域所研究的一些现象不同，患者的表现并不能被简化为"准确的逻辑数学语言"[91]。在对患者的临床经验中，变量并不能被控制到与典型的化学实验相同的程度。[92] 然而，正如Popper自己所言，归纳经验法本质上是"显见的常识"[93]。常识强烈表明，涉及广泛患者的大量临床经验可以得出关于治疗功效的可靠概括。

此外，广泛的集体经验可为验证专家命题提供认识论上的合理基础，即使该经验是由缺乏正式科学或医学训练的人汇集的。这样的事例比比皆是。在*Kumho*案中，Breyer大法官似乎赞同司法部副部长的如下观点，即卧底警察提供的有关毒品用语含义的证言是充分可靠的非科学专门知识。[94] 咨询委员会在对规则702修正条文所作的注释中也指出，法院应当接受这种非科学专家证言。[95] 汽修技工提供的证

---

[90] 美国精神病学协会（American Psychiatric Association）在于当前版本的《精神错乱诊断与统计手册》中发布其最新的诊断标准之前，就许多标准进行了现场试验，这些试验涉及来自88所大学和研究机构的超过7 000名受试者。William D. Weitzel, *Diagnostic and Statistical Manual of Mental Disorders Fourth Edition* (DSM-IV), ADVOCATE, AUG. 1994, at 25－26.

[91] ZIMAN, *supra* note 1, at 160.

[92] *Id.* at 166－68.

[93] *Id.* at 135 (quoting KARL POPPER, THE LOGIC OF SCIENTIFIC DISCOVERY 22 (1959) (着重号已略)).

[94] Kumho Tire Co. v. Carmichael, 526 U.S. 137, 150 (1999).

[95] 《联邦证据规则》702的咨询委员会注释指出：

当执法人员就毒品交易中使用的暗语作证时，其秉持的原理是，该交易的参与者通常使用该暗语来掩饰其行为的性质。执法人员可使用的方法是，运用其丰富的经验分析对话的含义。只要该原理与方法是可靠的，并且被可靠地应用于本案事实中，这种证言就应当被采纳。

See also Mark Hansen, *Dr. Cop on the Stand*, 88 A.B.A.J., May 2000, at 30, 34. (法院愿意通常容许这种由"缺乏研究和数据来支持其意见的警官"所作出的证言，David Faigman教授对此表示失望。Faigman教授"主张对这种证言所依据的科学方法与技术进行更具区别性的分析"。他说，法院至少应当探究警官所断言的专业知识的性质与内容。) 在这个意义上，Faigman教授无疑是正确的。审判法官不应当推定每一名警察都拥有必要的经验。就此而言，警察仅仅宣称其拥有在非法毒品交易中担任卧底探员的经验，这是不够的。法院应当要求警官证明，在多起类似毒品交易中，他曾遇到使用同一个或相似暗语的情况。问题在于证人拥有重要的类似经验，而非其作为卧底警察的身份。

言提供了进一步例证。规则702修正案的注释称，法官可以权衡以下考量，即："专家所称专门知识的领域为人所知，能得出专家所提那类意见的可靠结果。"[96] 数十年来，我们依靠汽修技工判断引擎故障。[97] 公众认为技工提供的诊断与维修服务是有用的——在相当多情况下，技工"解决了"那些促使顾客把车送至维修处的问题。即使大多数进行诊断的技工与信赖该诊断的顾客均缺乏工程学学位，从大量成功的经验中仍然可以得出常识性推论。

概言之，三步曲中的判例并不要求审判法官要求证据提出方把经验验证与归纳法用作唯一的、甚或主要的验证方式。任何这样的要求都将公然违背普遍的社会共识，即除了可控的科学实验之外，还存在验证命题的其他方法。然而，如前所述，挑战依然存在：就提出者声称的专家能够完成"当前任务"[98]——专家声称能够得出的具体判断——的主张，如何形成对其"适当验证"含义的肯定性理解。[99] 该挑战把我们引向第三部分。我们将再次探讨本文篇首提出的两个问题：什么必须被验证，以及其何以能够得到验证？

为了明智地逐一回答"适当验证"的问题，法官必须提出是什么和如何这两个问题。

三、什么必须被验证：审判法官不应当只关注专家提出的具体主张；法官还应当区别纯粹的描述性主张与推论性主张

Risinger教授曾对该法律领域作出澄清，他建议把三步曲解释为：要求法官关注专家所依靠的具体理论或技术，而非对其所在领域

[96] FED. R. EVID. 702 Advisory Committee's Note.

[97] Edward J. Imwinkelried, *Evaluating the Reliability of Nonscientific Expert Testimony: A Partial Answer to the Questions Left Unresolved by* Kumho Tire Co. v. Carmichael, 52 ME. L. REV. 19, 35, 40 (2000).

[98] Daubert v. Merrell Dow Pharms., Inc., 509 U.S. 579, 590 (1993).

[99] *Id.* at 597.

或学科的可靠性作出总体判断。[100] 然而，进行进一步细化仍是必要的，即法院还必须判断专家准备使用该原理或技术的特别用途。专家主张使用该原理或技术将使其得出的具体判断是什么？

（一）作为提出方主张之变量的必要铺垫

在专家意见以外的许多证据法领域，法院早已认识到，必要的铺垫不仅取决于提出方提出什么证据，还取决于该证据以何目的被提出。

验真领域便是其例证。刑事被告被指控谋杀，但其主张正当防卫。审判中，辩方律师试图提出被告的如下证言，即恰在遇到所称被害人之前，被告曾收到一封据称由被害人所写的恐吓信。[101] 假设辩方律师出于证明被告对被害人心存真实恐惧的有限目的提出该证言。根据这种逻辑相关性理论，对于刑事被告而言，确认该信件为其收到的那一封便足够了。被告不必证明所称被害人确实写了该信。该证据的目的在于证明被告的心态。[102] 即使该信是伪造的，而且被告对其书写者存在认识错误，被告收到该信对于证明正当防卫抗辩的主观要素，仍有相关性。

然而，假设辩方律师欲将该证据另作他用。此时辩护律师想要将其用作证明所称被害人憎恨被告，并且更有可能首先挑起争执的证据。尽管辩方提出了同样的证据，但其必须进行截然不同的铺垫。辩方将不得不证明该信为被害人所写。[103] “先前的铺垫与关于被告心态的主张充分相关，但与关于所称被害人心态及行为的主张缺乏足够的相关性。”[104]

此外，考虑一下传闻领域。举例来说，假设原告向被告提起人身伤害诉讼。作为原告的行人主张，2002 年 3 月 1 日，被告汽车刹车片损坏并撞倒原告，后者因此受伤。原告寻求损害赔偿和惩罚性赔

[100] Risinger，*supra* note 26.

[101] Edward J. Imwinkelried，*Expert Witness：Beyond ‘One Size’*，NAT’L L.J.，Aug. 28，2000，at A18.

[102] *Id.*

[103] *Id.*

[104] *Id.* at A18.

偿。作为惩罚性赔偿请求的依据，原告主张被告罔顾刹车失灵的风险，故意轻率驾驶。原告主张，2002 年 2 月 1 日，被告已知晓其刹车无效。

审判中，原告提出一项展示件作为证据。其声称该展示件为一名汽修工向被告提供的报告。这份日期标注为 2002 年 2 月 1 日的报告明确写道，被告汽车的刹车片“薄得危险，需要立即更换”。原告可以提出该展示件来支持其惩罚性赔偿请求。如果原告出于证明被告知晓危险情况存在的有限目的提出该展示件，则该展示件将是非传闻。[105] 原告提出该展示件，将仅用于表明该展示件的内容对读者心态的影响；即正告被告刹车片有问题。[106] 如果这样的话，唯一必要的铺垫就是证明该展示件就是技工向被告提供的那份文件。尽管如此，另一种选择是，原告可以就其损害赔偿请求提出该展示件。如果这样的话，原告便必须证明报告中以下认定的真实性，即被告的刹车片有缺陷。根据这种理论，该展示件构成传闻[107]，原告若想根据商业记录传闻例外提出该展示件，就要进行完全不同的铺垫。[108] 简言之，该铺垫既取决于提出者提出何种证据，也取决于其依据的逻辑相关性理论。

品性证据领域同样如此。现在改变前文假设中的事实。假定原告起诉司机的雇主，而非起诉司机。原告再次同时提出损害赔偿与惩罚性赔偿的诉讼请求。原告主张，其受伤是由雇员在雇佣期间轻率驾驶所致。此外，为支持其惩罚性损害赔偿请求，原告主张疏忽委托。原告坚称，被告聘用该雇员时知道或者应当知道该雇员是个一贯粗心的驾驶者。

在审判中，原告在主诉中传唤司机前雇主出庭作证。原告试图引入前雇主的证言，该证言证明司机在被其雇佣期间曾导致多起严重的

---

[105] FED. R. EVID. 801 (c).

[106] EDWARD J. IMWINKELRIED, EVIDENTIARY FOUNDATIONS § 10.02 [3] [a] (5th ed. 2002).

[107] FED. R. EVID. 801 (c).

[108] IMWINKELRIED, *supra* note 106, § 10.05.

交通事故。如果原告提出该证言的目的仅仅是证明司机是一个粗心的驾驶者，那么所需要的唯一铺垫是证人关于司机曾导致事故的亲身知识。[109] 虑及疏忽委托这一主张，雇员轻率驾驶的品性特征就是争点[110]，雇员先前轻率驾驶的具体行为可以被采纳来证明该品性特征。[111]

然而，假设原告希望就惩罚性赔偿请求提出同一份证言，来证明被告聘用该雇员时知晓其品性。如果原告出于该目的提出前述证言，则需要进行额外铺垫；即证明雇员的前雇主在被告聘用该雇员之前，曾向被告传达过该信息。同样，必要铺垫的性质取决于提出者主张何种逻辑相关性理论，以及其所提证言的内容。

（二）专家主张的不同性质

就验真、传闻和品性证据规则而言，对专家证言的必要铺垫应根据证据提出目的之不同有所区别。[112] 过去，一个令人遗憾的趋势是把专家证言的不同用途混为一谈：

> 法院和论者倾向于把"*Daubert* 铺垫"视为放之四海皆准的规则。然而，审判中提出的专家证言的用途决定了提出者关于专

[109] FED. R. EVID. 602.

[110] *Id.* at 405 (b).

[111] James W. McElhaney, *Don't Be Locked Out: The Right Strategy Can Open Doors to Evidence That Might Otherwise Be Inadmissible at Trial*, 85 A. B. A. J., May 1999, at 64：起诉运输公司驾驶员对行人造成过失伤害时，驾驶员超速与轻率驾驶的不良记录不可被采纳为证据。但是如果变更起诉状，增加一项将卡车疏忽委托他人——公司本应知晓其为糟糕驾驶者——的罪项，则驾驶员的上述记录具有可采性。

[112] Edward J. Imwinkelried, *The Escape Hatches From* Frye *and* Daubert: *Sometimes You Don't Need to Lay Either Foundation In Order to Introduce Expert Testimony*!, 23 AM. J. TRIAL ADVOC. 1, 3-4 (1999); *see* Daubert v. Merrell Dow Pharms., Inc., 509 U.S. 579, 591 (1993)：

对月相的研究……可以就某个夜晚是否黑暗提供有效科学"知识"，如果黑暗是争议事实，该知识将会帮助事实审判者。然而（在缺乏支持这种联系的可信根据的情况下），关于月亮在某个夜晚是满月的证据，可能就不会帮助事实审判者确定某个人在那天夜里是否会异常可能地非理性行事。

也参见咨询委员会对《联邦证据规则》702 所作注释（称，法官应当考虑某理论或技术"是否能够得出专家将作出的那种意见的可靠结果"）。

门知识的主张。反过来，主张决定所要求的验证。[113]

专家就其理论或技术提出的可能主张至少[114]分为以下两大类：描述性主张与推论性主张。在某些情况下，专家仅仅是描述或概括[115]其专业领域内的经验。例如，假设在合同诉讼案中，对书面协议中某个词语的含义存在争议。[116] 原告为支持其对该词的解释，传唤了一位经验丰富的行业成员作为专家证人。该证人准备作证称，关于该词的含义，行业内存在交易习惯或用法。专家的具体理论是：在该行业内存在该用法。只要证人作证证明其在特定时间内属于该行业的成员，并多次见到行业内的成员使用该词的这种用法，这种铺垫就应当被认为是足够的。[117] 单独来看，该经验是充分的。

这种原理也解释了，Breyer 大法官在 *Kumho* 案[118]中所作意见和 2000 年《联邦证据规则》702 咨询委员会注释对警察关于毒品交易暗语之证言的肯定性提及。[119] 该证言为前文所述证据的一种变体。贩毒是门生意。正如一个词语对合法商业贸易成员而言可能具有特殊含义一样，一个词语对于犯罪的毒贩而言，也有其特殊含义。因此，肉粉行业经验丰富的成员可以就两个业内成员之间的合法合同中“50％蛋白质”的含义作证[120]；富有经验的卧底警员也可以就走私毒品的非法合同中“一小包大麻（lid）”的含义作证。正如咨询委员会注释所指

[113] Imwinkelried, *supra* note 101, at A18.

[114] 另一种可能类型是标准的专家意见。Risinger, *Preliminary Thoughts*, *supra* note 38, § 2-2.4. 但是，此类证言很少被采纳。*See generally* Richard Delgado & Peter McAllen, *The Moralist as Expert Witness*, 62 B. U. L. REV. 869 (1982).

[115] Risinger, *Preliminary Thoughts*, *supra* note 38, § 2-2.2.6.

[116] *E. g.*, Frigaliment Importing Co. v. B. N. S. Int'l Sales Corp., 190 F. Supp. 116 (S. D. N. Y. 1960).

[117] Imwinkelried, *supra* note 101.

[118] Kumho Tire Co. v. Carmichael, 526 U. S. 137, 150 (1999) (“毒品暗语专家”)。

[119] 《联邦证据规则》702 的咨询委员会注释指出：

当执法人员就毒品交易中使用的暗语作证时，其秉持的原理是，该交易的参与者通常使用该暗语来掩饰其行为的性质。执法人员可使用的方法是，运用其丰富的经验分析对话的含义。只要该原理与方法是可靠的，并且被可靠地应用于本案事实中，这种证言就应当被采纳。

[120] Hurst v. W. J. Lake & Co., 16 P. 2d 627, 631 (1932).

出的那样，在这种情况下，“经验本身……可以……为专家证言提供充分的铺垫”[121]。

然而，在其他情况下，专家证言的提出者希望证人不仅仅是单纯复述或概括关于事实 A 的经验。[122] 相反，证据提出者所期待的是，敦请专家从证人经验中作出进一步推论。专家评估该经验，并得出关于事实 B 的进一步推论。例如，考虑一下心理学家就强奸创伤综合征（RTS）提供之证言的可能用途。[123]

证据提出者可能完全出于描述性目的使用该证言。例如，假设某医学委员会的资格考试包含关于 RTS 的多个问题。委员会在该考试中给某个申请人打出了不及格分，并且拒绝授予其资格。申请人之后提起诉讼，对该考试提出质疑。特别是，申请人质疑委员会关于以下问题参考答案的准确性，即某种恐惧症是否通常被视为 RTS 的症状。在该诉讼的审判中，申请人应当被允许出于描述性目的使用心理学家的证言。心理学家可以就以下事项作证：他是一名从业 20 年的心理学家；从业期间，他密切追踪了 RTS 文献；该文献总体表明，相关恐惧症并不是 RTS 的症状。证人仅仅是在陈述或概括其领域内的经验。证人的具体理论在于：某领域内存在某种信念、习惯或惯例，证人的经验验证了该假设。[124]

---

[121] FED. R. EVID. 702 advisory committee's note.

[122] Risinger，*Preliminary Thoughts*，*supra* note 38，§ 2-2.3. 例如，一些专家向事实审判者翻译并阐明事实的重要性；“大量专家证人被要求遂行某种形式的翻译职能”。*Id.*

[123] 1 GIANNELLI & IMWINKELRIED，*supra* note 56，§ 9-4.

[124] 需要注意的是，证人已不仅仅就其在学科或领域内的成员身份作证。证人补充道，他在评阅 RTS 文献方面拥有丰富的经验。在没有更多证据的情况下，证人关于其为相关领域成员的证言并不充分。即使他/她是某学科的从业者，他/她也可能从未接触过相关的信念、习惯或惯例。关键问题在于证人是否拥有大量与本案所涉及的经验相似的经验。*See* Edward J. Imwinkelried，*The Next Step After* Daubert：*Developing a Similarly Epistemological Approach to Ensuring the Reliability of Nonscientific Expert Testimony*，15 CARDOZO L. REV. 2271，2290-94（1994）（探讨证人经验的数量和质量维度）。就声望品性证据而言，有一个与此类似的原则。如果证人准备就某人关于其品性特征的声望作证，则证明证人与此人同属一个社区是不够的。除此之外，证人还必须保证其熟悉该声望。IMWINKELRIED，*supra* note 106，§ 6.02［2］. 仅有证人为某社区成员的证言并不能确保证人听到过对该人品行的讨论或提及。

然而，证据提出者也可以把关于 RTS 的证言用于截然不同的目的。例如，假设证据提出者想把证言用作可信性证据。[125] 原告对一家旅馆提起场所责任诉讼。原告主张其在居于被告其中一个房间期间，因酒店安保疏失遭到强奸。但是，直到所称强奸发生 72 小时以后，原告才就所称侵害向警方报案。在交叉询问期间，辩方律师迫使原告承认其报告所称强奸时的延迟；这暗示的是，这种延迟是与证人在庭上所作关于强奸之证言不一致的审前行为。[126] 原告在其之后的主诉中传唤心理学家，来就其可信性正誉。原告律师想要引入该证人的以下证言，即由于性侵害案件所带来的社会污名，许多强奸被害人延迟报告其遭受的暴行。

先前铺垫对于进一步的可信性推论而言是否依然适当？答案是否定的。证据提出者不再以纯粹的描述性目的提出该证言。问题不在于心理学领域中是否存在 RTS 画像（profile）。相反，证据提出者想要证人就特定行为（延迟报告）与心态（某人真诚地相信其被强奸）之间的关联作出可信性推论。先前的铺垫无法验证这种关联的存在。专家的具体理论是：如果所称被害人延迟报告强奸，但却符合 RTS 画像，则这种契合强化了以下推论[127]，即被害人真诚地相信她遭到了强奸。证明以下理论将不再足够，即许多或者大多数心理学家认同 RTS 画像包括特定行为。

但是，假设证人补充了以下证言：

> 就其个人和其他强奸问题顾问的经验而言，许多自称遭受强

---

[125] 1 GIANNELLI & IMWINKELRIED, *supra* note 56，§ 9-4（B）.

[126] 1 EDWARD J. IMWINKELRIED ET AL.，COURTROOM CRIMINAL EVIDENCE § 712，at 267（3d ed.，Lexis Law Publ'g 1998）.（“同先前不一致陈述一样，先前不一致行为也可以被采纳来用于弹劾。”）

[127] 专家并未主张，在仅有这种契合的情况下，该契合要么支持某种真实性推论，要么确定了这种推论。前一种类型的证言将依赖如下具体理论，即如果所称被害人延迟报告强奸，但却符合画像，则该契合足以证明被害人真诚地相信其遭受了强奸。后一种证言将依据这样的理论，即如果所称被害人延迟报告，但却符合画像，则该契合必然能够证明证人真诚地相信其遭到强奸。由于背后的理论不同，所要求的验证也将不同——在这些情况下，还要求额外的验证。

奸的受害人延迟报告的原因在于羞耻感。此外，当这些女性被当作强奸受害人对待时，大多数情况下她们的精神健康得到了改善。[128]

诚然，从集体经验中得出的推论并非毫无争议；一些自称遭到强奸的受害人也许是在撒谎。[129] 然而，这种成功的临床治疗经验[130]具有高度的证明力："如果有大量报告，并且在许多情况下报案人精神健康得到了明显改善，那么以下推论便似乎是可信的，即绝大多数报告者主观上是诚实的。"[131] 虑及这种铺垫，该证言便能够正誉；该证言证实，实际上许多主观相信自己遭到强奸的女性，都有过延迟报告这种似乎可以用来弹劾的行为。

再次改变一下事实。假设在同一个场所责任案件中，原告律师传唤心理学家，来就存在强奸行为提供实质性补强。律师想要主张的是，原告符合 RTS 画像的事实是证明强奸发生的证据。

最初的铺垫同样将是不够的。正如专家作出可信性推论的情况那样，证人并非只准备描述这种经验，即其专业领域内的从业者接受 RTS。同样，专家的潜在理论不仅仅是专业领域内存在某种信念、习惯或者惯例——RTS 诊断。专家试图就以下问题作出实质性推论，即某种症状与特定历史事件——也就是强奸——曾经发生之间的关联。在这种情况下，专家的具体理论是，如果所称受害人延迟报告，但符合 RTS 画像，则这种契合强化了发生强奸的推论。此时，最初的铺垫更站不住脚。

即使那些通过证言——这些证言证明了无数例基于 RTS 诊断成功的临床干预——加以渲染的铺垫也是不适当的。加上关于该临床成功案例的证据，一个由声称遭受强奸的受害人自行报告构成的大型数据库可以支持可信性推论。然而，为了证明从数据库中提取的某种症

[128] Imwinkelried, *supra* note 101, at A18.

[129] *Id.*

[130] State v. Saldana, 324 N. W. 2d 227, 230 (Minn. 1982).

[131] Imwinkelried, *supra* note 101, at A18.

状是对强奸受害人的正确画像，还必须有对数据库收集之报告真实性的某些证明——急诊室报告说，报案人显示出遭受暴力性侵害的体征，警察报告说，报案后的调查获得了进行性侵害的自白，或者报案促进了对强奸罪指控的定罪。临床上的成功可能证成了可信性推论；但是在临床精神健康语境下，治疗通常取决于患者的信念，“即使患者关于其疾病的主观信念（或者诱发事件）是完全错误的”[132]。但是在这里，原告律师想要该画像实质性地用作“事实认定工具”[133]。仅当专家能够证实被用来生成 RTS 画像的报告实际上基于强奸时，律师才应当被允许这么做。就这种实质性主张而言，即使渲染过的铺垫也是不够的。

四、应当如何被验证：就推论性主张而言，审判法官应当问清，证据提出者对使用专家理论或技术所得结果的铺垫性证明，是否能够使一个持怀疑态度的理性主义者确信，该理论或技术的使用能够使专家准确地就其准备作证的事项作出具体判断

正如我们已经看到的那样，对纯粹描述性专家主张的验证是一个相对简单的问题。正如 2002 年咨询委员会注释所指出的那样，“经验本身”可以为此类主张提供足够的验证。[134] 如果证人对事实 A 拥有大量[135]的相似[136]经验，那么证人就应当被允许向陪审团描述或概括该经验的内容。

然而，就像第Ⅲ部分之一所表明的那样，当专家要做的不仅仅是保证某学科或领域内信念、习惯或者惯例的存在时，铺垫要求更高。

[132] Eugene E. Levitt, *The Use of Hypnosis to 'Freshen' the Memory of Witnesses or Victims*, 17 TRIAL 56, 58 (1981).

[133] *Saldana*, 324 N. W. 2d at 230.

[134] FED. R. EVID. 702 advisory committee's note.

[135] Imwinkelried, *supra* note 124, at 2290 - 92（讨论了休谟对于“类似经验之重复”的强调）。

[136] *Id.* at 2292 - 94.

例如，若心理学家提议把 RTS 画像作为进一步就可信性或历史事件进行推论的依据，则需要完全不同的铺垫。审判法官应当如何根据三部曲判例评估该铺垫的足够性呢?

(一) 关于推论性主张的一种推荐标准

有人主张，为了评价铺垫的足够性，审判法官应当要求对专家理论或技术的使用结果加以证明，并且随后探究，持怀疑态度的理性主义者是否会认为，这种证明足以证实该理论或技术"奏效"，即该理论或技术能够使专家准确地作出其准备在证人席上作出的推论。

首先，法官应持一种怀疑论者的立场。我这么说的意思并不是指那种彻底的怀疑论者，其认为作为一个认识论问题，我们并没有知晓一切事物的信心。[137] 相反，我的意思是指那种拥有辩证思维的人，他们不会在表面上接受某断言。长期以来，这是证据法的思维模式。"在日常商业事务与社会生活中"，如果你收到一封声称来自特定寄件人的信件，你通常会假定所称作者便是寄件人。[138] 相反，无论是证据普通法[139]还是诸如《联邦证据规则》[140] 等当代证据制定法，都采取了一种完全不同的路径，要求肯定性地证明信件的真实性。验真要求的存在或许恰是"［证据］普通法充斥着怀疑主义精神"的最佳例证。[141]

三部曲反映了上述怀疑主义态度。就三部曲而言，*Daubert* 案拒斥传统的普遍接受性标准。[142] *Daubert* 案法院采取了以下立场：即使整个专业共同体为某种理论或技术提供保证，该集体断言仍是不充分的；根据 *Daubert* 案，审判法官可以而且应当就验证提出更多要求。*Joiner* 案对单个专家持同样的怀疑态度。如前所述，*Joiner* 案法院宣

137 ZIMAN, *supra* note 1, at 109.

138 2 MCCORMICK, EVIDENCE § 218, at 37 (5th ed. 1999).

139 *Id*.

140 FED. R. EVID. 104 (b), 901 (a).

141 CARLSON ET AL., EVIDENCE: TEACHING MATERIALS FOR AN AGE OF SCIENCE AND STATUTES 187 (5th ed. 2002).

142 Daubert v. Merrell Dow Pharms., Inc., 509 U.S. 579, 585-89 (1993).

称，“*Daubert* 案和《联邦证据规则》都没有要求地区法院采纳仅仅根据（单个）专家自己的话而与存在的数据联系在一起的意见证据”[143] ——*Kumho* 案也重申了这种说法。[144] 无论单个专家的话语还是其同行的集体话语，对于怀疑性思维而言都是不充分的。

在美国证据法的宏大框架下，裁判可采性的法官不仅是怀疑论者，还是经验主义传统下的理性主义者，这种经验主义由 17 世纪英国哲学家约翰·洛克（John Locke）创立。[145] 启蒙运动时期的理性主义先后对英国以及美国证据法产生了深远的影响。[146] 特别是，洛克的经验主义认识论影响了许多最为重要的证据法教义作者，如 Gilbert[147]，Bentham[148]，Wills[149]，和 Best[150]。在某种程度上，几乎所有的主流英美证据法作者均赞同上述基本的认识论观点。[151] 他们的著作以及受这些著作影响的司法意见促成了证据法中著名的理性主义传统的诞生。[152]

洛克式经验主义的要义[153]在于他的这种信念——陈述于《人类理解论》一书中——即我们所有的知识都建立在经验的基础上。[154] 这种传统决定了哪些推理模式是有效的。[155] 例如，在该书第 I 卷中，洛克批判了这样的观点，即某些观念是人类心灵所固有的。[156] 相反，正如洛克在第 II 卷[157]中所阐释的那样，知识必须直接或间接源于经验。[158]

[143] Gen. Elec. Co. v. Joiner，522 U.S. 136，146 (1997).

[144] Kumho Tire Co. v. Carmichael，526 U.S. 137，157 (1999).

[145] WILLIAM TWINING，RETHINKING EVIDENCE：EXPLORATORY ESSAYS 71 – 72 (1990).

[146] *Id.* at 74.

[147] *Id.* at 35.

[148] *Id.* at 38

[149] *Id.* at 47.

[150] *Id.* at 48.

[151] *Id.* at 40.

[152] *Id.* at 32 – 91.

[153] *Id.* at 83 n. 26.

[154] CASTELL，*supra* note 86，at 170 – 71.

[155] *Id.* at 178；*see also* TWINING，*supra* note 145，at 80.

[156] CASTELL，*supra* note 86，at 170 – 71.

[157] *Id.* at 183 – 84.

[158] *Id.* at 175 – 77.

作为经验的结果，我们直接以感觉的形式获得“纯粹数据”[159]。经过审慎的反思[160]，我们可以从纯粹数据中作出间接、可靠的推论。[161] 然而，在洛克看来，经验推论并非仅仅包含严格的科学实验。[162] 专家和外行都被视为拥有从经验性数据中作出可靠推论的认知能力。[163]

在测定证据提出者所作铺垫的适当性时，持怀疑态度的理性主义裁判者应该提出什么问题呢？持怀疑态度的理性主义法官必须要求证明专家的具体理论或技术奏效；换言之，使用该理论或技术使专家准确地作出其将在法庭上就此作证的推论性判断。正如专家证言领域的著名论者之一——Paul Giannelli 教授所指出的那样，当考虑一项理论或技术的“有效性”时，根本问题在于“其准确性”[164]，即该原理或技术能否使专家判定，他宣称其帮助进行判定的东西。《联邦证据规则》901 的措辞具有启发性。规则 901（a）规定了证据提出者对其证据进行验真的一般性要求。用该条款的话说：“验真的要求……作为可采性的前提条件，必须通过提出足以支持以下认定的证据得以满足，即相关问题为该证据提出者所主张的问题。”[165] 规则 901（b）（9）明确地把该要求扩展至“描述某过程或者系统，并表明该过程或者系统产生了准确结果的证据”[166]。该条咨询委员会注释提出了两种科学方法，来作为对其范围的说明：X 光与计算机。[167] 正如该条款和咨询委员会注释所表明的那样，理论或技术必须指向的目

[159] *Id.* at 176.

[160] *Id.* at 175.

[161] *Id.* at 176.

[162] *Id.* at 171.

[163] TWINING，*supra* note 145，at 80.

[164] Paul C. Giannelli，*The Admissibility of Novel Scientific Evidence*：Frye v. United States，a *Half-Century Later*，80 COLUM. L. REV. 1197，1201 n. 20 (1980)；*see also* United States v. Plaza，188 F. Supp. 2d 549，553 (E. D. Pa. 2002)（探讨了指纹技术的准确性）。

[165] FED. R. EVID. 901 (a).

[166] *Id.* at 901 (b) (9).

[167] *Id.* at 901 advisory committee's note；see Edward J. Imwinkelried，*Judge Versus Jury*：*Who Should Decide Questions of Preliminary Facts Conditioning the Admissibility of Scientific Evidence?*，25 WM. & MARY L. REV. 577，607 - 10 (1984).

标是准确性。

在解决理论或技术是否能使专家准确地作出推论性判断这样的关键问题时，审判法官应当考虑哪些证据呢？与经验主义思维一致，法官应当关注关于使用该原理或技术所得结果的证据。在宏观社会中，我们为什么相信科学？我们这么做，很大程度上是因为“大量结果”[168] 证明“科学在物质技术领域具有价值”[169]。这些具体的结果——科学的许多实践上[170]的成功应用[171]和技术性成就[172]——是相信系统实验检验与归纳法之有效性的实用主义[173]基础。

在法庭这个微观系统中，关注点同样应当是结果。最高法院在三部曲判例中反思了这个关注点。Balckmun 大法官在 *Daubert* 案所列因素清单中写道：“法院通常应当考虑已知的或潜在的误差率。”[174] 诚然，调查该误差率的唯一方式是运用某原理或技术，随后观察其结果。Breyer 大法官在 *Kumho* 案中称，法官在评估专家所用方法论的可靠性时，应当考虑“专家的……方法论……产生错误结果的频率”[175]。此外，2000 年咨询委员会在对修正后的规则 702 的注释中写道，相关考量是利用原理或技术之后得出的“结果”[176]。

(二) 推荐标准的说明性应用

根据推荐的这种标准，在下列情况下，法官应当如何裁决？

证据提出者的铺垫仅包括专家个人对于理论或者技术有效的保证。*Joiner* 案和 *Kumho* 案就此作出了回答。*Joiner* 案指示道，审判

[168] ZIMAN, *supra* note 1, at 6 - 7.

[169] *Id.* at 2.

[170] *Id.* at 127.

[171] *Id.* at 10.

[172] *Id.* at 127.

[173] *Id.* at 10.

[174] Daubert v. Merrell Dow Pharms., Inc., 509 U.S. 579, 594 (1993).

[175] Kumho Tire Co. v. Carmichael, 526 U.S. 137, 151 (1999).

[176] FED. R. EVID. 702 advisory committee's note (“专家主张的专门知识领域，能够使专家将要作出的那类证言得出可靠结果，这一点是否众所周知”)。

法官不需要接受单个专家“自己的话”[177]，*Kumho* 案重申了这种指示。[178] 该指示符合美国证据法的怀疑主义精神。审判法官不能简单接受专家关于原理或技术之有效性的言论。[179]

假设证据提出者提供如下额外证言作为补充性铺垫，即某领域内绝大多数专家相信原理或技术是有效的。此时适用 *Daubert* 案。Blackmun 大法官拒绝将相关专业学科的普遍接受作为决定性因素。[180] 在 *Kumho* 案中，Breyer 大法官指出，即使占星学或通灵术从业者的集体保证也是不够的。[181] 就此，2000 年咨询委员会对规则 702 修正条文所作注释指出，临床生态学从业者所作的一般性担保是不充分的铺垫。[182] 该陈述也符合审判法官对待证据提出者的铺垫持有的怀疑主义态度。

假设证据提出者更进一步，至少提出某些结果实例，它们表明，有时候专家所依赖的理论或者技术，曾允许专家准确地作出其准备出庭作证的推论性判断。一个或一些孤立的事件并不足够。[183] 尽管少数成功的结果可能证明对原理或技术的有效性开展认真的、大规模的调查是适当的[184]，但仅有轶事证据作为铺垫是不够的。诸如 18 世纪苏格兰哲学家大卫·休谟等经验论者坚决主张，在就某种关系或者关联进行推论之前，应表明存在“诸多实例”——结果始终一致的确切模式。[185]

[177] Gen. Elec. Co. v. Joiner，522 U. S. 136，146 (1997).

[178] *Kumho*，526 U. S. at 146.

[179] Daubert v. Merrell Dow Pharms.，Inc.，43 F. 3d 1311，1319 (9th Cir. 1995) (approvingly quoted in FED. R. EVID. 702 advisory committee's note).

[180] Daubert v. Merrell Dow Pharms.，Inc.，509 U. S. 579，585 - 89 (1993).

[181] *Kumho*，526 U. S. at 151.

[182] FED. R. EVID. 702 advisory committee's note (citing Sterling v. Velsicol Chem. Corp.，855 F. 2d 1188 (6th Cir. 1988)) (拒绝了基于“临床生态学”的证言，认为其未经铺垫且不可靠)。

[183] Cavallo v. Star Enter.，100 F. 3d 1150，1158 - 59 (4th Cir. 1996).

[184] Marc Sageman，*Challenging the Admissibility of Mental Expert Testimony*，13 PRA. LITIGATOR 7，8 (2002).

[185] CASTELL，*supra* note 86，at 191 - 93；*see also* FED. R. EVID. 702 advisory committee's note (称，法官在判断证据提出者所作铺垫的充分性时，应当考虑“专家是否进行了不当的推断”)。

或者，假设证据提出者可以证明理论或技术已经被反复使用。这种证明是否足以作为一项铺垫？当专家作出推论性主张时，答案必然是否定的。技术或理论的长期使用是具有说服力的证据，证明该领域成员接受该原理或技术，但是，仅当专家主张本质上为描述性的时，普遍接受标准才是足够的。在倡导关于理论或技术的一项推论性主张之前，经验主义者应当要求证明使用该理论或技术的结果。[186] 同样，*Daubert* 案[187]和 *Kumho* 案[188]均表示了对依赖理论或技术之结果的关切。在包括测谎术和纵火分析等在内的一些法证背景下，这种关切均具有相关性。在一些被援引来支持测谎证据可采性的研究中，并没有独立地验证测谎专家结论正确性的后续研究。[189] 尽管测谎仪已经被广泛应用了数十年，但如果不能证明该技术得到了准确使用，即测谎员认定结果“从根本上是正确的”[190]，那么经验主义者将不能将这些研究视为适当验证。纵火分析人员的意见也容易遭受同样的质疑。火灾调查员依靠混凝土“散裂”[191] 与碳化深度[192]等某些线索来判断起火点。这些线索看似真实，并且被火灾部门的纵火调查员广泛接受。[193] 然而困难在于，建筑物中“完全燃烧”的地方很少，并不足以验证这些因素准确地识别了起火点。[194] 更糟糕的是，“自然界并没有任何东西可以‘检验’纵火调查员的专业知识。假如某纵火调查员是错误的，人

[186] ZIMAN, *supra* note 1, at 6, 10, 46, 75.

[187] Daubert v. Merrell Dow Pharms., Inc., 509 U.S. 579, 594 (1993).

[188] Kumho Tire Co. v. Carmichael, 526 U.S. 137, 151 (1999).

[189] Michael Abell, *Polygraph Evidence: The Case Against Admissibility in Federal Criminal Trials*, *in* SCIENTIFIC AND EXPERT EVIDENCE 825, 835 - 36 (Edward J. Imwinkelried ed., 2d ed. 1981); 1 DAVID L. FAIGMAN ET AL., MODERN SCIENTIFIC EVIDENCE: THE LAW AND SCIENCE OF EXPERT TESTIMONY §§ 14 - 2.2.1, 14 - 3.2.3, 14 - 3.2.6, 14 - 3.3.2, 14 - 3.3.3 (1997); 1 GIANNELLI & IMWINKELRIED, *supra* note 56, § 8 - 3, at 378.

[190] 1 FAIGMAN ETAL., *supra* note 189, § 14 - 3.3.2 [3].

[191] 2 GIANNELLI & IMWINKELRIED, *supra* note 56, § 26 - 4 (A), at 557.

[192] *Id.* § 26 - 4 (A), at 556.

[193] *Id.* § 26 - 4 (A).

[194] Vincent Brannigan & Jose Torero, *The Expert's New Clothes: Arson 'Science' After Kumho Tire*, 43 FIRE CHIEF 60 (1999)（作者均为马里兰大学消防工程系教授）。

们也无从得知”[195]。这些线索被广泛使用，但鲜有客观证据表明利用这些因素将得出准确结果。在缺乏发现错误和评估技术使用结果的活动的情况下，分析人员可能仅仅是在不断地重复同一个错误。

在上述情况下，虑及最高法院的三部曲判决，在没有其他铺垫的情况下，审判法官应当裁决该铺垫不充分。然而，在极端情况下，也有很多铺垫性证明应被法官裁决为具有充分性。

鉴于 *Daubert* 案法院强调了科学检验的重要性，从经验检验中得出的归纳无疑是验证专家理论或技术之有效性的可接受方法。理想的情况是：专家构建一个大型数据库[196]，该数据库是相关领域的代表[197]；检验在大致接近本案情况的条件下开展[198]；误差率可以忽略不计。[199]当证据提出者所作的铺垫深刻地描绘了关于支持某理论或技术的科学研究现状的图景，法官应当允许证据提出者向事实裁判者提出该理论或技术。法院通常会在诸如 DNA 分型等遗传标记分析问题上遇到此类铺垫。[200]

尽管实验检验与归纳这一经典技术是可被允许的有效验证方法，但该技术并未穷尽所有可能性。认识论中经验性学派的成员还发现了其他的有效推理模式，如数学演绎。[201] 如果代数或几何推理证明了某命题的逻辑必然性，那么该证明对于经验主义认识论者而言将是可接受的；而且该证明在法庭上作为一项铺垫，也应被视为是充分的。

然而，假设证据提出者既没有传唤分子生物学家，也没有传唤数学家作为其专家证人。相反，证据提出者传唤汽车技工作为发动机故

---

[195] *Id.* at 61.

[196] EDWARD J. IMWINKELRIED, THE METHODS OF ATTACKING SCIENTIFIC EVIDENCE § 10 - 6 (a) (3d ed., Lexis Law Publ'g 1997).

[197] *Id.* § 10 - 6 (b), at 297 - 98.

[198] *Id.* § 10 - 6 (b), at 298.

[199] Kumho Tire Co. v. Carmichael, 526 U.S. 137, 151 (1999); Daubert v. Merrell Dow Pharms., Inc., 509 U.S. 579, 594 (1993).

[200] 2 GIANNELLI & IMWINKELRIED, *supra* note 56, § 18 - 3 (C), at 21 - 22 (考察了一些验证短重复序列（STR）DNA 分型方法的研究成果）。

[201] ZIMAN, *supra* note 1, at 102, 136, 150, 163; *see also* CASTELL, *supra* note 86, at 171, 195; TWINING, *supra* note 145, at 80.

障的专家出庭作证。尽管技工的学术背景可能不如生物学家或统计学家的那般令人瞩目，但该证据也应当被裁定为可采。相当多的显见事实表明，数十年来，技工始终在运用其发动机诊断与维修技术。此外，在此期间，车主已经开始依赖技工来对发动机故障进行诊断与维修。[202] 问题在于，车主在这样长的时间里求助于技工，恰恰是因为他们通常对技工的专业诊断及服务的结果感到满意。在大量情况下，技工成功地排除或减少了致使车主第一时间向技工咨询的难题。[203] 技工的外行顾客本身并不是专家；但是，如前所述，理性主义认识论者同意，外行也拥有评估结果并从经验观察中作出推论的认知能力。[204]

上述两种假设代表了将被呈现到法官面前的两种极端情形。根据本节最初建议的标准，这些假设的适当结果相当清晰。然而，其他现实状况则处于两种极端的中间地带。这些现实状况给法官提出了困难的、紧迫的要求。*Joiner* 案就是这种情况。本案中，原告出示了多项大规模的多氯联苯（PCB）研究。[205] 然而，同审判法院一样，法院关心的是本案事实与研究中的实验条件存在的不同之处：原告为成年人类，而动物研究则由幼鼠参与；老鼠摄入的剂量很大，但相对于体格大小，原告所接触到的量则“少得多”[206]；原告为皮肤接触，而老鼠则被注入体内；原告患上了小细胞肿瘤，老鼠却患有小泡基因腺瘤。虑及这些不同之处，法院得出如下结论：审判法官阻止该证言进入法庭的做法并没有滥用其自由裁量权。然而，在维持下级法院裁决之前，法院竭力强调，在复审中，该标准是对自由裁量权的滥用。[207] Stevens 大法官部分持并行意见，部分持不同意见，他尖锐地补充道：“值得强调的是，本院并没有判定采纳专家证言是滥用自由裁量权。”[208] 本节建议的标准将会减少该法律领域的不确定性，但诸如

[202] Imwinkelried，*supra* note 97，at 35.

[203] *Id.*

[204] TWINING，*supra* note 145，at 80.

[205] Gen. Elec. Co. v. Joiner，522 U.S. 136，144 - 46 (1997).

[206] *Id.* at 144.

[207] *Id.* at 139，141 - 43.

[208] *Id.* at 150，155 (Stevens，J. 部分持并行意见，部分持反对意见)。

Joiner 案等要求审判法官作出艰难裁决的案件仍将存在。

五、结论

Daubert 案是一个里程碑式的判决。对该判决的大部分关注点在于法院的正式观点，即普遍接受标准已不再适用，并且规则 702 要求对科学证言进行验证铺垫。然而，该判决的真正意义可能在于，法院坦率地承认了科学知识的局限性。[209] 得益于科学组织提交的数份法庭之友意见书[210]，法院摈弃了一个存在缺陷却备受欢迎的观点，即硬科学可以得出绝对的确定性。[211] 法院正视了以下现实，即存在许多奇怪的现象，甚至最为缜密的科学方法也无法适用。[212] Blackmun 大法官因此援引法庭之友意见书称："可以说，科学中并不存在确定性。"[213] *Daubert* 案有助于纠正下级法院对科学方法持有的过分简单化的信念。如果自 *Daubert* 案起的三部曲判例被解释为支持如下命题，即科学方法是验证专家证言的唯一方法，甚或存在一种支持经验检验与归纳的偏好，那么这将是讽刺的。

"我们已经摈弃了这种天真的看法，即所有科学都必然为真……"[214]下列观点也是不明智的，即在任何特定时间内，科学共同体——即使是生物、化学或物理等高度专业化的科学共同体——内散播的所有命题都得到了充分的验证。恰恰相反，任何科学圈内的话语都很有可能包含一个混合体，这个混合体包含早已被验证的命题、最近被验证的命题、推测和已经被证实为假的命题。[215] 因此，"什么必

[209] Imwinkelried, *supra* note 68.

[210] *Id.* at 64 - 65. 法庭之友包括如下部门：美国科学促进协会（American Association for the Advancement of Science）、国家科学院（National Academy of Sciences）、美国医学协会（American Medical Association），以及卡耐基科技管理委员会（Carnegie Commission on Science, Technology, and Government）。

[211] *Id.* at 59 - 60.

[212] *Id.* at 60 - 63.

[213] Daubert v. Merrell Dow Pharms., Inc., 509 U.S. 579, 590 (1993).

[214] ZIMAN, *supra* note 1, at 2.

[215] *Id.* at 130 - 33.

须被验证?”这一问题的回答应该是昭然若揭了。关注点必须在于专家准备依赖其遂行“手头任务”[216]——即专家打算就此作证的判断——的具体理论或技术。

我们也“[同样]摈弃了这样的观点，即……所有真知识都必然是科学的”[217]。长期以来，或许 *Daubert* 案最重要的洞见在于，法院承认科学方法论的可错性和固有局限性。英美证据法依赖经验主义认识论。除了科学归纳以外，这种认识论流派还承认其他推理模式的有效性。数学归纳也是被允许的，即使外行也被视为拥有从感官数据中作出可靠推论的认知能力。“其应当如何被验证”这一问题的答案也因此浮现出来。如果专家提出有限的描述性主张，那么当其铺垫证实了专家拥有大量相似经验时，便存在足够的验证。当专家作出推论性主张时，问题就变为，证据提出者是否证明了使用该原理或技术的结果，该结果将使一个持怀疑态度的理性主义者确信，该原理或技术准确地发挥了专家所主张的作用。

把三部曲解释为强制法官从科学传统的狭义观点评价专家铺垫的做法，是一个重大错误。相反，对三部曲的解读应当从英美证据法的理性主义传统出发。[218]规定一种科学观点，可能会简化审判法官的工作；在许多情况下，显而易见的是，证据提出者的铺垫并非可控的实验验证。然而，正如洛克所想到的那样，接受这种观点也将导致大量符合经验性认识论的证据被排除。易用性使得狭义的科学观点充满诱惑；但是，正如 Breyer 大法官在 *Kumho* 案中所睿智警示的那样：“我们太多地依赖于有关特定案件的特定情况。”[219]与教条的[220]科学主义不同，理性主义传统拥有足够的智识宽度和灵活性，能够适应那些五花八门的情况。

---

[216] *Daubert*, 509 U.S. at 597.

[217] ZIMAN, *supra* note 1, at 2.

[218] TWINING, *supra* note 145, at 32 - 91.

[219] Kumho Tire Co. v. Carmichael, 526 U.S. 137, 150 (1999).

[220] Schwartz, *supra* note 29.

说理与限制：学术论文在弹劾对方专家证言中的应用*

否则，某个行业中的无知者，就可以通过主张某种学识，宣称最荒唐的理论是他作为专业证人所属的科学领域的教义。

——*Clark v. Commonwealth*，63 *S.W.* 740，744（*Ky.* 1901）

前 言

数字能够反映文章主题的重要性。首先，当事人在法庭上提出专家证言早已司空见惯。在一项针对超过500起审判的研究中，研究人员发现86%的听审有专家作为证人出庭。① 平均每个审判中有3.3个专家。② 对此，有论者指出，美国的陪审团审判已演化为专家审判。③ 如果说专家证人的数字是让人印象深刻的，那么专业文献的数量则是惊人的。且不论已出版的致力于专业题目的教材与论文数量，现在就

* 本文原载 Vermont Law Review，2011。武晓慧、刘孟尧译。

① Samuel R. Gross，*Expert Evidence*，1991 WIS. L. Rev. 1113，1119 (1991).

② Id.

③ William T. Pizzi，*Expert Testimony in the US*，145 New L. J. 82，82 (1995).

连关于这种主题的普通杂志也数以千计。国家卫生研究院医学图书馆收藏了自 1948 年以来成千上万的生物医学杂志。[④] 在该图书馆包括医学文献索引的数据库（Index Medicus）中，不仅收录了国内医学文献，也收录了国际医学文献[⑤]；当前，医学数据索引囊括了 4 945 种期刊。[⑥] MEDLARS 是该图书馆的电子医学文献分析与检索系统。[⑦] 专业文献不仅数量庞大，而且借助互联网，比以前更容易被当事人获取。

庭审中，专业的教材与期刊有多种用途。假如正在作证的专家所著的教材或文章以及出版物中的内容与专家证言不符，那么这些内容能够被用来作为先前的矛盾陈述，以弹劾证人可信性。[⑧] 此外，在多数司法管辖区，反方律师获准在特定情况下将教材和文章用来弹劾，哪怕证人未曾撰写该教材或文章。[⑨] 现在大多数司法管辖区会认可学术论文是传闻证据的例外。[⑩]

然而，在 1975 年制定联邦证据规则之前，学术论文这一传闻证据例外仍为明显的少数观点。[⑪] 传统观点限制使用这样的出版物来弹

④ *Fact Sheet*, U. S. NAT' L LIB. MED. NAT' L INSTS. HEALTH, http://www.nlm.nih.gov/pubs/factsheets/pubmed.html (last updated Mar. 1, 2010).

⑤ Elliot L. Sagall, (*Part I*) *Lawyer's Guide to Medical Writings*, TRIAL, Aug./Sept. 1970, at 59, 60.

⑥ *Number of Titles Currently Indexed for* Index Medicus *and MEDLINE on PubMed*, U. S. NAT'L LIB. MED. NAT'L INSTS. HEALTH, http://www.nlm.nih.gov/bsd/num_titles.html (last updated July 22, 2011).

⑦ Jonathan T. Zackey, MEDLINE and WESTLAW: Computerized Research Through the Exchange, TRIAL, Mar. 1981, at 20, 20.

⑧ FED. R. EVID. 613.

⑨ *See generally* William D. Farber, *Contradiction of Expert Witness Through Use of Authoritative Treatise*, *in* 31 AM. JUR. 2d *Proof of Facts* § § 1-5 (1982) [hereinafter Farber]（讨论了司法管辖区利用权威论文弹劾证人的四种主要方法，其中证人却未必是文章的作者）。

⑩ *E. g.*, FED. R. EVID. 803 (18); DAVID H. *KAYE*, DAVID E. BERNSTEIN & JENNIFER L. MNOOKIN, THE NEW WIGMORE: EXPERT EVIDENCE § 5.4 (2d ed. 2010) [hereinafter KAYE].

⑪ *KAYE*, *supra* note 10, § 5.3; *see* 2 *KENNETH* S. BROUN *ET AL.*, MCCORMICK *ON EVIDENCE* § 321 (Kenneth S. Broun ed., 6th ed. 2006) [hereinafter 2 MCCORMICK]（讨论了普通法中的这种趋势）。

劾。[12] 直到近期，大多数州才采纳了传闻例外。Wigmore 院长强烈支持承认该例外。[13] 他指出，由于这些教材或文章的作者没有卷入诉讼，他们的分析可能比当事人提供的当事人性的专家的观点更为可靠。在 Wigmore 的敦促下，联邦证据规则的起草者决定在规则的第八章中插入学术论文例外，在相关部分，规则 803（18）规定：

下列证据不受反对传闻证据的排除，无论陈述人是否能够作为证人到庭：

> （18）学术论文、期刊或者手册中的陈述。包含在论文、期刊或者手册中的符合下列条件的陈述：（A）该陈述系在交叉询问中为引起专家证人的注意而提出，或者在直接询问中为专家所根据；并且（B）根据专家的自认或者证言、其他专家证言或者司法认知，该出版物已经被证实为一个可靠的典据。[14]

现在，有 43 个州适用主要根据联邦规则制定的法典。[15] 并且这些州里面的大多数选择将该传闻例外规定进其关于传闻的规定中。[16]

正如 1901 年 *Clark v. Commonwealth* 案所表明的那样[17]，利用这样的出版物进行弹劾，比传闻例外具有更长久的渊源。[18] 矛盾之处

---

⑫ *See* Kaye，*supra* note 10，§ 5.3（“在采纳《联邦证据规则》之前，所有联邦法院及绝大多数州都将学术论文的使用限制在交叉询问中”）。

⑬ *Id.*；6 JOHN HENRY WIGMORE，EVIDENCE § § 1690－92 (Chadbourn rev. 1976).

⑭ FED. R. *EVID.* 803（18）. 附随的咨询委员会注解也解释了这种少数观点，即这种学术论文应当作为独立的实质证据而具有可采性：“当反对论文时，传闻证据异议必然被认为是不能令人信服的，这是因为由于以下各种因素，论文具有高度准确性：论文主要是面向专业人员公正地撰写的，论文受到了详细审查且不准确之处将暴露出来，论文与作者的声望息息相关。”*Id.* at 803（18）advisory committee's note.

⑮ 6 JACK B. WEINSTEIN & MARGARET A. BERGER，WEINSTEIN'S FEDERAL EVIDENCE T－1 to T－9 (Joseph M. McLaughlin ed.，2d ed. 2009)（表格中列举了 42 个州，伊利诺伊州法院之后制定了一系列以《联邦证据规则》为模板的规则）。

⑯ *Id.* at T－134 toT－137.

⑰ Clark v. Commonwealth，63 S. W. 740 (Ky. 1901).

⑱ CHRISTOPHER B. *MUELLER* & *LAIRD* C. KIRKPATRICK，EVIDENCE § 8.60 (4th ed. 2009) [hereinafter MUELLER]；*see* Reilly v. Pinkus，338 U. S. 269，275—76 (1949)（认定下级法院错误地阻止了答辩人运用医学著述之外的信息对医学专家进行交叉询问）。

在于：传闻例外的基本原理是相对清楚的，而关于弹劾运用的理论基础也很清晰。通常，法庭在支持教材或文章用以“弹劾”时，并不会对此进行详细说明。当传闻例外是少数人的意见时，这样的含糊不清或许可以容忍，但是，当传闻例外在大多数州成为主流观点时必须明确：允许使用弹劾的基本原理是什么？如何就利用教材弹劾证据进行说理，以及如何有别于根据传闻例外采纳该出版物？

这个问题不仅容易激起人们的理论兴趣，而且具有实践价值。如果法官仅仅根据可信性理论采纳证据，则根据《联邦证据规则》105的规定，审判法官应当依对方之请求，给予陪审团限制性指示，区分证据可容许和不可容许的用途。⑲ 然而，大多数指示模板的著述缺乏对使用出版物弹劾专家的标准指示。⑳ 因此，审判法官必须自己起草其指示。关于陪审团可以考虑将出版物“作弹劾之用”的简短指示，对陪审团的指示将很少，或者不会提供指示。为帮助陪审团，审判法官在就使用出版物进行弹劾的限制性指示中，究竟应该说什么？这个问题的答案不仅决定了法官指示的措辞，而且决定了律师在结辩陈词中可就该证据说什么。此外，当证言基于有限的可信性理论被采纳时，该证言不能充当实质证据。㉑ 在审判阶段，证言提出者不能使用该证据来否决一项指令裁决动议；在上诉阶段，证言提出者也不能用该证言来支持有利于他的裁决。㉒

⑲ FED. R. EVID. 105.

⑳ 例如，在1A *KEVIN* F. O' MALLEY, JAY E. *GRENIG* & WILLIAM C. LEE, FEDERAL JURY PRACTICE *AND* INSTRUCTIONS § 14：01（6th ed. 2008）中没有这样的指示。

㉑ RONALD L. CARLSON, EDWARD J. IMWINKELRIED, EDWARD J. *KIONKA* & KRISTINE STRACHAN, EVIDENCE：TEACHING MATERIALS FOR AN AGE OF SCIENCE AND STATUTES 397 - 98（6th ed. 2007）[hereinafter CARLSON]；*see* KAYE, *supra* note 10, § 5.1（讨论可靠性在实质证据确定过程中的作用）；2 MCCORMICK, *supra* note 11, § 321（讨论了普通法中的理论）；MUELLER, *supra* note 18, § 8.60（解释以下普通法理论，即论文“仅能用于支持或弹劾专家的非传闻目的”）。

㉒ *See, e.g.*, W. E. Shipley, Annotation, *Use of Medical or Scientific Treatises in Cross Examination of Expert Witnesses*, 60 A. L. R. 2D 77, 79（1958）[hereinafter Shipley]（“此处讨论的这种学术论文不能被用作证明其中陈述之事实或观点的独立证据，这一点作为一般性规则被大多数司法辖区所接受……”）；*EDWARD J. IMWINKELRIED* & *TIM* HALLAHAN, CALIFORNIA EVIDENCE CODE ANNOTATED § 721 law revision commission cmt.（2011）（“陈述不能视为陈述之命题真实性的证据……”）。

这篇文章具有双重目的：说理和限制。第一个目的是通过识别以下事实情况来为这种学说说理，即根据某种可信性理论，某著述或者文章对于弹劾对方专家而言具有真实的逻辑相关性。第二个目的是限制，即利用说理来批判该学说当前的使用范围。尽管本文得出结论称，这种出版物的某些用途根据非传闻理论具有合法的相关性，但这也证实，一些司法辖区不当地扩大了这种原则的范围。本文开始部分是对现状的描述，回顾了各司法管辖区在允许出于弹劾目的使用专家出版物方面的种种立场。本文接下来的部分审视了这些观点。这部分仔细考察了每种立场，从而确定是否存在某种真实的潜在逻辑相关性可信性理论，来证成该观点。文章最后一部分就著述和文章之弹劾使用的适当范围提出了建议。

一、法律现状

就律师利用证人以外的人撰写的著述或论文弹劾专家证人，各司法辖区的做法大相径庭。[23] 在加利福尼亚州采纳当前调整这种弹劾的

[23] Shipley，*supra* note 22；EDWARD J. IMWINKELRIED，THE METHODS OF ATTACKING SCIENTIFIC EVIDENCE § 4-4 [a]（4th ed. 2004）[hereinafter IMWINKELRIED]. *See also* Farber，*supra* note 9，§ 2（总结了四种利用作者并非证人的权威论文弹劾证人的方法）。原则上，起点问题是律师之前能否使用某著述来弹劾。在诸如马萨诸塞州这样的普通法司法辖区，法院保有宣布一项规则来授权该用途的权力。然而，在有着证据法典或证据规则的司法辖区，也必须以肯定的方式回答起点问题。在某些拥有这种法典或规则的司法辖区，立法机关或州最高法院已明确规定：法典的采纳不会取代司法机关通过普通法程序构建证据规则的权力。Edward J. Imwinkelried，*A Brief Defense of the Supreme Court s Approach to the Interpretation of the Federal Rules of Evidence*，27 IND. L. REV. 267，280（1993）（探讨明尼苏达州、俄勒冈州及西弗吉尼亚州的法典）。即使没有如此明确的规定，根据《联邦证据规则》，以及直接参照《联邦证据规则》制定法典的州，法院应当允许出于弹劾的目的使用著述。在*United States* v. *Abel* 案中，最高法院讨论了这样的问题，即偏见弹劾在联邦实践中是否被允许。469 U.S. 45，49（1984).《联邦证据规则》并未明确允许使用偏见弹劾。然而，最高法院指出，根据《联邦证据规则》402，在联邦法院，所有相关证据被推定为具有可采性。*Id. at* 51. 法院推理道，偏见弹劾是可被允许的，因为每个作证证人的可信性都会成为案件中的重要事实，偏见无疑与可信性相关。*Id.* at 52. 由此类推，如果使用著述对于弹劾证人的可信性来说具有逻辑相关性，则 *Abel* 案批准这种弹劾技巧。本文的第二部分说明，在某些情况下，学术著述的内容在对方专家可信性问题上具有逻辑相关性。

制定法之前，该司法辖区法律修订委员会将普通法的状态描述为，表现出“相当大的混乱”[24]。不仅州与州之间的模式各不相同；甚至在同一个司法管辖区内，不同法院有时也会采取不同的进路。至少可以想到五种观点。

最保守的观点是，如果专家承认他不仅参考了某出版物，而且最终依据该出版物形成了自己的意见，则律师可以使用该出版物。[25] 所有司法辖区都允许律师这么做。[26] 用《加州证据法典》721（b）（1）的话来说，如果“证人……依据这样的出版物得出或形成他的意见”[27]，则出于弹劾目的使用出版物是被允许的。根据这种观点，使用著述的两种必要铺垫必须包括专家的两项认诺：证人必须承认他曾查阅了该出版物，并且经过思考后，他依据其内容形成作证意见。如果专家虽然查阅了该出版物，但是最终决定不依据其内容，则这种观点禁止律师为弹劾目的使用该出版物。

一种稍加放宽的观点是，只要专家承认他曾查阅了出版物，则律师就可以使用该出版物。《加州证据法典》721（b）也是这么规定的。该规定授权律师使用某出版物，如果“证人在得出或形成其意见时曾参考［或］考虑……该出版物”[28]。根据这种观点，证人不能仅通过声称自己最终决定不依赖某出版物的内容，来阻止律师使用该出版物。只要证人承认在其研究期间，曾翻开该出版物并阅读了与其意见的主题相关的资料就足够了。

一种更加宽容的观点是，如果专家承认某出版物是其所在领域的典据，则律师可以诉诸该出版物。这种观点有时也被称为“承认”标准。[29] 大多数司法辖区允许律师这么做。[30] 例如，加利福尼亚州的起草者乐于采取这种做法。当“通过证人的承认……出版物已被证明为

㉔ IMWINKELRIED & HALLAHAN，*supra* note 22.

㉕ IMWINKELRIED，*supra* note 23，§ 4-4［a］.

㉖ Farber，*supra* note 9，§ 3.

㉗ CAL. EVID. CODE § 721（b）（1）（West 2011）.

㉘ *Id.*

㉙ CHARLES S. HIRSCH，R. CRAWFORD MORRIS & ALAN MORITZ，*HANDBOOK OF* LEGAL *MEDICINE* 274（5th ed. 1979）.

㉚ Farber，*supra* note 9，§ 5.

可靠的典据”[31]，则721（b）（3）允许律师出于弹劾目的使用该出版物。假设证人否认曾查阅——遑论依据——某出版物。即使在这种情况下，如果证人承认该出版物是其所在领域的标准典据，律师也可以出于弹劾的目的使用该出版物。但是，如果证人拒绝作出这种承认，该观点便将阻止该出版物的弹劾性使用。[32]

一些法院通过类比规定传闻例外的联邦证据规则803（18），从而走得更远。根据该规则，证据提出者可以通过几种方法，使出版物有权作为实质证据被采纳。一种明确规定的方法是“证人的承认”[33]。或者，该规定提及“其他……证言”[34]。这种措辞使以下做法成为可能，即利用1号专家的证言使出版物获得例外资格，然后在询问2号专家时使用该出版物。《密歇根州证据规则》707不仅将联邦规则803（18）转化为弹劾条款，并且明确表示这种可能在密歇根州是现实的。规则707规定：

> 在通过交叉询问引起专家证人注意的情况下，已出版的关于历史、医学或者其他科学或艺术等主题的论文、期刊或手册包含中的陈述，若通过证人的证言或自认、其他专家的证言或司法认知被证明为可靠的典据，只能出于弹劾的目的被采纳。[35]

尽管规则707的大多数措辞取自《联邦证据规则》803（18），但规则707与规则803（18）存在本质上的区别。密歇根规则的条文称，出版物“只能出于弹劾的目的”被使用。此外，条文明确提及“其他专家的证言”是使得出版物有资格作为可用来弹劾其他专家的学术论文的基础。密苏里州接受了同样的观点。用*Ball* v. *Burling-*

[31] CAL. EVID. CODE § 721（b）（3）（*West*2011）.

[32] Shipley，*supra* note 22，at 103.

[33] FED. R. EVID. 803（18）.

[34] *Id.*

[35] MICH. R. EVID. 707. *See also* OHIO R. EVID. 803（18）（取代了之前的规则706，“鉴于规则803（18）被采纳，2006年7月1日其效力被废止”［引自《俄亥俄州证据规则》706］）。

ton Northern Railroad Co. 案的话说："专家可以就他并不承认的文章或论文受到交叉询问，对一个专家的交叉询问可以依据他并不认同的文章或论文，只要其他一些专家已经证明，该出版物具有权威性。"[36]

少数司法辖区走得更远。在这些司法辖区，律师甚至可以在出版物未经初步确认或证明其权威地位的情况下，向对方专家引用矛盾的段落。[37] 律师只要手捧著述，逐字向专家大声宣读该段落，并询问该专家，他是否同意该段落的内容。[38]

二、说理：检验不同观点来确定，根据弹劾理论，其是否具有合法的非传闻相关性

在讨论出版物弹劾用途的典型判决意见中，法院并不惮于解释，为什么出版物的内容根据某种弹劾理论具有逻辑相关性。正如前言所指出的那样，在学术论文传闻例外被广泛接受之前，这种倾向或许能够被容忍。然而在今天，联邦法院和绝大多数州已采认了某些版本的传闻例外。挑战在于，将出版物的弹劾性使用与根据传闻例外被作为实质证据相区分。

进行区分的关键在于，确定出版物的内容是否与弹劾具有逻辑相关性，即使出版物中的主张是错误的。根据《联邦证据规则》801(c)，如果出版物中的内容作为证明主张真实性的证据被提出，则其构成传闻。[39] 因此，为了否定传闻异议，证据提出者必须证明该陈述基于非传闻目的具有逻辑相关性。[40] 如果即使陈述中的断言是错误

[36] Ball v. Burlington N. R.R. Co., 672 S.W.2d 358, 363 (Mo. Ct. App. 1984) (citing Gridley v. Johnson, 476 S.W.2d 475, 481 (Mo. 1972)).

[37] ROBERT L. HABUSH, ART OF ADVOCACY: CROSS EXAMINATION OF NON-MEDICAL EXPERTS § 20.08 (2011).

[38] *Id.*

[39] FED. R. EVID. 801 (C).

[40] 1 EDWARD J. IMWINKELRIED, PAUL C. GLANNELLI, FRANCIS A. GILLIGAN & FREDRIC I. LEDERER, *COURTROOM* CRIMINAL EVIDENCE § 1004 (5th ed. 2011) [hereinafter COURTROOM *CRIMINAL EVIDENCE*].

的，使用该陈述仍具有相关性，那么其目的就是非传闻用途。例如，考虑根据《联邦证据规则》613[41]采纳证人先前不一致陈述进行弹劾的非传闻理论：

> 依情况证明陈述人的心理状态……［是公认的］非传闻目的……证人的先前不一致陈述……［至少］对于证明证人心中存在不确定性是相关的……即使陈述中的事实是错误的，不一致陈述这一事实也是相关的。[42]

举例来说，假如审判开始之前，某事件的证人称该事件发生于某天的下午四点钟。[43] 然而，证人在审判中作证称，该事件发生于上午十点钟：

> 两次陈述有可能都是错误的，事情的真相也许是［案件发生于］下午一点钟。然而，无论陈述的正确与否，证人作出先前陈述的事实具有逻辑相关性。即使陈述中断言的事实是错误的，作出不一致陈述的事实也是相关的。证人审判前作出的陈述与庭审证言不一致的事实，至少是证明证人不确定的情况证据。因此，该证据使事实审判者能够洞察证人的心理状态。[44]

有鉴于此，我们现在将审视在第一部分中讨论的五种矛盾观点。决定性问题在于，我们能否将出版物用作非传闻用途[45]，并识别其与对方专家可信性的逻辑相关性，即使出版物中陈述的事实是错误的。如果我们不能做到这一点，则出版物不应基于弹劾原因被使用；如果出版物将被采纳，则其提出者必须进行满足学术论文传闻例外的

[41] FED. R. EVID. 613.

[42] COURTROOM CRIMINAL EVIDENCE，*supra* note 40，§ 1004.

[43] 这个例子基于 CARLSON，*supra* note 21，at 500-01。

[44] *Id.* at 501.

[45] MUELLER，*supra* note 18，§ 8.60.

铺垫。

（一）观点 1：证人承认依赖出版物

当证人声称依赖出版物的内容支持其观点时，该出版物可以合法地被用于弹劾。要成为一名可信的专家，证人应当保持审慎与公正。如果证人声称自己依赖某著述或文章中的某一段，但该段与证人的推理不符，则这种不一致性将使人怀疑专家在阅读和分析该段时是否审慎。语段的内容不能“证实”[46] 专家的这种主张，即语段支持了他的意见。用加州法律修订委员会对《加州证据法典》721 评论的话说：“如果专家证人在形成其意见时曾依赖特定出版物，则为了证明专家是否正确阅读、解释和适用了其依赖的部分，有必要允许就该出版物进行交叉询问。”[47] 即使假设相关语段是错误的，该语段和专家分析之间的不一致性也会引起诸如这样的问题，即证人是否审慎地阅读了其依赖的语段，并且是否合乎逻辑地将这些语段适用于当前的案件中。简言之，出版物的这种用途对于弹劾目的而言具有真正的非逻辑相关性。在限制性指示中，法官可以指令陪审员，在决定专家是否审慎地阅读和评议了其声称依赖的资料时，他们可以考虑出版物的内容和专家推理之间的不一致性。

（二）观点 2：证人承认参考出版物

如果专家承认参考了出版物，但补充说其最终并未依赖该出版物，这将会怎样？在这种情况下，是否存在合法的非传闻性相关性？《加州证据法典》721 的委员会注释暗示了这样的理论：“对于专家在形成其意见时提及或考虑的特定出版物而言，专家不依赖它们的理由可以揭示关于其证言可信性的重要信息。”[48] 一些法院曾提出了类似

[46] Farber，supra note 9，§ 1.

[47] IMWINKELRIED & HALLAHAN，*supra* note 22.

[48] *Id.*

的主张，即证人拒绝潜在信息来源的理由可能与其可信性相关。[49] 某法院的做法走得更远，该法院称："对于交叉询问而言，庭审专家证人曾加以考虑但最终拒绝的文件，甚至可能比他实际依赖的那些文件更加重要。"[50] 如果证人声称曾参考并拒绝某出版物，但陪审团认为对于本案而言，该出版物比证人选择依赖的出版物更为适当，则陪审团可以合理地得出这样的结论，即证人粗心地仓促进行其分析。证人对一个明显相关的出版物的拒绝，甚至可能表明了该证人本身的偏倚。证人可能陷入了认知失调：在过早地形成其意见以后，证人拒绝公平地考虑与该意见不一致的信息。简言之，著述中的语段要么弹劾了证人的审慎性，要么弹劾了证人的公正性。即使语段中的内容是错误的，其依然能够被用来弹劾。简言之，就像第一种观点那样，第二种观点也顺利过关。在指示中，法官可以告知陪审员，在决定专家是否审慎和客观地分析了案件的时候，他们可以考虑，该专家是否有拒绝那些其选择不加依据的出版物的充分理由。

（三）观点 3：承认标准

乍一看，当证人否认依据甚或参考一个出版物时，似乎更加难以确定与可信性相关的非传闻相关性。然而，细看便会发现，承认标准也是一个合法的弹劾标准。《加州证据法典》721 的委员会注释提到，应当允许律师就这种著述进行探究，因为"著述中的陈述可能基于不

[49] United States v. Harper, 450 F. 2d 1032, 1037 (5th Cir. 1971)（"陪审团知晓专家相信何种意见，拒绝何种意见以及为什么，这是完全恰当的"）；*In re* Air Crash Disaster at Stapleton IntM Airport, 720 F. Supp. 1442, 1444 (D. Colo. 1988) (citing Quadrini v. Sikorsky Aircraft Div., 74 F. R. D. 594, 595 (D. Conn. 1977))（"专家在形成其将作证的意见时审阅并随后弃置的资料，与审判时对该证人的弹劾相关"）；Zier v. Shamrock Dairy of Phoenix, Inc., 420 P. 2d 954, 956 (Ariz. Ct. App. 1966)（"被告律师有权对（Keppel 医生拒绝其审阅的报告的）理由进行探究，这样 Keppel 医生结论的效力可以被检验"）；*see also* C. B. Rogers, *Cross-examining the Expert Witness*, 21 DEF. L. J. 491, 506 - 07 (1972)（指出了这样的案例，即证人对某些材料的拒绝影响了他的可信性）。

[50] Intermedics, Inc. v. Ventritex, Inc., 139 F. R. D. 384, 390 n. 6 (N. D. Cal. 1991) (quoting Eliasen v. Hamilton, 111 F. R. D. 396, 400 n. 5 (N. D. Ill. 1986)).

充分的……研究”[51]。就像不充分的研究可能会降低著述的可信性那样，证人未能进行充分研究也可能使其作为专家的可信性遭到质疑。当然，随之产生的问题在于，专家什么时候可以因“不充分”研究而受到指责。

可以说，承认标准依赖背后的这种假设，即专家至少有义务查阅专业领域内其认为具有权威性的所有著述。[52] 只要专家研究职责的范围被这样界定，批评专家疏于查找和审阅该出版物就是合理的。如果专家自己愿意承认该出版物在其所属领域具有这种地位，则专家未能查阅该出版物对于证明其在案件中仓促进行分析，就具有逻辑相关性。同样，如果我们假定出版物的内容是错误的，上述推论仍然是合理的。然而，当专家甚至没有着力审阅领域内的标准典据时，陪审团可以正确地将这种失职视作降低其对证人作为专家之可信性评价的基础。用限制性指示的话来说，法官可以告知陪审员，在决定专家于形成其意见之时是否投入了应有的责任心时，他们可以考虑专家是否对相关典据进行了足够的研究。

（四）观点 4：使用由其他专家证明为学术论文的出版物

下一个观点是密歇根州类比《联邦证据规则》803（18）采取的方法。根据这种方法，在使用 1 号专家证明某出版物的权威地位以后，律师被允许使用该著述弹劾 2 号证人。[53] 根据这一观点，即使证人并不承认该出版物的权威性或者他参考了该出版物时，律师也可以这样做。

对该观点进行说理似乎是简单的。毕竟 1 号专家说“A”而 2 号专家说“非 A”。这似乎是具体矛盾弹劾的简单例子。普通法允许这种弹劾模式[54]，且尽管《联邦证据规则》的第六章并未明确地提到这

[51] IMWINKELRIED & HALLAHAN，*supra* note 22.

[52] *See* Farber，*supra* note 9，§ 5（强调专家接受信息来源“权威地位”的基本要求）。

[53] 2 MCCORMICK，*supra* note 11，§ 321.

[54] *See* 1 KENNETH S. BROUN ET AL，. MCCORMICK ON EVIDENCE § 45 (Kenneth S. Broun ed.，6th ed. 2006) [hereinafter 1 MCCORMICK]（总体上讨论了具体矛盾弹劾，并探讨了联邦法院对该原则的持续遵从）。

一点，但联邦法庭仍旧允许这种弹劾。[55] 然而，该弹劾技术在这里是不适用的：

> 具体矛盾的弹劾效果是间接的。第二个证人并没有指责第一个证人是个说谎者，甚或描述后者作出的陈述是不一致陈述。第二个证人仅仅是就案情提出了一种相反的事实版本。然而经过推论，这种具体矛盾与第一个证人的可信性具有逻辑相关性；如果第二个证人是正确的，则第一个证人必然是在说谎或犯了错。简言之，具体矛盾证据具有双重逻辑相关性；表面上看，其声称与过去的案情相关，但它也间接攻击了对方证人的可信性。[56]

因此，该技术预先假定，矛盾证据能够出于实质目的被采纳，即证明断言的真实性；间接弹劾推论源于两个证人证言内容上的冲突。然而在当前语境下，我们必须认定，弹劾证据是出于非传闻的可信性目的而被采纳的；否则，其将受学术论文传闻例外调整。

这种观点之所以不能作为具体矛盾弹劾的一个特殊实例被合理化，还有第二个原因。当具体矛盾证据仅与证人的可信性相关时，法庭通常[57]禁止外部证据的使用。[58] 然而，诉诸第四种观点必须考虑使用外部

---

[55] United States v. Perez-Perez, 72 F. 3d 224, 227 (1st Cir. 1995) (citing United States v. Innamorati, 996 F. 2d 456, 479 - 80 (1st Cir. 1993))；United States v. Tarantino, 846 F. 2d 1384, 1409 (D. C. Cir. 1988)（引述已略）. 没有必要对这种弹劾技巧进行明确的制定法授权。就像《联邦证据规则》第六章并没有明确允许具体矛盾弹劾那样，该章也没有提及偏见弹劾。*See id* . 但是，第六章的存在恰恰假定，如果证据同证人的可信性相关，则其便与案件中的重要事实相关。在*United States* v. *Abel* 案中，最高法院判定，联邦诉讼当事人可以继续使用偏见弹劾。469 U. S. 45, 50 (1984) (quoting E. CLEARY, 40 MCCORMICK ON EVIDENCE 85 (3d ed. 1984)). 法院指出，根据《联邦证据规则》402，任何相关证据都被推定可采。*Id.* at 51.

[56] CARLSON, *supra* note 21, at 433.

[57] *But see* 1 MCCORMICK, *supra* note 54, § 49（指出偏见弹劾被认为极具证明力，以至于某些关于偏见的外部证据具有可采性）；Davis v. Alaska, 415 U. S. 308, 319 - 20 (1974)（判定阿拉斯加最高法院错误地禁止了辩方律师出于偏见弹劾目的提交关于对方证人少管犯记录的外部证据）。然而接下来的段落解释称，如果存在关于偏见的推论，则存在其他可资律师援引的非传闻理论。

[58] 1 *MCCORMICK*, *supra* note 54.

证据；因为目标证人不会承认该出版物的权威地位，所以律师求助2号证人的证言来证明这种地位。基于这两个原因，具体矛盾理论无法适用。

尽管具体矛盾理论并不牢靠，律师似乎仍然可以主张，根据某种弹劾理论，其中存在真实的证明价值。依据第三种观点，专家未能查阅其承认具有权威性的出版物，将使其研究的勤勉度遭到质疑。在该问题的这种变体中，专家作证称他不熟悉该出版物，或者他不承认该出版物是其所属领域内的标准典据。然而，假如其他证言证明该出版物具有这种地位，则律师可以确认某些最低限度的弹劾价值。当专家承认他对某著述并不熟悉，但该著述已被证明是领域内的标准典据时，这种承认表明，专家在其领域内并非真的知识渊博，因为“有专业技能的专家应当知晓这种文献”[59]。因此，这种承认引发了关于专家专门知识程度的问题。或者，当专家承认其熟悉某文献，但拒绝承认该文献的权威地位时，则专家的这种固执拒绝有助于证明某种偏倚。当就出版物在领域内地位作证的专家比那些被弹劾的专家拥有更好的信誉时，这种关于偏倚的推理尤为有力。[60]

(五) 观点5: 使用任何出版物中似乎不一致的语段

随着这五种观点的不断推进，确定合法的非传闻弹劾价值的难度也逐步增加。当我们转向最后一种观点，合法的弹劾价值实际上已荡然无存。同样，根据这种观点，律师可以向证人引用任何明显不一致的语段。律师不需要将出版物确定为相关领域内的可靠典据，或证实其这种地位。在没有其他证据的情况下，该语段仅证明某人持有相反的观点。许多——即使不是大多数——法院一度认同这种流行观点，即至少诸如物理、化学和生物等硬科学会产生真实、绝对的确定性。[61]

[59] KAYE, *supra* note 10, § 5.4.2a.

[60] *See DAVID* COHEN, ADMIT THE ACT AND WIN THE CRIMINAL CASE 236-37 (1979)（提供了关于这种情形的几种假设性示例）。

[61] *See* Edward J. Imwinkelried, *Evidence Law Visits Jurassic Park: The Far-Reaching Implication of the* Daubert *Court's Recognition of the Uncertainty of the Scientific Enterprise*, 81 IOWA L. REV. 55, 59-60 (1995) [hereinafter *Uncertainty*]（指出之前关于科学的概念认为“各个科学命题能够达到真正的确定性”）。

根据这种假设，另一名科学家持有截然相反的观点，这意义重大。然而，在 1993 年 *Daubert* v. *Merrell Dow Pharmaceuticals* 案中，最高法院放弃了这种观点。[62] Blackmun 大法官在多数意见中写道："可以说，科学中是没有确定性的。"[63] 为了得出该结论，他援引了科学家和科学组织提交的数份法庭之友意见书。[64] 他赞同关于科学事业的当代观点，即承认调查型科学中使用的归纳逻辑存在局限性。[65] 对某假说的其他实验性检验始终是可能的；只要其他检验是可能的，就存在之后证伪的可能性。因此，一般而言，无论之前有多少实验得出了明显支持某假说的结果，该假说也不能被认为得到了最终证明；对假说的接受必然是暂时和试验性的。[66] 就此而言，某人与证人席上的专家持相反观点，这一点并不重要。几乎总会有一两个持相反意见者，而出版物中明显不一致的语段仅能证明，在这一问题上存在一名持相反意见者。在这种情况下，证据在弹劾方面的证明价值微不足道。

三、限制：证据法应当在多大程度上允许律师使用出版物弹劾对方证人的可信性？

第二部分表明，作为一项逻辑相关性分析问题，无论遵循前四种关于运用出版物弹劾对方专家证言的观点中的哪一个，对于某司法辖

---

[62] *Id.* at 64 - 65；Daubert v. Merrell Dow Pharms.，Inc.，509 U. S. 579，590 (1993).

[63] *Daubert*，509 U. S. at 590.

[64] *Id.*

[65] *See Uncertainty*，*supra* note 61，at 60 - 65（在讨论 Blackmun 法官的意见之前，宽泛地探讨了科学思想的这种转变）。

[66] Bert Black，*The Supreme Court's View of Science*：*Has* Daubert *Exorcised the Certainty Demon*?，15 CARDOZO L. REV. 2129，2131 (1994) (quoting *Daubert*，509 U. S. at 590)；Margaret G. Farrell，Daubert v. Merrell Dow Pharmaceuticals，Inc.：*Epistemiology* [sic] *and Legal Process*，15 CARDOZO L. REV. 2183，2193 (1994)；Brian Stuart Koukoutchos，*Solomon Meets Galileo* (*And Isn't Quite Sure What to Do with Him*)，15 CARDOZO L. REV. 2237，2253 (1994) (citing Mervyn Susser，*Rules of Inference in Epidemiology*，6 REG. TOXICOLOGY & PHARMACOLOGY 116，127 - 28 (1986)).

区而言都是合理的。在规则的这四种变体中，识别出与专家的审慎或公正性相关的非传闻相关性是可行的。然而，尽管证明逻辑相关性是采纳证据的必要条件[67]，但其并非总是充分条件。在许多情况下，证据法阻止引入相关证据。特免权规则[68]、品性学说[69]、意见限制[70]以及传闻规则[71]皆具有排除绝对相关证据之效。就此而言，正如《联邦证据规则》403 所表明的那样，法院在决定是否采纳证据时，应将证据的证明价值与抵消性的考量——例如不当时间耗费以及致使陪审团误用证据的风险——相权衡。[72]

就出于弹劾目的使用出版物的前三种情况而言，上述权衡倾向于允许这种弹劾。在每种情况下，就证人的可信性问题而言，出版物都具有相当大的证明价值。该证据倾向于表明，证人并未审慎地审阅其依赖的材料，在没有充分理由的情况下拒绝了与之对立的典据，或者对相关典据的研究并不充分。这些推论使证人的审慎或客观性遭到了严重怀疑，二者皆为证人作为专家之可信性的重要因素。此外，出版物的这种用途几乎不会耗费时间。这些观点限制律师仅能进行内部弹劾[73]，即对被弹劾证人的交叉询问。欲援引这些技术，律师必须引导证人承认，其曾经查阅或者依赖某些出版物，或者将出版物视为专业领域内的标准典据。如果证人表示否认，则弹劾必须终止；律师既不可以在交叉询问时使用出版物，也不得随后传唤证人来证明该出版物在领域内的地位。所有这些质疑都必须在询问被弹劾的目标证人时提出。

第四种观点迥然不同。根据之前的观点，出版物仍然具有某种真实的弹劾价值。然而，这里存在某些重要的抵消性考量。首先，律师必须诉诸第二名证人，来证明出版物已经在相应学科内取得了公认典

[67] FED. R. EVID. 401.

[68] *Id.* at 501 - 02.

[69] *Id.* at 404.

[70] *Id.* at 701 - 05.

[71] *Id.* at 802.

[72] *Id.* at 403.

[73] 1 MCCORMICK，*supra* note 54，§ 49.

据的地位。目标证人拒绝承认出版物的地位迫使律师诉诸外部证据。[74] 此外，第四种观点迫使陪审团在考虑著述内容与对方证人可信性的相关性之前，首先解决可信性问题，从而将陪审团置于一种尴尬的境地。陪审团必须决定是否相信第二名证人关于出版物已经获得必要地位的证言，并怀疑第一名证人关于出版物缺乏这种地位的证言。

最后，在这种背景下，诉诸外部证据增加了以下风险，即陪审团置任何限制性指示于不顾，将出版物视为实质证据。同样，当律师出于弹劾目的使用出版物时，传闻规则禁止将其作为证明文中主张真实性的实质证据；根据假设，相关语段是出于非传闻目的而被使用的。然而，若想援引第四种观点，律师必须传唤第二名证人来就以下事项作证，即相关领域内的专家已将出版物视作典据——显然意味着出版物中的所有或者大多数陈述为真。此外，通过对目标证人进行交叉询问，并就出版物质疑第二名证人，律师已经“在实际上敦请将出版物视作实质证据的多个情况下”，将出版物置于“事实审判者面前”[75]。

就此而论，为了巩固学术论文传闻例外和出版物弹劾用途之间的界限，法院应当拒绝第四种观点，并将诉讼当事人限于前三种观点范围内。当目标证人承认自己曾查阅某出版物、准备依赖该出版物或者承认其为业内典据时，法院应当允许该出版物的弹劾用途。然而，法院在这里应当划清界限，并拒绝接受第四种观点。正如我们之前看到的那样，即使律师必须引入第二名证人来证明出版物在学科内的地位，人们也能够看出某些合理的弹劾价值。然而在这种情况下，在为使用出版物进行充分铺垫的过程中必然包含对外部证据的出示。这种证据的出示不仅会额外耗费法院的审判时间，而且会加剧以下风险，即在某种潜意识层面，陪审团将无法遵照法官将证据限于弹劾和证明可信性之用的限制性指示。

---

[74] *Id.*

[75] *Id.* § 37（就以下情况进行了类似的论述，即先前不一致陈述的外部证据仅出于弹劾的目的被采纳）；*see also* KAYE，*supra* note 10，§ 5.4.2a.（探讨了法院在关于实质证据的争论中可靠性的作用）。

四、结论

专家证言在审判中赫然耸立，故法院能否将正确的信息传递给专家共同体就变得至关重要。具体而言，向专家共同体表明以下事项颇为重要，即法院期望专家证人进行合理地全面研究，仔细审阅其选择依赖的研究材料，并以开放的态度考量与之相反的典据。如果专家仅进行最低限度的研究，草率地审视其研究材料，或者在缺乏充分理由的情况下拒绝接受与之相反的典据，则这种行为将使专家的审慎和客观性遭到严重质疑。在评价证人的可信性时，陪审团有权得知这种行为。缺乏审慎性是导致专家错误分析的主要原因之一。许多能力验证研究发现，专家的漫不经心是最为普遍的致错原因。[76] 进一步说，这种声音数十年来始终不绝于耳，即许多专家心存偏倚，并有意或无意地歪曲其分析结果。[77]

此外，这些观点有助于在专家参与的诉讼中创制公平竞争的环境。使用专家或许价格高昂。[78] 如果某一案件的诉讼当事人一方富有，而另一方财力有限，则后者或许很难负担以下费用，即聘请专家当庭发表证言来对另一方聘请的专家予以驳斥。[79] 前三种观点使更加贫困的诉讼当事人即使无法传唤专家出庭充任反驳证人，也能够攻击对方专家的可信性。

---

[76] See generally Edward J. Imwinkelried, The Debate in the DNA Cases over the Foundation for the Admission of Scientific Evidence: The Importance of Human Error as a Cause of Forensic Misanalysis, 69 WASH. U. L. Q. 19, 25 - 27 (1991)（报告了各种能力验证的结果，这些能力验证发现，在实验室内广泛存在“错误分析”和不完整的常规检验）。

[77] *E. g.*, MARGARET A. HAGEN, WHORES OF THE COURT: THE FRAUD OF PSYCHIATRIC *TESTIMONY AND THE RAPE OF AMERICAN JUSTICE* (1997)（描述了作者认为专家证人提供存在偏见的、有瑕疵的证言的情况）；1 MCCORMICK, *supra* note 54, § 17。

[78] Edward J. Imwinkelried, Impoverishing the Trier of Fact: Excluding the Proponent's Expert Testimony Due to the Opponent's Inability to Afford Rebuttal Evidence, 40 CONN. L. REV. 317, 319 (2007).

[79] *Id.* at 319 - 20.

然而，陪审团的首要职责在于解决关于案件过去是非曲直的争端。如果陪审员过度重视可信性争议，他们便会忽视自己的首要职责。因此，就像对待其他任何弹劾技巧那样，法院必须对当事人出于可信性目的运用学术论文规定合理限制。就准许运用学术论文进行弹劾而言，遵从本文所述的前三种观点显然是合理的。在每种情况下，证据都根据某种可信性理论具有重要的证明价值，证据的出示过程几乎不会耗费法庭时间，且出示证据仅导致较少或不会导致证据误用的风险。相比之下，当律师必须诉诸外部证据——另一名专家的证言——来为使用出版物弹劾进行铺垫时，我们已经达到了收益递减点。在这一点上，如果司法辖区承认学术论文传闻例外，则法官必须要求律师要么进行某种铺垫来满足该例外，要么放弃使用出版物。大多数司法辖区如今皆承认这种传闻例外，这在美国法律史上还是第一次。如果法院将弹劾理论的范围扩展至这一点，即允许使用外部证据来证明出版物的权威地位，则这种扩展将不当地加剧弹劾理论与传闻例外之间的差异。

法证计量学对预防正义不彰的重要性*

得出结论说科学证言必须是"已知"为确定无疑，这是不合理的；可以说，科学中没有确定性。

——*Justice Blackmun*，*Daubert v. Merrell Dow Pharmaceuticals*，*Inc*[①]

一、错误理解统计学证言会导致正义不彰的风险

19 世纪末，Holmes 大法官曾预言："未来的人将是统计学的人。"[②] 历史已证明 Holmes 是对的。统计学证言目前已普遍应用于美国法庭[③]：

* 本文原载 John Marshall Law Journal，2014。李小恺译。本文部分基于作者在第四届证据科学国际研讨会上的发言，该会议于 2013 年 7 月 20 日到 21 日在中国北京举办，经中国政法大学许可重印。

① 590 U. S. 579，590 (1993).

② Oliver Wendell Holmes，*The Path of the Law*，110 Harv. L. Rev. 457，469 (1897).

③ *See* Jonathan Koehler，*The Probity/Policy Distinction in the Statistical Evidence Debate*，66 TUL. L. REV. 141，144 (1991) (指出，在庭审中统计证言的使用量急剧增加)。

> 目前，复杂的统计学证据正在被引入美国法庭，涵盖了民事和刑事领域各种各样的问题……在 Lexis 中用“统计值”“统计数据”或者“统计学的”词汇检索地区法院意见，其中 1960 年到 1969 年共出现了 608 项；1970 年到 1979 年共出现 2 786 项；1980 年到 1989 年共出现 4 363 项；1990 到 1995 年 7 月 31 日，共出现 3 015 项。[④]

尽管法院目前比较容易接受统计学证言，然而法院最初却怀疑外行事实审判者是否有能力对此类证言进行严肃的评估。[⑤] 法院担心，“统计容易受到各种各样的人为操控”[⑥] ——这种操控会导致正义不彰。怀疑论者经常以加州高等法院 1968 年在 *People* v. *Collins*[⑦] 案中作出的著名裁决作为该种风险的佐证。

在 *Collins* 案中，两名被告是一对夫妇，他们被控抢劫，丈夫是非裔美国人，他的妻子是白人。[⑧] 在庭审中，控方难以证明被告就是作案人。[⑨] 受害人未能指认被告的身份，并且一名目击证人给出的证言也有些含糊其辞。[⑩] 为了对该指认进行补强，控方传唤了一位州立大学的数学讲师出庭作证。[⑪] 在对证人的直接询问过程中，控方列举了一系列目击证人提到的作案人具有的几个特征，被告恰好与此相吻合。[⑫] 公诉人随即要求就每一种特征假定一个概率。

④ United States v. Shonubi，895 F. Supp. 460，514 (E. D. N. Y. 1995)，*vacated*，103 F. 3d 1085 (2d Cir. 1997).

⑤ CHARLES T. MCCORMICK，MCCORMICK ON EVIDENCE 210 (6th ed. 2006).

⑥ United States v. Oregon，782 F. Supp. 502，513 (D. Or. 1991)，*aff'd*，28 F. 3d 110 (9th Cir. 1994).

⑦ 438 P. 2d33 (Cal. 1968).

⑧ *Id.* at 33.

⑨ *Id.* at 36.

⑩ *Id.*

⑪ *Id.* at 36 - 37.

⑫ *Id.* at 37.

特征	各个概率
有黄色汽车的当事人	1/10
有胡须的男人	1/4
梳马尾辫的女孩	1/10
金发女孩	1/3
下巴有胡子的黑人	1/10
车里有一对不同种族的情侣	1/1 000[13]

公诉人随后邀请证人对这些数据适用乘法原理。[14] 根据乘法原理，如果各个概率是独立的，那么这些同时出现的概率就是各个概率的乘积。[15] 证人按照这一原理进行计算并得出数值为 1/12 000 000。[16] 公诉人认为，该证人证言证明了：

> 这样的概率，即 12 000 000 对情侣（夫妻）中，拥有被告这种独特特征的夫妻的概率仅有 1/12 000 000。因此，基于这一理论，可以推断出被告无辜的概率仅有一千二百万分之一。[17]

在上诉审中，加州高等法院撤销了该判决。[18] 法院认定，证人证言的基础存在无数缺陷：

> 公诉人让证人假定各个概率是毫无根据的。[19] 公诉人系凭空得出这些数字。[20] 尽管乘法原理仅仅在各个概率确实是独立存在

⑬ 438 *P. 2d at* 37，43 *n.* 10 (*Cal.* 1968).

⑭ *Id.* at 37.

⑮ 1 PAUL C. GIANNELLI, EDWARD J. IMWINKELRIED, ANDREA ROTH & JANE CAMPBELL MORIARTY, SCIENTIFIC EVIDENCE § 15.07 [a]，915 - 16 (5th ed. 2012) [hereinafter GIANNELLI ET AL. VOL. 1].

⑯ *See Collins*，438 P. 2d at 42（在法院意见的附属中指出了这些数字）。

⑰ *See id*. at 37（“将乘法原理应用到其自己特征上，公诉人得出了这样的概率，即一对夫妇拥有被告的独特特征的可能性只有一千二百万分之一”）。

⑱ *Id.* at 42.

⑲ *See id*. at 36 - 37（指出公诉人的说法是“完全没有根据的而且是不当的”）。

⑳ *See id*. at 38（“证言本身在证据和统计历史上都缺乏足够的铺垫”）。

> 时方能适用，但是下级法院显然没有充分证明这种独立性。㉑ 其次，一个因素提到一名有八字胡的男人，而与此同时另有一个因素却提到一名有大胡子的男人。㉒ 公诉人错误地陈述了证人计算结果的含义。㉓ 即使各个概率是准确的并且是独立的，得出的计算结果也仅仅是一个随机匹配概率。㉔ 该计算结果回答的是这样的问题，即需要在相关人群中调查多少次才能随机找到具有同样这些特征的另一对情侣。㉕ 然而，公诉人将该数值视作源概率。㉖ 后一概率所要处理的问题则是被告为作案者的可能性。㉗ 为了解答这个问题，事实审判者需要对相关人口的规模作一个假设。㉘ 如果 1 000 000 人中仅有一人会具有某特征，那么当人口基数为 10 000 000 时，这其中就可能有 10 个人都具有该特征。

法院认定，这些错误是有害的，应予撤销。㉙ 在判决意见的开头，法院警告称，数学“在计算机化社会中是名副其实的巫师”㉚。在判决意见的结尾，法院断言：“毫无疑问，神秘的数学证明过程给陪审员带来过度的影响，使其无法确定其相关性和证明价值。”㉛

在 2010 年的一例 DNA 案例——*McDaniel* v. *Brown*㉜ 案——

㉑ *See id*. at 39（解释了公诉人的案件是不足的，特别是所采用的六个因素的统计独立性）。

㉒ *Collins*，438 P. 2d at 43 n. 10.

㉓ *See id*. at 39.（“因此在本案中，由于存在上述两个缺陷——证据铺垫不足和统计独立性的证明不足——公诉人采用的技术只能导致不羁的猜想，而不能证明与所提问题的相关性。”）

㉔ *Collins*，438 P. 2d at 40；2 PAUL C. GIANNELLI，EDWARD J. IMWINKELRIED，ANDREA ROTH & JANE CAMPBELL MORIARTY，SCIENTIFIC EVIDENCE § 18. 04 [c] [3]，105 - 06 (5th ed. 2012) [hereinafter GIANNELLI ET AL. VOL. 2].

㉕ GIANNELLI ET AL. VOL 2，supra note 24，§ 18. 04 [c] [3]，105.

㉖ *Id*. at 18. 04 [c] [3]，§ 18. 04 [c] [3]，106 - 08.

㉗ *Id*.

㉘ *Id*.

㉙ *Collins*，438 P. 2d at 41 - 42.

㉚ *Id*. at 32，33.

㉛ *Id*. at 41.

㉜ 558 U. S. 120 (2010).

中，美国联邦高等法院纠结于这样的问题：公诉人是否将随机匹配概率误用为源概率，从而否定了被告的正当程序。[33] *McDaniel* 案属于人身保护令程序，而非直接上诉。[34] 在 *McDaniel* 案中，请愿人辩称，检控方承认存在这样的谬误，即“将随机匹配概率等同于被告人并非 *DNA* 样本来源的概率”[35]。

法院详细阐述如下：

> 换言之，如果告知陪审员，在人群中拥有相同 DNA 的概率是万分之一（随机匹配概率），并且他认为这意味着被告以外的某人是犯罪现场所发现之 DNA 来源（源概率）的可能性仅是万分之一，那么他就已经陷入了公诉人的谬误。除非某人是犯罪现场 DNA 的来源就意味着他有罪而无其他解释，否则将源概率等同于有罪的概率，就是犯下进一步的错误。该错误推论可能会导致错误的结论：由于随机匹配概率为万分之一，因此被告无罪的概率是 0.01%或者被告有罪的可能性是 99.99%。[36]

“政府承认（检控方证人）Romero 夸大了 DNA 证据的证明价值”[37]。尽管如此，最终法院还是驳回了请愿人的主张，认定其他证据足以证明请愿人有罪。[38] 法院最终决定，结合卷宗中除 DNA 证据之外的其他有罪证据，对 DNA 匹配作出的适当统计学评价，为认定有罪提供了强有力的证据。[39]

在这两例被大量报道的案件中，其共同特征是法院均担心外行的事实审判者错误地使用专家在作证时提到的数字，可能会导致正义不彰。这种担忧并不局限于那些著名的案件，如 *Collins* 案与 *Mc-*

[33] *Id.* at 134.
[34] *Id.* at 126.
[35] *Id.* at 128.
[36] *Id.*
[37] *Id.* at 132.
[38] 558 U. S. at 122 (2010).
[39] *Id.* at 137.

Daniel案。对于该问题，担忧也并不局限于DNA案件。该问题普遍存在于涉及科学证言的案件中。如第二部分所解释的，只要专家证人依赖某种测量值，相同的问题就会出现，这是专家出庭作证时的普遍现象。

二、法院对科学分析中测量值统计学证言的不确定性进行认知的方法演进

在许多案件中，法证科学家将测量值作为其意见的基础。用某位科学家的话说："科学就是测量。如果我不能进行测量，那么我就不能对一个问题进行科学研究。"[40] 毒物学家测量人体中毒物的浓度以确定毒素是否达到足以致死的剂量。[41]（交通）事故重建专家测量制动轨迹[42]以及偏移轨迹[43]的距离以确定车速。在超速驾驶的案件中，公诉人依据的是对被告驾驶车辆的雷达测速数值。[44] 毒品分析人员测量所扣押的违禁药品的重量以确定该重量是否足以达到违反刑法规定的程度。[45] 测量值在酒驾指控中也一直是关键的。许多司法辖区都有法律规定，当测得的血液酒精浓度值超过规定的上限时，即推定为醉酒状态。[46] 此外，许多国家和州走得更远，采用单独立法的方式，禁

㊵ William H. George, *Musical Acoustics Today*, NEW SCIENTIST, Nov. 1962, *at* 256, 257.

㊶ GIANNELLI ET AL. VOL. 2, *supra* note 24, § 20.05 [d], 351-53.

㊷ *Id.* at § 27.06 [a], 1135.

㊸ *Id.* at § 27.06 [b], 1137-39.

㊹ *See* John Jendzurski & Nicholas G. Paulter, *Calibration of Speed Enforcement Down-the-Road Radars*, 114 J. RES. NAT'L INST. OF STANDARDS AND TECHNOLOGY 137, 137 (2009), *available at* https://archive.org/stream/jresv 114n3pl37/jresv 114n3p137 Alb#page/nO/mode/2up. （"在交通法庭的超速执行案件中，几乎所有美国司法辖区都为证据目的接受DTR［道路上的］雷达的测试结果。"）

㊺ *See* Scientific Working Group for the Analysis of Seized Drugs, *Measurement Uncertainty for Weight Determinations in Seized Drug Analysis*, SWGDRUG.ORG (Jan. 28, 2010), http://www.swgdrug.org/Documents/Supplemental%/20Document%/20SD-3_012810.pdf（讨论了科学家用于测量受控物质的计算方法）。

㊻ GIANNELLI ET AL. VOL. 2, *supra* note 24, § 22.01, 473-76.

止达到具体规定的血液酒精浓度值的人驾驶车辆。[47] 根据这些法律，检控方不需要表明驾驶者的能力受损或者处于醉酒状态；只需证明驾驶员达到特定的血液酒精浓度值即可，比如0.08%。[48] 在部分司法辖区，如果驾驶员的血液酒精浓度值超过更高界限则加重处罚，比如0.15%。[49] 在所有这些案件中，关于法证科学家测量值的证言通常都是最重要的证据。

在过去，法证科学家在就该类测量值作证时，通常会向法院提交单点值。[50] 在专家这样做时，会产生一种明显的可能，即事实审判者会将此证言（单点值）视为精确值。[51] 用华盛顿州警监 Paul Moon 的话说："根据本院自1983年以来的经验，陪审团对血液酒精测试的数值特别重视。"[52] 因此，"如果专家作证称某一血液酒精浓度测量值为A，而没有说明置信区间，则法院认为，该证据对于事实审判者而言是一个精确值"[53]。

问题在于，计量学——即测量的科学——告诉我们，在每次测量中都会存在不可避免的、固有的不确定性。[54] 如果专家不能让事实审

㊼ *Id. at* § 22.01，475 - 76.

㊽ *See id. at* § 22.01，475，n.18 - 19（列出了采用0.08%标准的各种制定法）。

㊾ TED VOSK，MEASUREMENT UNCERTAINTY：FORENSIC METROLOGY AND RESULT INTERPRETATION，PART Two：LEGAL ANALYSIS，IN UNDERSTANDING DUI SCIENTIFIC EVIDENCE 255，323（4th ed. 2011）[hereinafter VOSK PART Two].

㊿ *Id.* at 159，220.

51 Washington v. Weimer，No. 7036A - 09，slip op. 1，2（Snohomish Cty. Dist. Ct.，Wash. Mar. 23，2010）（见 John Marshall Law Journal 所存档案）；VOSK PART Two，*supra* note 49，at 311。

52 *Weimer*，No. 7036A - 09，slip op. at 4.

53 *Id.* at 3.

54 *See* Raghu Kacker，Klaus-Dieter Sommer & Rudiger Kessel，*Evolution of Modern Approaches to Express Uncertainty in Measurement* 44 METROLOGIA 513，517（2007）（"测量过程受到出自不同来源的变量影响，通常很难将变量的来源进行分类，无论是随机的还是系统性的"）；*see also* Jesper Kristiansen & Henning Willads Petersen，*An Uncertainty Budget for the Measurement of Ethanol in Blood by Headspace Gas Chromatography*，28 J. ANALYTICAL TOXICOLOGY 456，456（2004）（"但是，即使是由被控制良好的方法所产生的结果，也不可避免地会受到不确定性的影响，即重复测量几乎不会产生完全相同的值"）。

判者在一定程度上意识到该不确定性，那么关于该单点值——一个数字[55]——的陈述就是不完整的[56]，并且可能会因此产生误导。[57] 审判者会过分信任[58]关于数值的证言。这种错误会影响审判者的最终裁决[59]，促使审判者判定无辜者有罪，抑或是纵放有罪之人。

然而，计量学不仅说明了测量本身存在固有的不确定性，还形成了一些方法以量化边际误差或者不确定性的测量。[60] 通过这些方法，作证的专家可以让审判者更好地赋予测量值以适宜的证明力。[61] 正如我们将在第二部分之（四）所看到的，有多种方法来量化测量的误差或者不确定性程度。专家可以利用这些方法以防止陪审团对有关单点值的证言赋予过度的证明力。

本文的目的是，对法律处理法证科学不确定性方式的演变——特别是法证科学家进行测量的不确定性——进行梳理。本文在第二部分之（一）中阐明，最初许多法庭坚决要求专家要保证其科学意见或者医学意见的确定性。第二部分之（二）指出，随后当法院开始意识到这种坚持是不明智的，随即容许专家在作证时不需发表意见称其单点值是完全精确的。第二部分之（三）展示了关于该话题的法律演变仍

---

[55] TED VOSK，MEASUREMENT UNCERTAINTY：FORENSIC METROLOGYAND RESULTINTERPRETATION. PART ONE：MEASUREMENT RESULTS ANDINTERPRETATION，IN UNDERSTANDING DUI SCIENTIFIC EVIDENCE 159，190，225（4th ed. 2011）[hereinafter VOSK PART ONE].

[56] *Id.* at 191；*see* Rod G. Gullberg，*Measurement Uncertainty in Forensic Toxicology：Its Estimation，Reporting and Interpretation*，*in* TOXICITY AND DRUG TESTING 415，416（William Acree ed.，2012），*available at* http：//www. intechopen. com/download/get/type/pdfs/id/28129（“不确定性允许用户就给定的应用判断测量结果的质量及有效性”）；VOSK PART Two，*supra note* 49，at 230。

[57] VOSK PART Two，*supra* note 49，at 230；Washington v. Weimer，No. 7036A-09，slip op. 1，4（Snohomish Cty. Dist. Ct.，Wash. Mar. 23，2010）（on file with the John Marshall Law Journal）；Washington v. Fausto，No. C076949 & No. 9Y6231062，slip op. at 28（King Cty. Dist. Ct.，Wash. Sep. 21，2010）（on file with the John Marshall Law Journal）.

[58] Kacker，Sommer & Kessel，supra note 54，at 518.

[59] *Fausto*，No. C076949 & No. 9Y6231062，slip op. at 13-14.

[60] Kacker，Sommer，& Kessel，*supra* note 54，at 513.

[61] VOSK PART ONE，*supra note* 55，at 218.

在继续。受到一些有威望的科学组织所作之批评的影响，目前许多法庭禁止专家把其意见说成具有确定性。最后，第二部分之（三）将描述一个初步的司法趋势，要求专家以某种方式量化其证言中测量值的误差或者不确定性的程度。该部分讨论近期发生的一些案例以及计量学领域的重要发展。本文得出结论，这种趋势宣示了这样的承诺，即法律与科学要更诚实和开放地合作，减少因审判者对科学测量给予过度重视而导致正义不彰的风险。

（一）第一阶段：法院最初坚持专家需保证其意见在科学或者医学上的确定性

1979 年，国际鉴识协会（I. A. I.）通过了一项决议，称一名前指纹检验者“向法庭提交的证言”将“一份鉴定描述为‘可能、大概或者好像’，而非确定”，这是“职业不端行为”[62]。要求专家的提出者敦请专家作证说，其意见具有科学或医学上的确定性，成了美国审判上的普遍做法。最终，许多法院将这一做法上升到法律要求的层面。[63] 在某些司法辖区，不仅不太确定的证言在法律上不足以支持有

[62] NAT' L INST. STANDARDS & TECH.，LATENT PRINT EXAMINATION AND HUMAN FACTORS：IMPROVING THE PRACTICE THROUGH A SYSTEMS APPROACH 118 (2012) (citing International Association for Identification，*Resolution VI*，IDENTIFICATION NEWS 29 (1979)). *See also* Geoffrey M. Pipoly，Note，*Daubert Rises*：*The* (*Re*) *applicability of the Daubert Factors to the Scope of Forensics Testimony*，96 MINN. L. REV. 1581，1597 (2012) (引用省略)：大多数法医都接受过训练，要么作证称具有绝对确定性，要么作证说不具有确定性。火器和工痕检验人员作证说……“如果两个弹壳拥有同样的弹仓痕迹，那么可以百分之百地确定说，这两个弹壳曾出自相同的弹仓。”即使是一名鞋印法证分析人员（也会）“提出其方法的潜在误差率为 0”……

[63] *See* Ohio v. Holt，246 N. E. 2d 365，368 (Ohio 1969) (推翻判决，因为专家证言未能达到法律上的合理确定性要求)；*see also* Bert Black，*The Supreme Court's View of Science*：*Has Daubert Exorcised the Certainty Demon?*，15 CARDOzO L. REV. 2129，2130 (1994) (把这一要求称为“确定性陷阱”)；Gregory P. Joseph，*Less Than "Certain" Medical Testimony*，*MED.* TRIAL TECH. *Q.* 10，14 (1978) [hereinafter Joseph，MEDICAL TRIAL TECH. *Q.*]；Gregory P. Joseph，*Less Certain Medical Testimony*，14 TRIAL 51，51-52 (1978) (指出，法院强调了在人身伤害案件中，就任何因果关系证据“证明到合理的医学确定性的重要性”)；*Medical Evidence-Sufficiency of Expert's Opinion*，17 DEF. L. J. 181，185-194 (1968)。

利于提出者的判决；相反，如果专家拒绝在其意见中采用确定性措辞，则该意见在法律上不可采。

该法律的要求反映出对物理世界的一种理想化[64]观点，许多人——包括法官和律师— 都广泛持有这种观点。根据该观点，宇宙是有序的；其现象受不变的、决定论[65]的自然法则调整。这些法则不仅是机械和不变的，而且可以以科学的方法被发现。[66] 科学家通过严谨适用形成假设和经验验证的经典牛顿方法，来获悉和掌握这些自然法则。

17 世纪末 18 世纪初，牛顿改进了科学实验方法。[67] 之后不久，启蒙运动随即开始。[68] 启蒙运动的支持者对人类的思想力量持乐观态度。引发启蒙运动的关键事件之一就是把牛顿的《原理》一书翻译成法文并由伏尔泰作序。[69]

"理性时代"进一步促进了这样的观念，即用牛顿的系统方法武装的人类思想[70]，可以识别并掌握支配自然现象的法则。科学似乎提供了"全面控制的愿景"[71]。该观点的拥趸认为，科学命题的证明是能够达到确然性的，对科学命题能够进行确凿的验证。[72] 在这个过度

---

[64] Brief Amici Curiae of Physicians，Scientists，and Historians of Sciencein Support of Petitioners at11，Daubert v. Merrell Dow Pharmaceuticals，Inc. 509 U. S. 579 (1992) (No. 92-102)，1992 WL 12006437，at *11.

[65] *See* Margaret G. Farrell，*Daubert v. Merrell Dow Pharmaceuticals，Inc.：Epistemology and Legal Process*，15 CARDOZO L. REV. 2183，2194 (1994)（讨论了不确定性原理是如何取代牛顿的决定论）。

[66] *See* Anthony Z. Roisman，*Conflict Resolution in the Courts：The Role of Science*，15 CARDOZO L. REv. 1945，1950 (1994)（将此要求作为一个假设，即在许多问题上，都存在一个可认知的、客观的科学真理）。

[67] 5 THE ENCYCLOPEDIA OF PHILOSOPHY 489 (Paul Edwards ed. 1967).

[68] WILL DURANT，THE STORY OF PHILOSOPHY 199 (Simon & Schuster 1961).

[69] 2 THE ENCYCLOPEDIA OF PHILOSOPHY 519 (Paul Edwards ed. 1967).

[70] *Id.*

[71] MICHAEL CRICHTON，JURASSIC PARK 313 (1990).

[72] Brief Amici Curiae of Physicians，Scientists，and Historians of Sciencein Support of Petitioners at8，Daubert v. Merrell Dow Pharmaceuticals，Inc. 509U. S. 579 (1992) (No. 92-102)，1992 WL 12006437，at *8.

简化的宇宙中，能够到达完全的真理。[73] 在这样的宇宙中，法院要求专家证人保证其意见具有确定性，也就无可厚非了。

(二) 第二阶段：法庭放弃了专家保证其意见具有确定性的要求

正如第二部分之（一）所解释的那样，法庭最初是坚持专家必须保证其意见具有确定性，反映出某种对物理世界特定的、简单的看法。最终，新的科学发现打破了这种看法。[74] 这些发现促使科学界放弃了这样的假设，即：

> 宇宙是完全有序的。恰恰相反，他们已经面对了这样的现实，即宇宙至少在某种程度上是混乱的和不确定的。1927 年，Heisenberg（海森堡）发现“电子既不能同时在时间和空间维度上予以定位，也不能根据其当前状态预测其将来状态”。他的发现最终形成了测不准原理。这一原理颠覆了这样的观念，即有可能存在一个可以“由因果律进行完美解释的有序世界”。其结果是，科学与这样的事实进行了调和，即某些自然现象的发生是不规律的。[75]

[73] Black，*supra* note 63，at 2129 - 30.

[74] Bert Black，*A Unified Theory of Scientific Evidence*，56 FORDHAM L. REv. 595，616 (1988) (引用省略)：

然而，在 20 世纪之交，生理学和心理学的进步以及物理学中量子理论和相对论的出现，摧毁了简单的、机械的确定性。量子理论告诉我们，确定性在物理上是不可能的，相对论告诉我们时间不是绝对的，心理学告诉我们主观预断歪曲了对自然世界的客观描述。

See also Richard G. Halpern，*Opening a New Door to Negotiation Strategy*，35 TRIAL：NEGOTIATION & SETTLEMENT 22，24 (1999)：

物理学家 Henri Poincare 注意到，某些行星的运行轨道并没有遵循运用牛顿物理学定律所预测出的路径……Poincare 发现，对于某些天体系统而言，通常是那些涉及三个或者更多天体之间相互作用的天体系统，哪怕在测量初期最小限度的不精确性，都将导致最终结果发生巨大的变化，根据牛顿物理学或者线性物理学原理测量后所进行的预测，这种变化如此之大，以至于并不比抓阄准确多少。他发现了动态的不稳定性或者混沌。

[75] Edward J. Imwinkelried，*Evidence Law Visits Jurassic Park*：*The Far-Reaching Implication of the Daubert Court's Recognition of the Uncertainty of the Scientific Enterprise*，81 IOWA L. REV. 55，60 (1995) [hereinafter Imwinkelried，*Jurassic Park*] (citing Farrell，*supra* note 65，at 2183)；*see* Halpern，*supra* note 74，at 25 (“由物理学家 Werner Heisenberg 在 1927 年首先提出，Heisenberg 的测不准原理是……一个重大的启示……该原理包括三个部分：任何观察行为都会对所有被观察的系统造成不可逆转的改变；对任何系统的精确测量都需要对其进行观察；而由于观察会改变系统，因此精确的测量是不可能的”)。

科学不仅对宇宙有序性的宏观观点进行了重新评价；同时也对验证个别科学假说可验证性的微观观点进行了重新思考。在某些案例中，专家依靠的是演绎推理。如果有人将确定的含义赋予“2”和“4”，那么就能够依据无可争议的逻辑进行推理：2+2 等于 4。然而，在探索物理世界现象的调查科学中，专家通常借助另外一种分析模式：归纳推理。通过观察某现象的具体实例，科学家对该现象归纳出一个一般性假说，然后经受控实验或者系统的实地观察以证伪或者验证该假说。[76] 如果对该假说的多次经验验证结果全部证实了该假说，我们就能够对该假说的有效性增加确信度。[77] 然而，我们不能将该假说视为“得到了确切证实，因为经验验证总是有可能在某天证明该理论是错误的”[78]。总能够想象到另一个经验验证；只要它是真的，那么在理论上就依然存在证伪或者证否的可能性。[79] 总之，无论多少次验证都不能证明科学理论是否在每一种可以想象到的情况下都是“真理”[80]。当专家依据归纳推理来研究假说的真实性时，此时该假说最多只能是附条件地[81]或者暂时性[82]地获得认可。由于我们的认知状况是不完美[83]、不完整的[84]，因此研究永远都无法绝对证实假说。[85] 截

[76] Bert Black, Francisco J. Ayala & Carol Saffran-Brinks, *Science and the Law in the Wake of Daubert: A New Search for Scientific Knowledge*, 72 TEX. L. REV. 715, 755 (1994).

[77] Brief of the American Medical Association, American Medical Association/Specialty Society Medical Liability Project as Amici Curiae in Support of Respondent at 11, Daubert v. Merrell Dow Pharmaceuticals, Inc. 509 U.S. 579 (1993) (No. 92-102) 1993 WL 13006285, at *11.

[78] *Jurassic Park*, 81 IOWA L. REV. 55, 62 (1995).

[79] Black, Ayala & Saffran-Brinks, *supra* note 76, at 764.

[80] Clifton T. Hutchinson & Danny S. Ashby, *Daubert v. Merrell Dow Pharmaceuticals, Inc.: Redefining the Bases for Admissibility of Expert Scientific Testimony*, 15 CARDOZO L. REV. 1875, 1885 (1994).

[81] Black, Ayala, & Saffran-Brinks, *supra* note 76, at 715; Brian S. Koukoutchos, *Solomon Meets Galileo (And Isn't Quite Sure What To Do With Him)*, 15 CARDOZO L. REV. 2237, 2253 (1994).

[82] Brief Amici Curiae of Nicolaas Bloembergen et al. at 9 n. 8, Daubert v. Merrell Dow Pharmaceuticals, Inc. 509 U.S. 579 (1993) (No. 92-102) 1993 WL 13006286, at *9.

[83] Brief of the Carnegie Commission on Science, Technology, and Government as Amicus Curiae in Support of Neither Party at 22, Daubert v. Merrell Dow Pharmaceuticals, Inc. 509 U.S. 579 (1992) (No. 92-102) 1992 WL 12006521, at *22.

[84] Koukoutchos, *supra* note 81, at 2253.

[85] Vern R. Walker, *The Siren Songs of Science: Toward a Taxonomy of Scientific Uncertainty for Decisionmakers*, 23 CONN. L. REV. 567, 617 (1991).

至2010年7月，国际鉴定协会已修改了其政策，并明确允许成员当意见在统计学上可辩驳时，可以发表经过限定的、不确定的意见。[86]

科学界的观点转变最终影响到了法律界。对于专家是否能够就其意见在科学或者医学上给出确定性证言一事，法庭开始逐渐放宽要求。在一些司法辖区，最初是有选择性的放宽。例如，尽管法庭本可以坚持要求专家对有关诊断结果[87]或者因果关系[88]的意见需给予确定性保证，但是法院也接受缺少该确信程度的预后[89]意见。预后是对未来的预测，而且在这些司法辖区中，它会使法院认识到，在关于过去的因果关系或者当前的诊断意见中，要求这样的确定性是不现实的。[90] 其他法院普遍放弃了该要求。[91] 这些法院的理由是，用可能性或概率表达的意见，减少了证言的证明力[92]，并且使意见更易受到自由裁量权的排除[93]，但是他们不会再执行刚性要求，即自动排除没有用确定性表述的意见。

最高法院本身也意识到了这一洞见。在*Daubert*案中，许多科学家和科学组织都提交了法庭之友报告书。[94] 在这些报告书中，许多人都试图就科学方法局限性的现代理解给法庭成员以指导。借鉴了其中部分报告书[95]，Blackmun大法官写道："得出结论说科学证言必须是'已知'为确定无疑，这是不合理的；可以说，科学中没有确定性。"[96] 最高

---

[86] NAT'L INST. STANDARDS & *TECH.*，*supra* note 62，at 73 (citing International Association for Identification，*Resolution* 2010－18 (July 16，2010)).

[87] Joseph，MEDICAL TRIAL TECH. Q. *supra* note 63，at 16－17.

[88] *Id.* at 17.

[89] *Id.* at 17－18.

[90] *Id. at* 18－19.

[91] Burke v. Town of Walpole，405 F. 2d 66，80 (1st Cir. 2005)；United States v. Oaxaca，569 F. 2d 518，526 (9th Cir. 1978)；United States v. Spencer，439 F. 2d 1047，1049 (2d Cir. 1971)；United States v. Glynn，578 F. Supp. 2d 567 (S. D. N. Y. 2008)；Huck v. Florida，881 So. 2d 1137，1150 (Fla. Dist. Ct. App. 2004)；Louisiana v. Boyer，406 So. 2d 143，148 (La. 1981).

[92] In re Swine Flu Immunization Prods. Liability Litigation，533 F. Supp. 567，578 (D. Colo. 1980).

[93] FED. R. EVID. 403.

[94] Daubert v. Merrell Dow Pharm.，Inc.，509 U. S. 598－99 (1993) (列出法庭之友报告书)。

[95] *Id.* at 590.

[96] *Id.*

法院的坦率承认，促使其他法院更愿意接受不确定的证言，如统计学的证据。而归根结底，统计学的证言明显属于不确定的专家证言。[97] 例如，专家承认他并不知道宇宙的某个特定参数的真实值，但是他对宇宙进行采样并计算出了一个统计值，该值是该参数的估计值。*Daubert* 案中提交的若干法庭之友报告书预测，如果法院对科学方法的局限性抱以更现实的观点，那么法庭对该观点的采纳则会为更加自由地采纳特定类型的统计学证言铺平道路，即关于点估计的置信区间。[98] 过去，对于明确承认诸如科学证据等证言的不确定性，法院经常过于拘谨。[99] 一些人担忧，这样做破坏了公众对法律制度的信任以及他们对该制度所形成结果正当性的接受。[100] 尽管如此，一旦最高法院本身就承认了科学证言难以避免会存在不确定性，那么下级法院，无论是联邦法院还是州法院，则将更愿意承认这一点。而一旦如此，则法院继续要求专家必须保证其意见的确定性就显然是错误的。当专

---

⑰ Imwinkelried, *Jurassic Park*, *supra* note 75, at 65.

⑱ *Id.* at 67 n. 131 (citing Brief Amicus Curiae of Professor Alan R. Feinstein in Support of Respondent at 3, 16, Daubert v. Merrell Dow Pharm., Inc. 509 U. S. 579 (1993) (No. 92-102), 1993 WL 13006384, at *3, *16; Brief Amici Curiae of Professors Kenneth Rothman et al. in Support of Petitioners at 7, Daubert v. Merrell Dow Pharmaceuticals, Inc. 509 U. S. 579 (1992) (No. 92-102), 1992 WL 12006438, at *7; and Brief of the United States as Amicus Curiae Supporting Respondent at 6, Daubert v. Merrell Dow Pharm., Inc., 509 U. S. 579 (1995) (No. 92-102), 1995 WL 17008420, at *6).

⑲ Daniel Shaviro, *Statistical-Probabilitya nd the Appearance of Justice*, 103 HARVARD L. REV. 530, 534, 538, 547 (1989).

⑳ *See generally* Laurence H. Tribe, *Trial by Mathematics: Precision and Ritual in the Legal Process*, 84 HARVARD L. REV. 1329, 1372 (1971):

鉴于其使用所要求的准确性和明确性，使用推荐的模型会危险地破坏另一套复杂的价值，即这些价值所环绕的观念：陪审团只有在达到排除合理怀疑时才能进行定罪……推荐方法——并且确实是通过对一般证据的证明力进行量化来吸收数学证明的任何方法——不可避免的一个结果是，当全都说完和做完后，将留给事实审判者一个数字，说该数字代表了被告是否犯有被指控之犯罪所进行的评估。

See also Charles Nesson, *The Evidence or the Event? On Judicial Proof and the Acceptability of Verdicts*, 98 HARVARD L. REV. 1357, 1366-67 (1985):

我们需要这样一个信念，刑罚在事实上是得证的，我们所赞同的信念将允许法院毫不犹豫地实施处罚，如果我们没有这样的信念——我们认为裁决仅仅是就 A 刺伤 B 的概率进行赌博——则我们不能就实施处罚感到心安。

家作证说，其意见仅仅是一种可能性或者概率时，通常也会允许[101]该专家作证。[102]

（三）第三阶段：法庭禁止作出确定性陈述的意见

如第二部分之（二）所述，承认研究性（试验性）科学具有不可避免的不确定性导致法院放弃了传统规则，即专家必须保证其意见具有科学或者医学上的确定性。然而，这种让步的逻辑导致的不仅仅是对传统规则的拒斥。如果研究性科学所依赖的是不能达到确定性的演绎推理，法庭就不仅应当明显允许具有不确定性的专家证言，他们还应当禁止专家就宣称具有确定性的意见作证——这样的意见在逻辑上是不成立的。

在过去五年，有两份关于法证科学的报告得出了该结论，这两份报告都是由科学和法学权威所著的。两份报告均对夸大其词的专家意见进行了抨击。2009 年，国家科学院国家研究理事会（the National Research Council of the National Academies）发表了《加强美国法证科学之路》。[103] 起草委员会成员包括哥伦比亚特区巡回区联邦上诉法院的 Harry Edwards 法官、布朗大学统计科学中心主任 Constantine Gatsonsis 教授、两名法医以及生物学、化学、工程、法律和物理学的教授。[104] 该报告对于"指纹比对的错误率'实质为零'"[105] 的主张作

---

[101] 有两个注意事项。意见本质上的有限性可能会使该意见容易因诸如《联邦证据规则》403 规定的自由裁量权而被排除，更有甚者，仅仅表述为可能性的意见在法律上不足以支持证据提出者的负担。FED. R. Civ. P. 56. *See* Daubert v. Merrell Dow Pharm., Inc., 509 U.S. 579, 595-96 (1993):

在判决结果中审判法庭得出结论，对某立场毫无证据则不足以令一个理性的陪审团成员得出结论认定，该立场更可能使真实的，根据联邦民事诉讼规则 50（a）法庭仍然有权直接作出判决，并且根据联邦民事诉讼规则 56，法庭同样可以作出简易判决。

[102] NAT'L INST. STANDARDS & *TECH.*, *supra* note 62, at 118（"法庭通常不会要求科学家绝对肯定（或者任何其他专家）"）。

[103] NAT'L RESEARCH COUNCIL, STRENGTHENING FORENSIC SCIENCE IN THE UNITED STATES: A PATH FORWARD (2009).

[104] *Id. at* v.

[105] *Id. at* 103. *See also* Sandy L. Zabell, *Fingerprint Evidence*, 13 J. L. & POL'Y 143, 177 (2005)（"检验者断言指纹是'绝无错误的'，意味着鉴定是'100%肯定'，并且程序各个部分的'方法错误率'为零"）（引文省略）。

出了严厉的批判。该报告直截了当地指出这一主张是“站不住脚的”[106]。该报告不仅反对采纳使用确定性措辞的专家意见，还进一步敦促“所有法证科学方法的结果……都要说明其作出的测量值所具有的不确定性……”[107] 该报告正式地建议“就法证科学分析报告中的不确定性制定量化标准”[108]。该报告宣称：“作为一般事项，实验室报告……应说明……其结论中的不确定性来源，并估计其程度……”[109] 特别是，该报告采取了这样的立场，即关于被测客体血液酒精浓度的任何测量值“都需要报告，并要附有置信区间”，以表明测量的不确定性。[110]

第二份报告于 2012 年发表。当年，国家标准和技术研究院的潜指纹分析中的人为因素专家工作组出版了《潜指纹检验与人为因素：通过系统方法改进操作》。[111] 与国家研究理事会委员会一样，工作组拥有多样化的会员构成，包括指纹检验人员、计算机科学家、认知学研究人员、法学教授以及统计学家。如同国家研究理事会报告一样，国家标准和技术研究院汇报也抨击了专家夸大其词的主张，即他们能够确定地把一个指印识别到某个人那里，并且“排除世界上的所有其他人”[112]。该报告敦促研究开发指纹证言概率模型，类似于 DNA 案件中所使用的模型。[113] 该报告指出：“对于可以表示工具痕迹个性化（特征）的判断意见，许多法院已削弱了其确定性。”[114]

---

[106] NAT'L RESEARCH COUNCIL, *supra* note 103, at 142. *See Zabel*, *supra* note 105, at 177（提到“此类要求没有科学依据”）。

[107] NAT'L RESEARCH COUNCIL, *supra* note 103, at 184.

[108] *Id.* at 190.

[109] *Id.* at 186.

[110] *Id.* at 117.

[111] NAT'L INST. STANDARDS & *TECH.*, *supra* note 62.

[112] *Id.* at 72.

[113] *Id.* at 85 - 86.

[114] *Id.* at 122 n. 382 (citing United States v. Willock, 696 F. Supp. 2d 536 (D. Md. 2010); United States v. Taylor, 663 F. Supp. 2d 1170, 1180 (D. N. M. 2009), and Commonwealth v. Pytou Heang, 942 N. E. 2d 927 (Mass. 2011)).

在一定程度上受到这两篇美国报告批评的启发[115]，目前已形成了明确的司法趋势，即禁止专家作证说，其意见具有确定性。如果像Blackmun大法官在*Daubert*[116]案中所宣称的那样，在研究性科学中不可能达到确定性结果，那么根据《联邦证据规则》702，表达为确定性的意见便不能被认定为具有可靠性的科学知识；堪用的经验数据不能支持该知识主张。该要点在下级法院并未消失。如国家科学与技术研究院（N. I. S. T. ）的报告所指出的那样，一些法院已经禁止工具痕迹专家发表具有确定性的意见。[117] 类似地，在2010年的一份判决意见中，某联邦法院禁止一名指纹检验员就该等意见作证。[118] 此外，正如我们在第四部分中将会看到的那样，同年许多州法院也判定，毒物学家不能将受测试者的血液酒精浓度的单点值描述为确定结果。[119]

[115] There is also a 2011 report from the English Law Revision Commission to the same effect. DAVID H. KAYE, DAVID E. BERNSTEIN & JENNIFER L. MNOOKIN, THE NEW WIGMORE: A TREATISE ON EVIDENCE 102－03 (2014 cum. supp.) (citing LAW COMMISSION, EXPERT EVIDENCE IN CRIMINAL PROCEEDINGS IN ENGLAND AND WALES 5. 35 (1) (2011), *available* at http: //www. justice. gov. uk/lawcommissions/docs/k325 _ Expert Evidence Report. pdf). 委员会向国会提交了该报告。*Id.* 该报告敦促议会，通过立法要求测量值证言提出者对“不确定性的裕度”加以说明。*Id.*

[116] Daubert v. Merrell Dow Pharm. , Inc. , 509 U. S. 579, 590 (1993).

[117] NAT'L INST. STANDARDS & *TECH.* , *supra* note 62, at 73 (citing International Association for Identification, *Resolution* 2010－18 (July 16, 2010)).

[118] United States v. Zajac, 748 F. Supp. 2d 1327, 1338 (D. Utah 2010). *See Paul C. Giannelli*, *Fingerprints: Misidentifications*, 20 CRIM. JUST. 50, 50 (2005) (说，专家们有时仍然试图作证说“指纹检测中的‘误差率为零’”，这是“令人震惊的”); *see also* Tamara F. Lawson, *Can Fingerprints Lie?: Re-weighing Fingerprint Evidence in Criminal Jury Trials*, 31 AM. J. CRIM. L. 1, 7 (2003) (解释称，“允许潜指纹专家证人就他们的认定结果——该结果宣称被告与犯罪有着绝对的关联——是不适当的”); Kristin Romandetti, *Recognizing and Responding to a Problem with the Admissibility of Fingerprint Evidence Under Daubert*, 45 JURIMETRICS J. 41, 57 (2004) (指出，专家不应该“作证称匹配就意味着得出被告与犯罪现场发现的指纹绝对连接在一起”；实证研究的情况并不支持“绝对主义者的主张”)。

[119] Washington v. Fausto. No. C076949 & No. 9Y6231062, slip op. at 19 (King Cty. Dist. Ct. , Wash. Sep. 21, 2010); Washington v. Weimer, No. 7036A－09, slip op. 1, 4 (Snohomish Cty. Dist. Ct. , Wash. Mar. 23, 2010).

(四) 第四阶段：坚持要求专家承认测量的不确定性并为之提供有意义的量化方法的初步司法倾向

1. 法院已认可的误差或者不确定性的量度

本文首先回顾了早期的司法观点，即专家必须保证将其意见在科学或者医学上的确定性。第三部分指出，如今许多法院不仅不再如此对专家意见提出要求；恰恰相反，法院还禁止了这些做法。这些法院理所当然地禁止专家通过宣称其结论具有当然的确定性，从而明显地误导事实审判者。然而，其他法院走得更远。知道单次测量具有固有的不确定性，并且认识到测量学承认关于边际误差或者不确定性的几种量化方法，这些法院要求[120]专家澄清这种测量的证明价值，即与关于单点值的证言一起提交该等量化的量度。迄今为止，这些司法要求已经了形成两种形式。

安全裕度或者带隙法

早期的案件选择了安全裕度或者带隙法。[121] 1940年瑞典最高法院宣布，在所有醉驾检控中，必须明确说明血液酒精浓度测量值的误差或者不确定性。[122] 在一些美国司法辖区也是如此。在这些州，如果评估检控方所提供的归罪证据在法律上的充分性[123]，法院会要求将固有的误差范围从单点值中扣除。例如，假设在一个特定的司法辖区，法律规定汽车驾驶员在驾驶车辆时的血液酒精浓度值达到0.08%及以上时，构成犯罪。假设在当前案件中，测量值证言称酒精呼吸测试器

---

[120] Gullberg, *supra* note 56.

[121] VOSK PART ONE, *supra note* 55, at 206－07; *see also* Kansas v. Finch, 244 P. 3d 673, 675 (Kan. 2011) (指出，尽管存在边际误差，审判法官也不应该批准被告提出的无罪开释动议；然而，关于边际误差的证言是陪审员在评议时可以考虑的因素); New Jersey v. McGinley, 550 A. 2d 1305, 1311－12 (N. J. 1988) (解释称，由于呼吸检测器误差范围很大，因此必须对血液酒精含量的真实值进行调整), *overruled on other grounds*; *cf* New Jersey v. Downie, 569 A. 2d 242, 247 (N. J. 1990) (指出，专家证人普遍认为，某呼气检测器低估了血液酒精测量值)。

[122] VOSK PART ONE, *supra note* 55, at 214.

[123] VOSK PART Two, *supra* note 49, at 266.

的读数显示司机的血液酒精浓度为0.081%。然而，进一步假设，根据专家证言法院得出结论认为，酒精呼吸测试器的固有误差范围是正负0.002%。根据这些假设，司机血液酒精浓度的实际值可能最低是0.079%，低于0.08%的标准。在考虑所有证据后，法院应当判定被告无罪；检控方的证言在法律上不足以支持这样的认定，即被告的血液酒精浓度达到或者超过了0.08%。

夏威夷中级上诉法院已经判定，该等血液酒精浓度读数的固有误差范围是0.0165%。[124] 法院强调，作为一个解读问题，触发刑事禁令的是实际血液酒精浓度，而不仅仅是仪器的读数。[125] 法院的理由是，为了提起在法律上具有充分理由的检控，检控方必须说明测量的误差范围。[126] 法院阐述说：

> 就正在审理的两个案件而言，检控方均未能证明一项关键事实。政府仅仅证实了被告Boehmer的（酒精）呼吸测试器的读数为0.10%，被告Gogo的读数为0.11%。固有的误差范围会使两名被告的实际血液酒精水平低于做出推定所要达到的标准。被告血液中的实际酒精量至少要为0.10%，检控方对此未能证明到排除合理怀疑的程度，这就要求审判法官忽视【所有基于该检验结果的推定】。[127]

内布拉斯加州最高法院也得出了类似的结果。[128] 该法院已经不再宣布血液酒精浓度测量值必须始终按固定的误差范围进行调整。[129] 调整需要"取决于每一个案件中的可信证据"[130]。然而法院重申，如果根据可信证据证明存在误差范围，则必须从读数中扣除该数值以减少检测

[124] Hawaii v. Boehmer, 613 P. 2d 916, 917 (Haw. Ct. App. 1980).

[125] *Id.* at 918.

[126] *Id.* at 918 - 19.

[127] *Id.* at 918.

[128] Nebraska v. Bjornsen, 271 N. W. 2d 839, 840 (Neb. 1978).

[129] Nebraska v. Babcock, 419 N. W. 2d 527, 530 (Neb. 1988).

[130] *Id.*

数值。[131]

与内布拉斯加法院和夏威夷法院不同，艾奥瓦最高法院在确定检控方是否卸下了继续推进诉讼的证明负担时，拒绝要求审判法官将代表固有误差范围的数值从血液酒精浓度的单点值中扣除。[132] 虽然艾奥瓦法院拒绝了这样的观点，即应当减去误差范围[133]，但是艾奥瓦立法机构认定该观点具有说服力。该立法机关随后即对法律作出如下修改[134]：

> 如果减去用于进行化学检验的设备或者方法所固有的误差范围后，化学检验结果所示的酒精或者毒品浓度并未达到或者超过禁止标准，则化学检验结果不得用作撤销某人驾驶执照或者非居民驾驶权的依据……[135]

弗吉尼亚法证科学部在报告其结果时也采用了同样的做法。[136]

带有这种思路的最新裁决是 *People* v. *Jabrocki* 案，该判决由密歇根某审判法院于 2011 年作出。[137] 在该案中，地区法官 Peter Wadel 裁定："只有当州警方犯罪实验室计算出一个不确定性的估值或者误差率，并且该计算结果与血液检测结果同时进行报告，该计算结果才是可靠的。"[138] 法院指出，美国犯罪实验室主任协会的认可委员会

---

[131] *Id.*

[132] Nugent v. Iowa Dep't. of Transp.，390 N. W. 2d 125，128 (Iowa 1986).

[133] *Id.*

[134] 法院最初驳回了该观点，因为旧的艾奥瓦制定法明确提到了"检测结果"。*Id.*

[135] IOWA CODE § 321J. 12 (6) (West，West current through 2013). *See also* Ohio v. Schuck，490 N. E. 2d 596，598 (Ohio 1986)（解释称，校准检查决定了呼吸酒精测试器的精度）；Ohio v. Prestier，455 N. E. 2d 24，38－39 (Ohio Misc. 2d 1982)：

为了确定被告血液的酒精含量，以处理其在酒精影响下驾驶机动车是否足以被定罪，在化学检测中，每一个边际误差都必须作出对检控方不利的严格解释，对被告有利的自由解释。

[136] VOSK PART ONE，*supra note* 55，at 209.

[137] Michigan v. Jabrocki，No. 08－5461－FD (Dist. Ct.，Mason Cnty.，Mich. May6，2011) (on file with the John Marshall Law Journal).

[138] *Id.* at 12.

标准要求，实验室就血液酒精分析的实验室检测制定不确定性估值。[139] 此外，法院援引 2009 年国家科学院关于法证科学的报告说："所有法证科学方法所得到的结果均应表明其所进行之测量的不确定性……"[140] （2011 年，英国法律委员会也作出了相似的建议。[141]）最终，法院引用了华盛顿州的两个判决，我们将在下文中进行讨论。

置信区间法

当夏威夷州、艾奥瓦州以及内布拉斯加州采用安全裕度法以消弭测量的不确定性时，华盛顿州采用了另一种方法。[142] 在华盛顿州，当局对每位醉驾嫌疑人进行两次检测，并在审判时将两次检测的算术平均值作为证言提交。[143] 已经有两家州法院裁定，为了能够向审判者传

---

⑬⑨ *Id.* at 9. 法院援引 Kristiansen & Petersen，*supra* note 54. *Id.* at 11. 该文指出，不确定性预估应当包括：

——分析标准不确定度；

——生物变异（血液浓度变量和水性基准样本与血液之间的矩阵差分的变量）；

以及

——与校准标准相关的可追溯性的不确定性。

Kristiansen& Petersen，*supra* note 53，at 457. 像司法辖区的法院一样，作者使用"安全裕度"这一表达方式。Kristiansen & Petersen，*supra* note 53，at 456，462；*see* *Gullberg*，*supra* note 56，at 428（讨论不确定性预估的概念）。

⑭⓪ Michigan v. Jabrocki，No. 08 - 5461 - FD，at 11. *But see* Christopher *Boscia*，*Strengthening Forensic Alcohol Analysis in California DUI Cases*：*A Prosecutor's Perspective*，53 SANTA CLARA L. REv. 733，758 - 59 (2013)：

虽然鲜有报道，NAS 限定了其关于报告要求的声明，其称，报告至少应对方法和材料、过程、结果以及结论进行描述，并且在适当情况下，应当说明程序和结论中不确定性的来源，并对它们的程度进行估计（以表明对结果的置信度）。NAS 的报告并没有就法证科学中不适宜报告不确定性来源的情形进行举例。

⑭① KAYE，BERNSETEIN & MNOOKIN *supra note* 115，at 102（英国法律委员会向议会提交了一项法案，要求英国法院进行多波特式的调查，拟提交的法案中有一项规定："如果专家意见的形成需依赖任何方法得出的结果（例如，测试、测量或者调查）"，那么法官应当考虑"该意见是否对影响结果准确性或者可靠性的事项作出了适当的考虑，比如准确度或者不确定度"）。

⑭② Gullberg，*supra* note 56，at 417（指出，有多种方法来解决对不确定性进行估计的问题）。迄今为止，还没有达成稳定的共识。*Id.* at 451。

⑭③ Washington v. Fausto，No. C076949 & No. 9Y6231062，slip op. at 7（King Cty. Dist. Ct.，Wash. Sep. 21，2010）；VOSK PART Two，*supra* note 49，at 312. 进行两次测量，可以使分析人员确定受测试者在测试初期是否处于吸收或者代谢的阶段。GIANNELLI ET AL.，VOL. 2，*supra* note 24，§ 22.04，532 - 33.

达测量不确定性的直观感受，控方专家必须在其提供证言的同时对平均值的置信区间做出解释。[144]

2010年3月，在*Washington* v. *Weimer*案中，警监Paul Moon称，关于单点值的证言百分之百具有误导性，除非所附证据说明了该值的置信区间。[145] 该警监援引了与《联邦证据规则》403相对应的州法，该法规定，如果法官认为一项证据所产生的证明风险已经大大超过其证明价值，则在审判法官有权依照其自由裁量范围内排除该证据。[146] 该警监解释称，根据规则403，一个被认可的风险是，事实审判者会高估该项证据。[147] 根据其以往主审醉酒驾驶案件的经验，该警监的结论是，如果不能用诸如置信区间这样的测量不确定性的量化量度来帮助审判者，那么陪审团会将单点值作为确定值并赋予其不合理的证明力，从而造成不可容忍的风险。[148] 在其意见的结尾，Moon委员简明扼要地断言，"允许没有说明置信区间的检测值成为证据，违反了"规则403。[149]

同年9月，在*Washington* v. *Fausto*案中，由三名法官组成的合议庭作出了裁决。[150] 合议庭称，单独来看，关于测量平均值的证言所描绘的是一幅"错误的画面"[151]。合议庭认为，如果未表明平均值的不确定，陪审团就可能误读单点值。[152] 合议庭直截了当地说："考虑到测量固有的可变性，如果没有附上对测量不确定性的估算，则关于某测量结果的陈述就是不完整的（甚至可能是毫无意义的）。"[153] 合议庭承认，有多种方法可以计算不确定性。[154] 事实上，法院明确引用了

---

[144] *Fausto*, No. C076949 & No. 9Y6231062, slip op. at 25-26.

[145] Washington v. Weimer, No. 7036A-09, slip op. at 3 (Snohomish Cty. Dist. Ct., Wash. Mar. 23, 2010) (on file with the John Marshall Law Journal).

[146] *Id.* at 3.

[147] *Id.* at 4.

[148] *Id.*

[149] *Id.*

[150] Washington v. Fausto. No. C076949 & No. 9Y6231062 (King Cty. Dist. Ct., Wash. Sep. 21, 2010) (on file with the John Marshall Law Journal).

[151] *Id.* at 1.

[152] *Id.* at 19.

[153] *Id.* at 13.

[154] *Id.* at 3.

夏威夷州和内布拉斯加州的判决，这些判决采用了安全裕度法，要求就固有边际误差提出证言。[155] 然而，在本案中，合议庭决定要求提供关于误差修正平均值以及平均值置信区间的证言。[156] 一方面，合议庭并没有制定一个全面的规则，要求检控方必须每次都要提交关于置信区间的证言。另一方面，合议庭命令，控方实验室向辩护方提供置信区间，以便辩护方能够向陪审团提供该（置信区间）证言：

> 缺少置信区间，一个“最终”的呼吸酒精测量值则仅仅是某人呼吸酒精浓度的“最佳估计值”。根据案情先悉规则和证据规则 702，检控方必须就呼吸酒精测量值，向每一个被告提供置信区间。如果没有这一信息，被告的呼吸酒精测量值将被排除。[157]

在华盛顿州的所有裁决中，法院将某置信区间选定为点值不确定性的最佳量度。在进入下一节中法庭测量学的未来之前，澄清置信区间的概念非常重要。置信区间会让统计学家了解数值离散度。[158]

计算置信区间的第一步是识别样本统计量以构建周期间隔。[159] 第二步则是确定统计的标准误差或者偏差。实际上，标准偏差所测量的

---

[155] *Id.* at 20 - 21.

[156] *Id.* at 31. 在这一语境下，误差修正平均值是就系统性错误进行调整所使用的平均值。系统错误是指那些始终会导致真实值被高估或者低估的错误。VOSK PART ONE, *supra* note 55，at 168. 这种错误会保持恒定或者是以某种可预测的方式发生变化。*Id.* 它们可能是因为校准错误或者环境因素引起。*Id.* 研究人员可以通过将测量值与参考标准进行比较来确定该偏差。*Id.* at 168 - 69. 一旦确定这个偏差，研究人员就可以在该范围内校正点值。*Id.* at 169 - 70.

[157] *Fausto*，No. C076949 & No. 9Y6231062，slip op. at 30.

[158] GIANNELLI ET AL. VOL. 1，*supra note* 15，§ 15.02 [b]，831 - 32；*Gullberg*，*supra* note 56，*at* 415.

[159] *See generally* DOUGLAS A. SKOOG，DONALD M. WEST & F. JAMES HOLLER，FUNDAMENTALS OF ANALYTICAL CHEMISTRY 26 - 30 (5th ed. 1988)（讨论了计算置信区间的基本程序）；Donald P. Land & Edward J. Imwinkelried，*Confidence Intervals: How Much Confidence Should the Courts Have in Testimony About a Sample Statistic?*，44 CRIM. L. BULL. 257，258 - 59 (2008)（讨论计算置信区间的方法）；Edward J. Imwinkelried，*Expert Witness: A Look at Intervals*，NAT'L L. J.，May 19，2008，at 13. [hereinafter Imwinkelried，*Expert Witness*] (same)。

是对平均值[160]或者中间值的平均偏差：

> 统计学家计算每个值和平均值的差，然后取这些差值的平方，将这些平方值相加，再除以N（或者N－1）。对数值取平方至关重要。如果统计学家只是简单地计算差值并将其累加，那么这个和就将可能是0；一些值就会比平均值高，而其他一些值比平均值低。0对离散度是没有意义的，而平方差则是一个正值。在标准偏差的计算中包含了集合中的所有项，并且其大小与数据的变化量直接相关。[161]

第三步是置信系数的选取：

> 系数等于1减去测量的显著性水平。因此，假设专家希望显著性水平为0.05，即结果出现的可能性是5%或者更小的概率。则他（或她）会取系数为0.95。研究人员通常会从三个系数中选用一个——0.68，0.95或者0.99……当这些值呈标准的正态分布时，68.26%应当在样本统计的一个标准误差范围内，95.44%则在两个标准误差范围内，而99.73%则在三个标准误差范围内。[162]

此时，统计学家准备好计算置信区间。有许多计算区间的公式。然而一般而言，公式包含样本统计、样本大小、标准误差以及系数。[163] 有多种表达区间的方式。例如，专家可能表示为：

95% CONF（67；62；72）

在该表示中，67是样本统计量，可能是一个平均值。剩下的项

---

[160] David H. Kaye & David A. Friedman, *Reference Guide on Statistics*, *in* REFERENCE MANUAL ON SCIENTIFIC EVIDENCE 211, 298 (3d ed. 2011); SKOOG, WEST, & HOLLER, *supra* note 159, at 26－30（解释了确定标准差的过程）。

[161] GIANNELLIET AL. VOL. 1, *supra note* 15, at 15.02 [b], at 831－33.

[162] Land & Imwinkelried, *supra* note 159, at 263.

[163] Imwinkelried, *Expert Witness*, *supra* note 159, at 13.

表明 95%的置信度，区间从下限 62 到上限 72。重要的是对置信区间能够说明什么和不能够说明什么都有正确的认识。例如，这并不意味着该区间一定包含总体参数的真实值，甚或是存在该区间包含真实值的特定概率。[164] 那么区间表示的又是什么呢？该区间表示的是，应该捕获真实值的类似构建的区间的比例：

> 这并不是说我们确信从初始样本中计算出的特定区间。相反，我们是对公式、方法或者过程有一定程度的信心。例如，假设专家采用了 0.95 的置信系数。根据长远的平均值来看，基于来自同样总数中相似的规模划定、相似的样本抽取所计算出的 95%的置信区间，可以捕获或覆盖总体参数的真实值。[165]

如果该区间较窄且置信系数高，那么就有正当理由赋予该区间高证明力。[166]

2013 年中期，华盛顿州上诉法院就 *Washington* v. *Fausto* 案作出了裁决。[167] 在上诉法院的裁决中，地区法院法官裁定："除非检控方提出了相应的置信区间，否则呼吸检测是绝对不可采的。"[168] 然而，法院维持了 King 县高级法院对该裁定的撤销。[169] 值得注意的是，法院指出，在上诉时控方并没有质疑审判法官的认定，即："每一项测量都是'不确定'的……即使最好的设备得出的也仅仅是对真实值的估计值。不确定性表明的是测量的真实值可能所处的一个范围。"[170] 对于该问题，检控方没有就这样的问题提出争议，即："所有科学都

---

[164] Land & Imwinkelried *supra* note 159，at 270 - 71.

[165] *Id.* at 267 - 68.

[166] *Id.* at 270. *See* ATA Airlines，Inc. v. Fed. Express Corp.，665 F. 3d882，889 - 96（7th Cir. 2011）（讨论了宽置信区间）。

[167] Washington v. King Cnty. Dist. Court W. Div.，307 P. 3d 765（指出，其他法院引述 *Fausto* 案得出结论称，呼吸检测是不可靠的）。

[168] *King Cnty.*，307 P. 3d at 766.

[169] *Id.*

[170] *Id.* at 769.

承认不确定性，在某些情况下，测量的不确定性可能有助于事实审判者。”[171] 然而，法院的结论是，呼吸酒精检测结果的不确定性影响的是其证明力而非可采性。[172] 法院强调，被告有机会“提出质疑 BrAC 检测结果不确定性的证据”[173]。但最终，法院明确表示，它所拒绝的仅仅是排除未附有置信区间的检测结果的“总括性的”规则。[174] 在法官意见的结尾，法院又说，也许在这个案件中，检测结果接近法定上限，有着较大的置信区间，然而审判法院能够“在个案基础上，行使其裁量权……排除……BrAC 检测结果”。中级上诉法院的意见也许并非该问题的最终结论。各个被告目前正在请求华盛顿州最高法院重新审查该问题。

2. 未来

如我们所见，几个美国的司法辖区已经要求使用法证科学专家的量化的误差或者不确定性，以确保关于点值的证言不会误导事实认定者。迄今为止，法院已经批准了使用误差范围和置信区间。然而，这些指标并不能对可能性加以穷尽。如华盛顿州法院在 *Fausto* 案[175]中所指出的那样，存在几个关于错误或者不确定性的量化测量方法。

安全裕度和置信区间法说明的是经典方法。[176] 在评估点值时所面对的挑战是，对所有误差或者不确定性的来源进行识别和解释。这里有两类问题：系统误差（偏差）和随机误差。[177] 系统误差往往是单向性的，并且一贯导致点值低于或者高于真实值。[178] 如果某设备校准不当，就可能导致低估每个测量值；或者如果受控环境中的温度会导致

---

[171] *Id.*

[172] *Id. at* 770.

[173] *Id.*

[174] *King Cnty.*，307 P. 3d at 770.

[175] *Id.*

[176] Charles Ehrlich，René Dybkaer & Wolfgang Wöger，*Evolution of Philosophy and Description of Measurement*（*Preliminary Rationale for VIM3*），12 ACCREDITED QUALITY ASSURANCE 201，213 (2007).

[177] Kacker，Sommer & Kessel，*supra* note 54，at 515.

[178] SKOOG，WEST，& HOLLER，*supra* note 159，at 13－14；VOSK PART *ONE*，*supra note* 55，at 168.

一致性的高估。[179] 与之相比，随机误差——如操作错误——则是以一种不可预期的方式发生的。[180] 分析者采用不同的方式来处理这两种误差：分析者尝试识别和消除所有系统误差。[181] 几乎不可能知道是否已经确定了系统误差的所有来源。[182] 通常情况下，最好的途径就是对有关测量与用参照物质作出的测量进行比较。[183] 基于这种比较，分析人员可以计算出一个校正了偏差的统计量。[184] 否则，在其尽量消除偏差来源后，分析人员不得不假定所有系统误差都已经被消除。[185]

然而，随机误差是可以计算的。[186] 分析人员作出大量重复的测量以确定它们是如何以一种不可预期的方式发生变化。[187] 经过这套测量，分析人员能够计算出标准误差或者偏差。[188]（接着，这些可以用以计算得出一个置信区间）。

然而，还没有一种被普遍接受的方法能够将系统误差和随机误差合并为总误差。[189] 因此，根据经典方法，证人会同时就矫正偏差后的统计数字（对系统误差进行补偿）和单独的置信区间（反映的是随机误差）进行作证。

然而，现代计量学正在摒弃经典方法。[190] 对不确定度的分析正在取代误差分析。[191] 如今，不确定度分析的基础之一是 1995 年的《测

[179] VOSK PART ONE, *supra note* 55, at 168

[180] *Id.* at 170.

[181] Ehrlich, Dybkaer & W6ger, *supra* note 176, at 203 - 05.

[182] *Id.* at 206.

[183] VOSK PART ONE, *supra note* 55, at 168 - 69.

[184] *Id.* at 169 - 70, 185.

[185] *Id.* at 175, 179.

[186] Ehrlich, Dybkaer & W6ger, *supra* note 176, at 206.

[187] *Id.* at 207; VOSK PART ONE, *supra note* 55, at 170 - 71, 174, 176.

[188] VOSK PART ONE, *supra note* 55, at 171.

[189] *Id.* at 178 - 79 解释了"两种误差有根本性的区别，要区别对待"); Ehrlich, Dybkaer & W6ger, *supra* note 176, at 206。

[190] Ehrlich, Dybkaer, & W6ger, *supra* note 176, at 206; Joseph Citron et *al.*, *Appendix to* UNDERSTANDING DUI SCIENTIFIC EVIDENCE 459, 514 - 18 (2011).

[191] VOSK PART ONE, *supra note* 55, at 180. 在名为"检测和校准实验室能力的一般要求"的 17025 标准（2005）中，国际标准化组织（ISO）的立场是，检测和校准实验室必须制定测量其测量不确定度的程序。JOHN BUTLER, FUNDAMENTALS OF FORENSIC DNA TYPING 293 (Academic Press 2010). 美国犯罪实验室主任委员会（ASCLD/LAB）的实验室认可委员会已经将该要求纳入其标准。*Id.*

量不确定度表述指南》(GUM)。[192] GUM方法的核心是由国际计量委员会(CIPM)、国际计量局(BIPM)以及一些国家的计量机构合作提出的建议所构成。[193] 该方法的本质是将系统影响和随机影响[194]整合在一起，以形成一个包括了由测量真实值和一定概率构成的范围区间。[195] 正如经典方法试图识别系统误差和随机误差一样，GUM法考虑到两类不确定性。这两类方法在估算数值的方式上有所不同[196]：A类不确定性能够通过对一系列重复测量或者观测的统计分析所确定。[197] 分析人员能够用一些如计算标准偏差的统计技术来量化随机影响。[198] B类不确定性则通过“对一系列观测结果进行统计分析之外的方式”来加以确定。[199] 分析人员根据诸如其个人经验等因素，以及所使用的测量技术的限制来进行判断。[200] A类评价有时被称作“客观”，因为它们立足于对测量结果的直接分析；而B类评价则被冠以“主观”的称谓，原因在于他们依赖“研究者的判断以及其他信息”[201]。然而，不能臆断A类评价就当然是更加可靠的；A类评价可能是根据少量测量得出的，而B类评价则可能是根据大量经验得出的。[202] 无论如何，在进行两项评估之后，分析人员会同样对待A类和B类标准

---

[192] Kacker, Sommer & Kessel, *supra* note 54, at 513.

[193] *Id.*

[194] *Id.* at 520; Ehrlich, Dybkaer & W6ger, *supra* note 176, at 209, 211.

[195] Ehrlich, Dybkaer & W6ger, *supra* note 176, at 210 - 12.

[196] VOSK PART ONE, *supra note* 55, at 181.

[197] Ehrlich, Dybkaer & W6ger, *supra* note 176, at 211.

[198] VOSK PART ONE, *supra note* 55, at 194.

[199] *Id.*

[200] *Id.* at 194 - 95：在所有可得信息的背景下，它依赖于科学知识、经验和判断，根据还没有通过测量本身加以归纳——至少还没有完全归纳——的影响的信念度，形成一个先验概率密度函数。所依赖的信息可能包括：来自权威出版物和手册的量值，来自参考物质证书、校准证书、制造商规格的量值，经过验证的测量仪器准确性分类，通过个人经验作出的极值推算，以及关于相关材料、方法和仪器的行为和性质的经验或者一般知识。

[201] *Id.* at 196.

[202] *Id.*

的不确定性[203]，并使用贝叶斯方法[204]将两项评价结合起来。[205] 结合的目的是描述对点值整体不确定性进行认知的真实状况。[206] 对点值精确度的确信程度是什么？[207] 分析人员能够用不确定性预估，列出所有类型的A类和B类不确定性及其大小。[208] 最终结果是标准不确定度和范围或者可靠区间的组合。[209] 有了明确的确信程度[210]，这里的“范围”[211] 或者“可靠”[212] 区间包括了真实值。因此，与置信区间[213]不同，这里的范围区间包括了带有所述概率的真实值。[214] 总之，最佳的估计值和范围

[203] *Id.* at 198.

[204] Ehrlich, Dybkaer & W6ger, *supra* note 176, at 212; VOSK PART ONE, *supra note* 55, at 181. 托马斯·贝叶斯设计的定理允许多个概率组合计算，即用新输入的概率来修改先验概率，以产生后验概率。GIANNELLI, ET AL., VOL. 1, *supra note* 15, § 15.07 [*a*], 916－19 (citing Thomas Bayes, *An Essay Toward Solving a Problem in the Doctrine of Chances*, 53 PHIL. TRANSACTIONS ROYAL Soc'Y 370 (1763)). 重要的是，该定理使统计学家能够将由陪审员估计的先验概率与遗传证据相结合，以建立后验概率。在这种情况下，统计学家可以把系统影响和随机影响放在“同一个基础上”。VOSK PART ONE, *supra note* 55, at 182.

[205] VOSK PART ONE, *supra note* 55, at 180, 182, 198:

无论是A类还是B类分析，都是基于概率分布，并且由此确定的不确定性通过方差或者标准差加以定量。当以标准差表示时，每个量化源构成标准不确定度……测量结果的组合标准不确定度……被用来代表结果的估计标准差……

See also Ehrlich, Dybkaer & W6ger, *supra* note 176, at 209, 211.

[206] Ehrlich, Dybkaer & W6ger, *supra* note 176, at 212; Kacker, Sommer & Kessel, *supra* note 54, at 517; VOSK PART ONE, *supra note* 55, at 183, 186.

[207] VOSK PART ONE, *supra note* 55, at 181.

[208] *Id.* at 197; Patrick T. Barone, *DUI Defense: If Breath Alcohol Can't Be Measured, It Doesn't Exist*, 37 SADO CRIM. DEF. NEWSL. 1, 10, (2013); Kacker, Sommer, & Kessel, *supra* note 54, at 521; Kristiansen & Petersen, *supra* note 54 at 456.

[209] Ehrlich, Dybkaer & W6ger, *supra* note 176, at 211; Kacker, Sommer & Kessel, *supra* note 54, at 519. 对于适当的术语，毫无疑问是有些混乱的。R. Willink, *Coverage Intervals and Statistical Coverage Intervals*, 41 METROLOGIA L5, L6 (2004). 例如，一些论者似乎在使用“名义覆盖概率”的措辞来描述其他统计学家所称的统计置信区间。*Id.*

[210] VOSK PART ONE, *supra note* 55, at 203.

[211] *Id.* at 188, 203－04, 224; Ehrlich, Dybkaer & W6ger, *supra* note 176, at 211－12.

[212] Kacker, Sommer, & Kessel, *supra* note 54 at 516; R. Willink, *supra* note 209, at L5, L6; E-mail from David H. Kaye, Professor of Law, Dickerson School of Law at Penn State University, to Edward J. Imwinkelried, Edward L. Barrett Jr., Professor of Law, UC Davis School of Law (Nov. 12, 2012) (on file with John Marshall Law Journal).

[213] VOSK PART ONE, *supra note* 55, at 204.

[214] *Id.*; Ehrlich, Dybkaer, & W6ger, *supra* note 176, at 211－12.

区间完全表征了我们对所寻找量值的认知。[215] 尽管一些论者认为今天可能会使用范围区间，但是另一些观点则认为，关于酒精呼吸分析的有限数据，会导致其不适宜使用贝叶斯法来估计此类分析中的不确定性。[216]

GUM法并非经典误差分析的唯一替代品。[217] 例如，有一种混合法，有时也被称为常规值混合法（CHVA）。[218] 这是一个分两步的过程。[219] 第一步，分析人员通过使用“高水平”测量系统列出一个测量值标准。[220] 接下来，分析人员在使用“较低水平”的程序列出的测量值标准基础上进行第二次测量。[221]

> CHVA的一个例子是用标准砝码来验证天平的性能。该砝码是（被校准的）测量标准，并且天平是用以获得测量量值的较低水平的测量设备……可知的测量误差是天平所显示的重量显示数值与砝码常规数值之间的差异。[222]

---

[215] VOSK PART ONE, *supra note* 55, at 186.

[216] 尽管有些人认为转而使用贝叶斯法是可取的，但是也有些人提出质疑，至少是在临床或者法证实验室使用时，这样做是否会较传统方法有所改进。在许多分析化学的教科书中都规定了判定不确定度的经典方法，这些方法已经被使用了一百多年。

Simpson博士是继续使用经典方法的支持者。Simpson博士是退休的美国研究（实验）化学家，专长是用光束进行浓度测量。他在包括《临床化学》在内的科学期刊上发表了数篇文章，解决呼吸检测结果的误差范围。在2013年1月和2月给作者的一系列邮件中Simpson博士指出，为了确定呼吸测试结果的可靠性，必须知道结果中的误差量。这只能通过对大量受测试者进行实验来进行，即通过进行重复呼吸测试来确定呼吸测试结果与重复测试结果之间的差异。Simpson博士指出，尽管已经有可用的模拟数据，但是很少有就受测试者的比较数据——即测量的BrAC与特定受测试者的实际BrAC。用他的话讲：“我的测量还没完成，就没有办法确定误差的范围。”Simpson博士认为，临床和法医实验室应避免使用贝叶斯法，并应继续依靠经典方法。

同样的，在2013年2月和3月的电子邮件中，一位欧洲领先的毒理学家——比利时的Frank Martens博士指出，在比利时，所有的实验室都继续采用经典方法而不是贝叶斯法进行统计。

[217] Jack Wallace, *Ten Methods for Calculating the Uncertainty of Measurement*, 50 SCI. & JUST. 182 (2010). 美国犯罪实验室主任协会没有具体规定公式“或者”具体方法，来估测测量的不确定度。VOSK PART ONE, *supra note* 55, at 213.

[218] Ehrlich, Dybkaer & W6ger, *supra* note 176, at 215-17.

[219] *Id.* at 215.

[220] *Id.*

[221] *Id.*

[222] *Id. at* 216-17.

国际电工委员会（IEC）还开发了另一种方法。[223] 注重实效的IEC方法集中于考虑测量结果的兼容性（适用性），而不是真实值。[224] 重点是测量值是否足以与操作目的相容的问题。[225] 就操作目的而言，通常是没有必要知道真实值的。[226]

无论法院最终选择哪种方法，作为一项政策问题，法院是向正确的方向迈进了一步，即要求证言的提出者可以根据科学测量同时向审判者提供测量的点值以及测量不确定性的算术测量值。如果专家仅仅向审判者告知点值，那么就会存在风险，审判者会错误地将该数字当做精确值，并且因此高估该证言的证明力。即使专家采取进一步措施明确地将点值标注为“估计值”，也仍然会存在重大的证明风险：对“估计值”这个词的使用，实际上是敦请审判者对该数值的证明力进行猜测。将猜测以及高估证明力带来的风险最小化的最佳途径是对专家提出如下要求：陈述点值时，要将该值明确描述为一个“估计值”，并且要就估计值的不确定性向审判者作出有意义的说明。在类似的情况下，许多联邦和州法院要求，作证称DNA“匹配”的证言提出者需要为审判者提供附随的随机匹配概率，以减少审判者对该匹配的含义进行推测所带来的风险。[227]

[223] *Id. at* 213.

[224] Ehrlich，Dybkaer & W6ger，*supra* note 176，at 213.

[225] *Id.*

[226] *Id.*

[227] *See* United States v. Morrow，374 F. Supp. 2d 51，63 (D. D. C. 2005)（“没有关于相关参考人群中特征匹配频率的统计数据……则陪审团就要就DNA证据的价值进行推测。”(quoting United States v. Cuff，37 F. Supp. 2d 279，282 (S. D. N. Y. 1999)))；United States v. Porter，618 A. 2d 629，640 (D. C. 1992)（指出，就DNA证据而言，应向陪审团提交一些对匹配概率的预估）；Peters v. Alaska，18 P. 3d 1224，1225 (Alaska Ct. App. 2001)（同意，如果没有关于匹配可能性的信息，采纳DNA证据将构成错误）；People v. Barney，8 Cal. App. 4th 798，817 (1992)（“由于在没有概率数据的情况下两个DNA样本匹配几乎是没有什么意义的，因此对统计概率的计算是该过程中不可或缺的组成部分……”(quoting People v. Axell，235 Cal. App. 3d 836，866-67 (1991)))；Murray v. Florida，692 So. 2d 157，162 (Fla. 1997)（“有必要进行第二次统计，以便给DNA匹配赋予意义”）；Deloney v. Indiana，938 N. E. 2d 724，730 (Ind. Ct. App. 2010)（解释说，没有统计数据的不匹配证据是没有达到可采性标准的）；Iowa v. Williams，574 N. W. 2d 293，298 (Iowa 1998)（同意，在没有概率评估的情况下，DNA模型匹配是“没有意义的”）；Commonwealth v. Mattei，920 N. E. 2d 845，846 (Mass. 2010)；People v. Coy，620 N. W. 2d 888，896 (2000)；Hull v. Mississippi，687 So. 2d 708，728 (Miss. 1996)（将没有统计证据的证言称为“在进行推测”）；Montana v. Wright，253 P. 3d 838，844 (2011)（“没有可靠的附随证据来说明特定人群中其他人匹配（或者不能排除其为可能的来源）的可能性，那么陪审团就无法评价该结果的意义”）；Nebraska v. Carter，524 N. W. 2d 763，783 (1994)。

三、结论

正如第二部分之（一）所述，许多法院曾经认同这样愚蠢的观点，即只有当专家准备保证其意见确定无疑时，专家的意见才可以被采纳。经过一系列演进，法院已经撤回了这种观点。最初，如第二部分之（二）所解释的那样，法院迈出了一小步，判定允许专家就仅使用概率或者可能性措辞的意见作证。法院开始意识到，理论上，当专家依靠归纳推理时，原则上不能将任何的假设验证为真，特别是在调查研究型科学中。当然，如第二部分之（三）所示，这种认识逻辑的影响更加深远；该逻辑要求法院要禁止表述为具有确定性的夸大其词的意见。第二部分之（四）揭示了这些判决的新思路的结局：法院要求，只要可行，专家都要给事实审判者提供其意见中测量值的误差或者不确定性的量化量度。就像多个无辜者项目的经验所表明的那样，重建过去以及在事后纠正正义不彰是极为困难。帮助审判者更好地理解证据，通过给审判者提供对任何科学测量不确定性的重要洞见，能够避免正义不彰的发生。

这样的结果代表了两个重要方面的进步。首先，这种初期的趋势促进了法庭上的诚信。测量具有天然的不确定性，这是不言自明的。正如华盛顿州的几个案件所强调的，仅仅向审判者出示单点值是具有误导性的。如果不对证言进行限制，则存在发生正义不彰的重大风险，因为审判者会错误地将点值当做精确值，并且赋予该证据过大的证明力。纠正措施——必要的限制条件——就是对误差或者不确定性范围进行测量并量化。

其次，该趋势会进一步促进法律和科学的合作关系。科学家经常抱怨，法律强制他们采用人为制定的标准并且迫使他们以不舒服的方式作证。精神科医生经常认为，法律强迫他们使用精神失常的定义，而该定义在他们的职业领域并没有对应的概念。[228] 同样，如果专家知道他们的测量结果具有不确定性，而作证说他们的意见具有科学或者医学上的确定性，他们也会感到不舒服。[229] 和其他证人一样，专家宣誓称要说出“全部真相”[230]；并且熟悉计量学的专家都知道，其关于点值的证言与“全部真相”相去甚远。法律应允许并鼓励专家“在法庭上有着与相关领域的专家活动同样的知识严谨态度”[231]。在 *Daubert* 案中，Blackmun 法官承认：“在法庭里探求事实真相与在实验室里探索真理之间，有着重要区别。”[232] 然而，法官、代理人和律师应当对这样一个观点形成统一：任何专家都不会被许可在事实问题上误导审判者。[233] 在专家意见背后的每一个测量中，都不可避免地存在不确定性，而专家在法庭上隐瞒这一点则是智识上的不诚实。

---

[228] T. L. Clanon，Lois Shawver & Douglas Kurdys，*Less Insanity in the Courts*，68 A. B. A. J. 824，824 (1982)（解释说，在法院，“精神病医生和心理学家被要求就没有科学定义的问题作证”，精神病学家和心理学家之所以“不满意”，是因为法律依赖的是“精神疾病与犯罪之间关系的……过时的概念”；这种错位如此极端，导致许多严谨的精神科医生和心理学家都拒绝参与刑事审判……）。

[229] Rod Gullberg，*Professional and Ethical Considerations in Forensic Breath Alcohol Testing Programs*，5 J. ALCOHOL TESTING ALLIANCE 22 (2006).

[230] Washington v. Fausto，No. C076949 & No. 9Y6231062，slip op. at 23 (King Cty. Dist. Ct.，Wash. Sep. 21，2010)；VOSK PART Two，*supra note* 49，at312.

[231] Kumho Tire Co.，Ltd. v. Carmichael，526 U. S. 137，152 (1999).

[232] Daubert v. Merrell Dow Pharm.，Inc.，509 U. S. 579，596 - 97 (1993).

[233] 用《联邦证据规则》702 (a) 的话来说，误导性证言并不能“帮助事实审判者理解证据或者判定争议事实……”FED. R. EVID. 702 (a). 此外，《联邦证据规则》403 承认，“误导陪审团”的风险支持排除相关的、本可采的证据。FED. R. EVID. 403.

结 论

本文集中的文章并不是对与美国专家证言有关的问题的全面研究。文章只讨论了几个主要问题。然而，我希望这些文章将：

· 使读者了解法律关于科学方法的性质和局限性的概念所具有的重要意义；

· 使读者理解典型专家直接询问的基本三段论结构；以及

· 为读者提供一个关于对直接询问的各个组成部分的最重要的证据法限制的初级读本。

当然，还有许多与专家证言法有关的持续争议。其中，两个争议值得特别提及。

第一个争议涉及大前提，即将验证标准应用于“软”专业知识，例如心理学。几十年来，美国法院采纳这种证言时，很少或者根本没有进行审查；许多法院使软心理和精神病学免于 *Frye* 标准的审查，常规性采纳这些证言。在许多情况下，可以对这些领域的理论进行经验验证。然而，设计和进行这样的验证可能更困难，因为在心理学实验中控制相关变量是具有挑战性的。在其他情况下，严格的经验验证是不可能的，因为“实际真相”是不可知的。CHRISTOPHER SLOGOBIN，PROVING THE UNPROVABLE：THE ROLE OF LAW，SCIENCE，AND SPECULATION IN ADJUDICATING

CULPABILITY AND DANGEROUSNESS (2007). 美国法院如何能成功地将验证标准适用于确定基于软科学的证言的可采性，仍有待观察。

第二个争议涉及小前提。就像 MARYLAND LAW REVIEW 中的这篇文章所接受的那样，根据规则 703，法院限制允许专家依据庭外报告，即使该报告本是不可采的传闻。在过去，法院通过这样的理论，即专家正在为非传闻目的使用该报告，来调和规则 703 与传闻证据规则。根据《联邦证据规则》801（c）（2），如果庭外陈述在逻辑上与“非传闻”目的相关，即不是为了证明陈述中的断言的真实性，则不被认为是传闻。一个常用的非传闻理论是心理输入：证言被采纳的有限的目的，是说明它对听者或者读者的心态的影响。假设被告被指控犯有杀人罪，但辩称自卫。在致命的遭遇之前，第三方告诉被告，受害人说他将在下次见到被告时企图杀害被告。即使第三方的陈述是虚假的，但是不顾传闻反对，被告可就该陈述作证；即使该陈述是假的，被告听到了该陈述，这往往能说明被告有一个诚实、合理的信念，即他需要为自己进行防卫。该观点认为，心理输入理论应用于这样的情况，即专家得到庭外报告，是作为专家的小前提。他或者她得到的报告使得他们的意见有更好的基础和更合理。

虽然法院早已认同这一理论，但是在 2012 年，最高法院的五名大法官似乎拒绝了这一理论。在 *Williams v. Illinois*，132 S. Ct. 2221，183 L. Ed. 2d 89（2012）案件中，Thomas 大法官在并行意见中和四名异议者有力地表达了他们的观点，即作为一个逻辑问题，如果一个事实是专家意见的有效性的条件，报告该事实的任何证言都必然用作实质性证据 ，这似乎违反了传闻规则。Imwinkelried，*The Gordian Knot of the Treatment of Secondhand Facts Under Federal Rule of Evidence 703 Governing the Admissibility of Expert Opinions：Another Conflict Between Logic and Law*，3 UNIVERSITY OF DENVER CRIMINAL LAW REVIEW 1 (2013). 到目前为止，大多数下级法院没有机会讨论用传统的非传闻理论来允许专家依靠庭外报告的持续合理性问题。然而，已经有一些趋向性的意见：这种报告正在被用于传闻性、实质性使用。*People v. Sanchez*，63 Cal. 4th 411，204 Cal. Rptr. 3e 682，375 P. 3d 812（2016）.

总之，与相应的中国法学研究一样，美国专家证言法是一项进行中的未竟工作。通过交换观点，中美法院应该能够更好地指导相关理论的演进。本文集旨在为该交换做出些微贡献。

最后，衷心感谢中国政法大学王进喜教授，他为中美学术界在证据法和法律职业伦理领域的交流做出了不可忽视的重要贡献，是他使得本书成为可能。

图书在版编目（CIP）数据

科学证据的秘密与审查/（美）爱德华·J. 伊姆温克尔里德著；王进喜等译. --北京：中国人民大学出版社，2020.5

（法学译丛. 证据科学译丛/张保生，王进喜主编）

ISBN 978-7-300-27830-8

Ⅰ.①科… Ⅱ.①爱… ②王… Ⅲ.①证据-研究 Ⅳ.①D915.13

中国版本图书馆 CIP 数据核字（2020）第 015424 号

“十三五”国家重点出版物出版规划项目
法学译丛·证据科学译丛
丛书主编　张保生　王进喜
科学证据的秘密与审查
[美] 爱德华·J. 伊姆温克尔里德（Edward J. Imwinkelried）著
王进喜 等 译
Kexue Zhengju de Mimi yu Shencha

出版发行	中国人民大学出版社		
社　　址	北京中关村大街 31 号	**邮政编码**	100080
电　　话	010－62511242（总编室）		010－62511770（质管部）
	010－82501766（邮购部）		010－62514148（门市部）
	010－62515195（发行公司）		010－62515275（盗版举报）
网　　址	http://www.crup.com.cn		
经　　销	新华书店		
印　　刷	北京宏伟双华印刷有限公司		
规　　格	155 mm×235 mm　16 开本	**版　　次**	2020 年 5 月第 1 版
印　　张	13.5 插页 2	**印　　次**	2020 年 5 月第 1 次印刷
字　　数	189 000	**定　　价**	68.00 元